ZHI XING WU SIZHENG
"知·行·悟"思政

黄文英◎著

新疆文化出版社

图书在版编目(CIP)数据

"知·行·悟"思政 / 黄文英著. –– 乌鲁木齐:新疆文化出版社,2023.8

ISBN 978-7-5694-4004-1

Ⅰ.①知… Ⅱ.①黄… Ⅲ.①政治课－教学研究－小学 Ⅳ.①G623.102

中国国家版本馆CIP数据核字(2023)第204499号

责任编辑:柳敬宇
封面设计:天　畅

"知·行·悟"思政　黄文英◎著

出　版	新疆文化出版社	
地　址	乌鲁木齐市沙依巴克区克拉玛依西街1100号	
	(邮编:830091)	
印　刷	三河市金兆印刷装订有限公司	
开　本	787 mm×1092 mm　1/16	
印　张	15.75	
字　数	280千字	
版　次	2023年8月第1版	
印　次	2023年11月第1次印刷	
书　号	ISBN 978-7-5694-4004-1	
定　价	89.00元	

序

2023年初春,黄文英来电话,嘱我为其著作写序,我实难推却。她诚邀,是对我的尊重与信赖;我领受,是出于对后起之秀的致敬与赏学。

不久,黄文英发来文稿,把她潜心研究多年的功力之作收集归纳呈现,这是一位思政教师和你分享她的经历与思考,有许多话题引起我的共鸣,唤起我对过往经历的美好回忆与感悟启示。她对于思政工作探索的精神,令我感佩不已。

朴素,是黄文英在这本书里的一个生命符码。她活得明白,知道自己的角色和位置,她以排头兵的站姿,深为自己是少年儿童思想政治工作者而自豪;她做得清楚,她以先行者的魄力,立志为党育人,为国育才;她从容不迫地循着良知做着自己想做能做的事,圆自己想圆的梦;她身上有一种"师姐"的风范和一股谦和的"书卷气",藏着不为人知的内在温情,透着建瓯作为"全国竹子之乡"的那般淡雅;她在日积月累的著述中,激荡着质朴的精神关照;她知行合一,修练自己日渐强大的内心,果敢承担起日趋繁多的各种艰辛与挑战。

她蔼然风度带团队,真情谦诚下基层,心田无尘写文章。在深深浅浅文字的背后,在新时代的人文语境下,我发现了自由抒写带来的美感与愉悦;在字里行间,我读到一名一线教师的摸索、践行与智慧,读出一位山区思政教学者的思考、指导与付出,读懂一个科研型思政教师的眼光、情怀与坚守。她把自己的精力投入到专业的思考与践行之中,值得同行真诚赞许;在她笔下,素无雄浑之气,时有清新之风,谈教育深入浅出,说创意纷至沓来,导活动驾轻就熟,让我强烈感受到书中那片深邃的思想天地与浓厚的情感世界。

全书分四个篇章,好比为生命颁奖:教学主张有思想,砚田勤耕有温度,躬身实践有章法,叙事随笔有文采。

从书中,我不仅看到建瓯教育探索发展的图像,听到山区思政教师拔节生长的声音;看见一辈子行走在教育路的质朴能量,听到思政教师汲古润今的成长故事。此书难能可贵的是,大胆地提出"知·行·悟"教学主张,这是求学研习的教育灵魂、实践育人的灿然路径、启心润情的曼妙哲思;同时,把切身经历的工作思考、心领神会的智慧启迪,都列为课题、化为文字、转为成果,不吝与同行分享,如此笃行不怠的行事风格,启示我们:"抵达符应时代的思维高度需要一种不懈追寻的精神气象。

与时俱进，一路向前。黄文英把对党的忠诚转化为自觉行动，清白做人、干净做事、踏实做学问，为事业出色出彩，在岗位发光发热，几十年如一日帮助孩子们"扣好人生第一粒扣子"。

如今，眼前一个有花有果的著作呈现，不正是一名实干家朴素而奋发有为的真实所愿?!

神采是积淀的。这里孕藏着建瓯尊师重教的文化传承，凝结着黄文英倾力教育的精彩付出。

建瓯市实验小学是一所百年名校，人才济济。这所遐迩闻名的学校，是福建省基础教育及少先队教育的一杆旗帜。黄文英29年前就投身这所学校辛勤耕耘，几十年如一日精研不倦，从教师到大队辅导员再到副校长岗位。

她自然沉浸在队旗飞扬的环境，沉醉在教书育人的岗位，满怀敬意且有模有样地学师长练实力。她明白，对前人最好的致敬，就是书写新的奋斗历史。她以"勤勉、谦和、毅力"为校园泡注新的活力，增添新的荣耀。她团队的神采就是建瓯市少先队的工作精神与光彩的缩影。

如今，她卸任副校长一职，被上级聘任为建瓯市少先队总辅导员，兼任学校道德与法治的教学工作。由知到行，是一种源自于生活观察、实践于日常体验的新课程形态，是检核思政教师教育教学的具体成效。无论她身处什么岗位，她都勇于探索"知·行·悟"相辅相成的内在规律，不断守正创新，敢于扬帆立潮头。建瓯市少先队事业发展，刻记在八闽红领巾的目光和穿越在奋进者的脚步里，得益于建州文化"风清气正"的氛围，得益于建瓯教育"惜才用才"的滋养。

黄文英感念建瓯这片有着悠久历史积淀的神奇土地熏染了她的知行意识，她感恩实验小学这所有深厚人文积淀的校园成就了她的家国情怀，感念党的栽培和关怀。她始终铭记："学到东西不能停留在书本上，不能只装在脑袋里，而应该落实到行动上。"于是，她把内心的感恩，化作育人的责任与担当；把追寻"知·行·悟"思政的真髓和风骨，落在润心的践行与修为；把所学真知灼见的内涵和意蕴，以热情胆识才气为国家培育时代新人，用真抓实干为自己的教育生涯写下浓墨重彩的一笔。

神采是清澈的。这里亮出工作室定位站位的明晰，也流出黄文英教师坦然心灵的纯净。

走进建瓯实验小学，"黄文英少先队名师先锋工作室"的牌匾赫然入目，这是福建团省委和省少工委于2016年3月颁授的，全省首批12名少先队总辅导员领受，我也入列，见证我等属于同路同行人。作为工作室的领衔人、福建省思品学科带头人，黄文英政治思想素质过硬，身体力行地践行社会主义核心价值观。她以立德树人为己任，以满腔的热忱为支点，把道德与法治的学科教学与少先队工作有机结合,为下一代撬起了一片广阔的园地。

她把思政课的探索研究作为重要内容,把抓课题、破难点、促发展定位为工作室的基本功能与重点任务。本着求真、悟道、明理的态度,探索"知悟行"的教育教学模式,引导孩子们感悟党领导全国各族人民所取得伟大的历史成就,厚植新时代少年的爱国情怀,在实践中淬炼"清澈的爱,只为中国"的体认与担当。她着力深度挖掘道德与法治课、少先队活动课以及其他学科的课程所蕴含的思政教育资源,进一步凝聚工作室的能量,不断研究拿出新讲义,完善新教案、优化新模式,增强思政课程的思想性、针对性和亲和力。

她领航的工作室把握政治方向,坚持坐而思、起而行,形成"想在一起"合力致远的共识,激发"干在一起"团结奋斗的动力。她牢记工作室命名为"先锋"的含义使命,凡事亲力亲为、一丝不苟,总是要求做到最好。她习惯蹲下身子与孩子们交流,捕捉身边的生活素材,有感而发地把观察写成文章,逐步形成了"知·行·悟"思政课的教学风格。她擅长用通俗语言讲深刻道理,让身边的思政教师心热起来、行动起来。

2019年,福建团省委组织编写《少先队活动课》用书,黄文英出任副主编,承担起主题活动单元的编写任务。为推进新时代少先队思政课教学常讲常新,她重视发挥工作室团队作用,以"分类指导+分片包干"的方式,通过采集课例、观课评课、案例研讨、专题沙龙、主题论坛等,展现撰稿的新意,提升编写的档次,深获好评。

神采是动人的。这里胸怀着为党育人的雄心壮志,也蕴涵着潜心教育的匠心独运。

2022年,福建省少工委推出"红领巾心向党,争做新时代好队员"的先锋行动,各地少先队纷纷开展"致敬先锋"主题系列活动。6月初,我跟着福建电视台少儿频道摄制组走进建瓯市实验小学,黄文英指导的"致敬廖俊波"中队观摩课在学校礼堂举行。少先队以"知、悟、行"为主线,展开致敬"时代楷模""感动中国人物"廖俊波活动。中队通过人物专访、配乐诗朗诵、竹娃追星等多种形式,借助感人至深的视频剪辑,追寻廖俊波足迹、感悟先进事迹、展现先锋的光辉形象。当队员们深情呼喊"廖俊波叔叔,我们想念您"时,现场很多人感动得热泪盈眶。真实感人的中队活动课托起芝城学子学先锋、做先锋的决心与行动。

这场感人肺腑的少先队"致敬廖俊波"中队活动课,现场直播同步观摩达32万人次,创历史新高。为此,福建省少工委办公室向中队辅导员叶淑洪老师颁发"优秀中队活动课"奖,并向指导教师黄文英和陈淑英老师同时颁发"优秀指导奖"。

运用身边典范、借助视频资源、强化情感赋能、演绎精彩课堂,是黄文英"争创一流"的密码。她在《少先队活动课程的情感赋能》文中提出,在落实立德树人的根本任务中,教育活动必须走进孩子的情感世界,因为情感是人身心的动力系统,是最大的能量场。她强调要增强"致敬先锋"主题系列活动课的吸引力、感染力,打造"可视、可听、可感、可践行"的实境,推进思政小课堂同社会大课堂的结合,推动党团队一体化教育,促进育人工作政治化、常态化、制度化,打好少年儿童的精神底色。

她倡导少先队活动课程要锚定方向、立足优势、做强特色,要始终关注少先队员专注的目光神情,关注真实的场景互动,关注是否能形成一股无形的支持能量和心理氛围。每逢看到少先队员有探索兴趣、能绽放思维火花、情感体验被激活时,看到少先队员有了光荣感和归属感时,她就会露出欣慰的微笑。

2022年7月,福建省少工委启动《福建省少先队活动实践手册》(下简称实践手册),建瓯市实验小学曹建忠校长满怀信心亲率团队,承担起"致敬未来"单元的编撰任务,并为《实践手册》注入全新思路,极大提升全书的学术品位与实践价值。期间,黄文英功不可没。她带领工作室伙伴,深切领会少先队"组织教育、自主教育、实践教育"的精义,准确把握少先队员的心理特点和成长需要,精心设计单元版块的特色内容,运用鲜活的充满童趣的典型案例,把队员的学习思考、体验展示与红领巾奖章的评价激励融为一体。她巧妙地把课堂"知悟行"的流程变身为队员喜爱的简便易行的动作,赢得工作室伙伴的赞许。

黄文英设计的"我来读、我来做、我来追"等编写架构,极富儿童生活的画面感,被福建少年儿童出版社采纳,足以见其不俗的策划功力。

神采是智慧的。这里折射着团队铸魂育人的实力,辉映着黄文英科研兴队的成果。

建瓯市少先队课题研究的评鉴,让我有机会进一步领略到黄文英科研兴队的神采。

2022年5月,应建瓯团市委之邀,我承接了曹建忠校长等人主持的9项科研成果的评鉴工作。其中,黄文英提交的《基于知行合一的少先队活动课程的实践研究》的课题成果,细心地汇编为红、绿、黄三色的3册资料,每册都蕴藏着智慧的能量,带着科研的温度,开启教育的活力。透过展陈,黄文英所带领的10位教育伙伴的努力与灵动合作可谓光彩夺目,让评委们印象深刻,当时我执笔写出以下三点的评鉴意见:

一是《论文集》的理论,独辟蹊径,条条是道。一册红色的论文集,收录11篇倾注心血贴近少先队生活的佳作,彰显了少先队活动课在每周普及中更见落实的精致。黄文英是课题负责人,深谙教育规律,提出少先队活动课程"六性融合"(即真实性、特征性、自主性、实践性、时代性和趣味性)的理念,以帮助每个少先队员找到及拥有自我发展的舞台,通过"知·行·悟"的体验,引导队员"立志向,修品行,练本领",让每周的少先队活动课程更能彰显价值,更能展现多元风貌与亮丽成果。

二是《队课案例汇编》活动,视频佐证活络精实。一册绿色的活动集,描绘16篇少先队紧跟时代步伐的鲜活画面,从活动目标、背景分析、活动准备、设计思路、活动过程、活动激励、活动反思,应有尽有;从活动课程的全面性、系统性、整体性思考,突出红色教育,让每个队员藉由良性互动的运作,在政治启蒙、价值观塑造中,真正帮助队员们扣好人生的第一粒扣子。黄文英策划并实施的《请党放心,强国有我——党今年百岁我十岁》中的队活动课,情真意切、感人肺腑、堪称典范;叶淑洪执教的《致敬廖俊波》的中队活动课,就地取材、集思广益、跻身先列;案例还夹带《队课说课视频》,专辑清新,令人不得不由衷地叹服!

三是《讲座公开课等成果汇编》,硕果累累,蜕变感动。一册黄色的汇编,见证着岁月伴着欢笑与泪水,回馈着课题寻路的心血付出;一次次的邀请函、一张张的荣誉证书,都在无声地诉说着一线教育先锋者那登台亮相的实战辛劳与一路风景。黄文英承接"国培计划"的公开课,龙丽辉加入教育学院培训班的讲座等,都是发志愿为教育迎挑战、尽所能、奉献自己。这种担大任、立标杆的觅寻,这群情义相挺的伙伴,拥有成就孩子的初心使命,累积自身可贵的教育能量,只为民族复兴的伟业薪传。

鉴此,福建省少工委评审组一致推荐该课题研究成果为一等奖。

黄文英团队在课题研究、教材编写、学科建设等方面,承担着重要使命责任,成效显著。她提交的课题资料内容丰富、梳理的课题成果完善,呈现的论文思考、实施的队课案例、开设的讲座及交流的公开课等都有她伏案沉思或率先垂范的身影;她的研究成果,既有理论高度,又接课堂地气,彰显其坚持学思用贯通、知悟行合一的科研理念,映衬她教育生命那不吝分享的神采。

可以说,黄文英所带领的10名教师团队,彼此提携与关怀,用卓有成效的探索行动,为建瓯教育版图奉献出一道有光有热的画面,也让自己在理论攀登中珍藏一份美丽而难以忘怀的时光。

面对专业A等评定,黄文英十分谦和淡定,她说:"课题鉴定让我深受感动和鼓舞,同时也感惭愧,觉着我们做得还不够好。我想,课题虽然结题,但我们的研究不会止步。我们将以此为新的起点,努力担起大任,立起标杆,发挥更多更大的能量。"

黄文英的思政教育探索是有价值的。在马克思主义的指导、社会主义核心价值观的引领下,她的探索展现了一名共产党员的自觉思考与行动。她的著述不拘一格,不形一态,有调研发现、学习借鉴、观课评论、感召展示,宛如"育人百花园"的盎然生态里的一朵清丽之花,汇成"我们的队伍向太阳"红色交响乐中的一组柔美音符。

知之愈明,行之愈笃。黄文英,一如其名,文中有英豪之气,为人有实忱之品。

她豪婉兼具,让人如沐春风;步履坚实,踏实岁月如歌。

黄文英怀惴理想、充满激情,她自信与红领巾一起飞扬,自命有一套思政教师的活法,自许有一颗奋进不息的童心,自豪一辈子佩戴红领巾。她在思政探索进程中那朴素的、积淀的、清澈的、动人的和智慧的神采,让人刮目相看,激赏有加。

2022年10月,黄文英被团中央、全国少工委评为"全国优秀少先队辅导员",可谓实至名归。

我相信,在党的二十大精神鼓舞下,黄文英在思政科研方面的示范效应,将擦亮工作室的先锋品牌,愈加熠熠生辉;我热切期盼,黄文英探索的"知·行·悟"思政之路将有新的奋进、新的景致和新的神采。

邱孝感

目　录

第一部分
教学主张篇

"知·行·悟"思政的研究基础

《国家中长期教育改革和发展规划纲要》指出,教育改革发展的战略主题是:坚持以人为本,推进素质教育。核心是解决好培养什么人、怎样培养人,这两个重大问题是教育工作的主题,是教师追求的育人目标。作为小学思政教师,我们要以为党育人、为国育才为宗旨,在关注学生成长的同时,通过小学思政课程的有效教学培育学生的核心素养。

有效的教学离不开教师在教学中深层次地反求诸己、躬身自省,并且在这个过程中为自己的教育教学活动赋予更深刻的意义与价值,这就需要教师形成自己的教学主张。在部分小学教师的印象中,教学主张应该是负责顶层设计的专家们做的事,甚至有的教师不理解一线教师提炼个人教学主张之意义何在。其实不然,教学主张是基于文化观、儿童观、课程观来制定的,是个人教学思想的体现、教学经验的概括、教学风格的展示,它植根于教育理念和学科属性。在我们确定、提炼和实践教学主张的过程中,必须学习理论知识,更新教育观念,必须用自己的教学主张指导后续的教学实践,并不断提升,不断完善。而这个研究和实践的过程定会使我们的专业水准实现一个质的飞跃,定会让我们在教师生涯中遇见一个更好的自己。

在确定自己的教学主张时,我深刻感受到陶行知的教育思想所带来的"行知"智慧,如今这两个字依然有着指导教学的意义。经过反复斟酌,最终我确定的教学主张是:基于核心素养视域下"知·行·悟"一致性的小学思政教学。

一、基于新时代学生核心素养培育的需要

核心素养是课程育人价值的集中体现,是学生通过课程学习逐步形成的正确价值观、必备品格和关键能力。2005 年 OECD(经合组织)专门发布《核心素养的界定与遴选:行动纲要》。该《纲要》指出,核心素养包含了认知和实践技能的应用,创新能力以及态度、动机和价值观,同时认为反思性思考和行动是核心素养的核心。

近年来,在国际组织的推动下,为了落实立德树人的根本任务,2016 年 9 月,《中国学生发展核心素养》正式发布。我国提出的核心素养体系既是实现从知识本位到学生素养发展本位的转型,也是"育人文化"的理性回归。我国的学生核心素养框架研究参照了国际优秀的经验做法,更多是从我国国情和教育实际出发,思考

我国当前教育改革与发展的需要。在我国,学生发展核心素养主要指学生应具备的能够适应终生发展和社会发展需要的必备品格和关键能力。落实立德树人根本任务是研究学生发展核心素养的一项重要举措,也是适应世界教育改革发展趋势、提升我国教育国际竞争力的迫切需要。我国目前学生核心素养的发展,以科学性、时代性和民族性为基本原则,以培养"全面发展的人"为核心,分为文化基础、自主发展、社会参与三个方面,综合表现为人文底蕴、科学精神、学会学习、健康生活、责任担当、实践创新六大素养。

纵观各国构建的核心素养框架,我们不难发现,各国都聚焦了"学会学习""实践创新"素养的培养。为了促进学生知行合一和身心健康发展,近年来,国家大力支持研学旅行,发布了多份重要文件,要求为学生创造更丰富的研学旅程,创造更安全的研学环境。我国的教育工作者从教学组织角度出发,对学生的学习能力和实践创新能力的培养进行了积极的探索。因此,在培养学生核心素养成为指导和引领中小学课程教学改革实践灵魂的当下,我们更应该认真审思知行合一的育人价值,并通过"知·行·悟"思政教学来培育和发展学生的学科素养。

二、基于知行合一的方法论

知与行是哲学及道德的重要组成部分。宋代著名的思想家、理学家朱熹吸收了儒家有关"知行"的思想,又在借鉴佛教和道教思想的基础上形成了自己的知行观,强调知与行的重要性。而首次明确提出知行合一思想的是明朝著名哲学家王阳明,他最直接的目的在于反对空谈,提倡力行。他认为,知行本体是合一的,知行相即,也就是知是行的主意,行是知的功夫。知是行之始,行是知之成。知之真切笃实处即是行,行之明觉精察处即是知。王阳明心学体系中倡导的"知行合一"论对中国乃至世界都产生了重要的影响。

陶行知先生是中国现代教育史上一位伟大的人民教育家,他在王阳明心学理论的基础上创立了生活即教育、社会即学校、教学做合一的生活教育理论,为我们留下了宝贵的精神财富。"行"与"知"两个字可以概括陶行知大部分的教育教学思想。马克思主义理论是将"知行合一"与唯物主义相结合的哲学思想,马克思认为:"全部社会生活在本质上是实践的。"毛泽东也强调"行"的重要性,他说:"通过实践而发现真理,又通过实践而证实真理和发展真理。"习近平总书记也多次强调知行合一的重要性,他指出:强调思政课的政治引导功能并不是要把课讲成简单的政治宣传,而是要以透彻的学理分析回应学生,以彻底的思想理论说服学生,用真理的强大力量引导学生。

三、基于新课标的理论依据

基于核心素养的课程设计已成为国内教育改革共识。"让核心素养落地"成为了2022年课程标准修订的工作重点，新版课标中各学科课程标准的首要变化就是凝练了本学科的核心素养，并将其作为教材编写和课程实施、教学评价的依据。道德与法治学科的新课标新增了核心素养，主要包括政治认同、道德修养、法治观念、健全人格和责任意识五个方面。五大核心素养突出了道德与法治课程在培养时代新人方面的独特贡献，它也为道德与法治课程贯彻党的教育方针、落实立德树人根本任务确定了教学目标。

道德与法治的核心素养不是观念的和技艺的，而是实践的、行动的。知、情、意、行是构成思想品德的四个基本要素。首先，为了实现生活和人本身的逐步完善，学生必须在整合、理解知识与观念的基础上通过现实行动来实现这一目标。其次，道德与法治的核心素养不是单纯性的学科知识，而是融合性的实践智慧。学生道德品质与法治观念的形成，从外化形式来看，就是从知到行的过程，受教育者达到"知行合一"才是教学成功的表现，但无疑这也是课程教学最困难的环节。从当前小学道德与法治的教学实践来看，小学生的知行矛盾依然十分突出。究其成因，有以下三点：重说教，轻导行；重分数，轻实践；重划一，轻独立。因此，教学中，我们要树立"学科本位"的意识，即要关注学科的属性。只有准确把握道德与法治的课程性质，才能有的放矢地进行有效性教学。

道德与法治课程是一门融合道德教育和法治教育的综合课程，除了它的政治属性外还有育人属性，那就是德法共融。2022年版新课标统筹了道德与法治学科的课程性质：政治性、思想性和综合性、实践性。其中的实践性强调的是本课程与实际社会和生活的关联性和实践性，即要注重知行合一。倡导大主题要蕴含在真实情境与任务中，以考查学生在解决真实问题、完成真实任务时综合应用知识、体现能力与情感态度的水平。而道德与法治课程是高度综合的课程，相对于小学阶段其他课程而言，道德与法治课程具有品德教育、科学教育、社会教育及生活教育等多重功能与价值。因此，道德与法治新课标强调内容的综合性和生活的实践性，强化本课程与实际社会和生活的关联性、实践性，强调将大主题蕴含在真实情境与任务中，即关注学生在解决真实问题、完成真实任务时综合应用知识、体现能力与情感态度的水平。因此，在培育与提升核心素养的理念影响下，我们的教学空间要从课内向课外延伸，从课堂向学校、家庭和社区扩展，要教育和引导学生在感知体验中促进对知识的理解，做到学思用贯通、知信行统一，并通过"知·行·悟"合一实现核心素养与课程内容的融合。

"知·行·悟"思政的内涵诠释

知：知识、认知、见识、知道、辨别、思想。

《玉篇》："知，识也。"此为本义。段玉裁："识敏，故出于口者疾如矢也。"意思是认识、知道的事物可以脱口而出。柳宗元《封建论》："天地果无初乎，吾不得而知之也。"此"知"为了解，晓得。《淮南子·说林训》："故见其一本而万物知。"这里的"知"为认识，辨别。《庄子·养生主》："吾生也有涯，而知也无涯。"为见解、见识。《淮南子》："李子之相似者，唯其母能知之。"有识别、区别之意。

庄子说："心彻为知，知彻为德。"心灵透彻就能达到智，聪明贯达就能产生德。而"行"可以让我们的"知"变得更透彻，让我们的视野变得广阔。陶行知先生说："有行动之勇敢，才有真知的收获。"他在《墨辨》中提出三种知识：一是亲知；二是闻知；三是说知。亲知是亲身得来的，就是从"行"中得来的。闻知是从旁人那里得来的，或由师友口传，或由书本传达，都可以归纳为这一类。说知是推想出来的知识。

行：行为、行动、作为。

《说文解字》认为行是指"人们在路上走或小跑"。《国语·晋语四》："行年十五矣。"此"行"为经历。《墨子·经上》："行，为也。"指做、从事之意。谢惠连《捣衣》："纨素既已成，君子行未归。"此"行"指出游。

陶行知先生认为："行是知之始，知是行之成。"大凡想要建立知行观的人必有一个动机，那便是"行"是"知"的归宿。知行合一是一种知行互动的认知方式，华东师范大学哲学系杨国荣教授认为，这个过程是通过本然之"知"指导"行"而获得明觉之"知"。"纸上得来终觉浅，绝知此事要躬行"，学习和实践就好比一对孪生姐妹，相辅相成，互不可分。毛泽东主席也强调"行"的重要性："通过实践而发现真理，又通过实践而证实真理和发展真理。""行"可以让我们的"知"变得更透彻，让我们的视野变得广阔。法国哲学家柏格森说："行动是生命的本质。"有行动才能产生思想，有思想才能产生新价值。

悟：是一个形声字，它表示理解、明白、觉悟、领悟。

《说文》认为："悟，觉也。"即指觉悟。《论衡·对作》提道："冀悟迷惑之心。"此"悟"指启发之意。"悟"是"心"与"吾"的联合体，表示一种"一箭正中靶心"的心理状态，有觉醒、觉悟之意。

领悟力是指理解、领会、感悟的能力,是一种善于对事物进行由表及里、由实及虚的融会贯通的思考和认识。每个人的成长过程都是一个学思践悟的完整循环过程,"悟"是为了加深"知",促进"行"。在知行中领悟,在思考中成长,唯此才能培养出实践力与思考力兼备,能适应社会发展的合格人才。

"知·行·悟"思政:通过道德与法治课程引导学生在行中知,在知中行,在知行中体悟。用上间隔号,意在强调知、行、悟既是合一的,又是三个不同的重要领域。在教学过程中,知、行、悟辩证存在,相即不离,相辅相成,互不可分,不存在时间的先后。

基于核心素养视域下"知·行·悟"一致性的小学思政教学:以培养学生核心素养为宗旨,通过道德与法治课程,介入真实的生活情境和任务,引导学生以知促行,以行悟道,以道导行,实现学思用贯通、知信行统一,增强适应社会生活的能力,最终成为明理能行的合格小公民。

"知·行·悟"思政的框架构建

引导学生"知·行·悟"合一不仅是教学追求的目标,也是小学思政教学的核心价值所在。我们要以发展核心素养和体现教育的人文质量为宗旨,发挥课程的政治属性和育人属性,在传授学科知识、遵循学科发展规律的同时,促使学生形成良好的道德品质和适应社会生活的能力,使他们成为合格的社会主义建设者和接班人。

一、立足思政课堂,以道导行,以行悟道

教师要借助"行"与"知"的智慧,不断优化课堂教学,以真实任务、真实情境的介入,运用"回归生活世界"的理念去解决学生"知行矛盾"的问题,引导学生通过生活体验和现实行动实现内在的有机融合,促进学思用合一,实现核心素养的提升,从而构建一个"知·行·悟"一致性的思政课堂。

(一)课前"知·行·悟"

形式:课前开展小调查、小研究、小实践、小访谈、大搜索等实践活动。

举例:以《多姿多彩的民间艺术》为例,在课程实施之前,教师可以让学生做一个小调查,了解当地的民间艺术,调查民间艺术走向小众的原因,并完成调查小报告。

效果:激发学生社会性探究的热情,通过一场体验文化之美、历史之美的旅行,学生对民间艺术有了初步的感知。这是一个以行促知的课前预学活动。

(二)课中"知·行·悟"

形式:以活动为主线,介入真实的生活情境和任务,引导学生在生活状态中自主探究,全程体悟,明理笃行。这是一个知中有行、行中有知、在知行中明理的体验过程。

举例:以《我们小点儿声》为例,"知"的过程:教师以问题为驱动,让学生寻找吵闹声是从哪里来的。知道关门、挪动椅子、小组讨论以及课间大声吵闹都会制造噪声。接着,通过辨析是非,学生知道什么行为是对的,什么行为是错的。这是一个知的过程。

"行"的过程:教师适机鼓励:"说得好不如做得好,请你示范一下该怎么做。"接着一系列的体验活动开始了:小朋友轻轻地关门,轻轻地搬椅子,轻声地讨论……

当调音器出现后,教师又让学生找出教室外需要安静的地方,引导他们用调音器来调整在这些场合的音量。最后通过一首"文明小儿歌"巩固学生的认知,指导他们的行为。

"悟"的过程:通过场景再现和案例分析,让学生感受安静的环境给人带来的愉悦,嘈杂的环境给人带来的不悦,从中悟出:校园里的公共场合大声吵闹是不文明的行为,在公共场所应小点儿声,不影响他人,从而树立了要尊重他人、不影响他人的公共文明意识。

效果:促进学生通过生活体验和现实行动实现内在的有机融合。从认识到行动,再到顿悟,做到"知·行·悟"合一,实现学思用统一,从而自觉养成在公共场所小声说话、自觉排好队的良好习惯。

(三)课后"知·行·悟"

形式:以学生的社会生活为基础,布置课后作业,应用所学知识去解决生活中的问题、完成真实任务,引导学生从书本走向现实,做到学以致用。这是一个以行悟道的拓展性体验活动。

举例:以《我和大自然》为例,教师可以布置课外延伸的作业,让学生课外在父母的带领下去郊游,去感受自然界中阳光的温暖、雨露的滋润、鲜花的芬芳、树木的葱郁、鱼儿的活泼、鸟鸣的动听……让美丽的秋色拨动孩子感受自然美的心弦。

效果:这是"行走的思政课",通过课后的生活体验和社会实践活动,学生在情景交融的审美境界中,用自己的眼睛观察大自然,用自己的心灵感受大自然,用自己的方式研究大自然,巩固课堂上所学的知识,并学以致用,深化学生对大自然的向往和热爱之情。

二、联系社会生活,在知中行,在行中知

《道德与法治》教材总主编鲁洁先生倡导的"生活德育论"对德育课程的发展起到重要推动作用。生活德育论所倡导的道德学习是要让学生学会关注生活、反思生活、改变生活,提高他们生活建构的品质和能力。

1. 生活德育。生活性是道德与法治的学科特点之一。它强调我们的课堂要遵循儿童生活的逻辑,要以儿童的现实生活为课程内容的主要源泉,以密切联系儿童生活的主题活动或游戏为载体,以正确的价值观引导儿童在生活中发展,在发展中生活。

小学道德与法治主要包括品德与法律两大领域,"学会做人"是核心理念,"知行合一"不仅是教学追求的目标,也是小学思政教学的核心价值所在。让学生在参与社会生活活动中学习做人,这是新课标的基本理念,也是新课程的核心。因此,

我们要注重发挥课程的育人功效,联系社会生活,做到德法共融。学生的品德之知来源于真实的生活体验,它是通过生活过程加以确证的实践之知。道德与法治学科中的法治教育也需要生活化,《青少年法治教育大纲》指出,法治教育要遵循青少年身心发展规律,贴近青少年生活实际,科学安排教学内容,合理确定教学重点和方法,注重知行统一,切实提高法治教育的质量和实效。因此,我们要倡导回归生活的思政教育,引导学生学会关注生活、反思生活、改变生活。古代孟母三迁的故事就是儿童切身的生活体验、情感的认同,而不是简单的说教。可见,生活的过程就是道德学习的过程。以"大家排好队"一课为例,教师有意识地创设生活化的课堂,从学生的生活实际出发,引导他们在知、悟、行中树立规则意识,养成遵守规则的好习惯,有效实现了本课的教学目标:让学生知道在公共场所,排队的重要性;通过走进生活,感悟到还是排队好;乐于在公共场所自觉排队,从而养成好习惯。这是一个"知·行·悟"的体验过程。

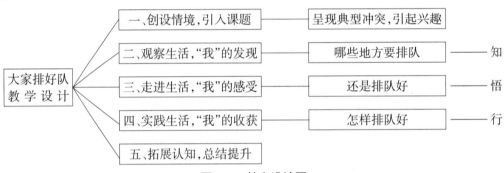

图1-1　教育设计图

2. 开放空间。在课程实施中,教师不能把学生的视野局限于校园、限制于课堂空间,而应该把思政小课堂同社会大课堂结合起来,向儿童生活的社会开放,从教科书扩展到对儿童有意义、有兴趣的题材,积极挖掘真实生活案例的育人价值,突破"书本知识是学生全部世界"的认识局限,让整个世界都成为学生成长的教科书。在教学中,教师就可以把思政小课堂与社会大课堂结合起来。例如,在教学四年级上册《网络新世界》时,在"恪守规则莫伤人"学习活动中,教师以一个典型案例来引导教育学生:"某地的一网民在互联网上散布不实言论,造成恶劣影响,在社会上形成恐慌,最后受到法律的制裁。让学生明辨是非,明白在网络上要遵守网络规则,做到不伤害他人,树立法治信仰,提升网络媒介素养,并把这种认知和觉悟带入今后的网络公共生活中。由此,学生在这一过程中将学习的视野从课内拓展到丰富的社会生活。显然,这是一个行之有效的课堂活动。

3. 活动体验。课程的活动性源于知识观的整体转型,我们要转变传统的"以书本、课堂、教师为中心"的课程观念,即强调主动建构性、社会互动性和真实情境性的建构主义知识观。陶行知先生说:"有行动之勇敢,才有真知的收获。"学习和实践要相辅相成,互不可分。思政课程是需要实践和行动的,教学内容要以儿童直接参与的丰富多彩的活动为主要教学形式,强调寓教育于活动之中。有效的活动能使学生把感性的认识化作理性的顿悟。他们在活动中全程体验、领悟,这种体验是真切的,是具有道德价值的。在任务驱动的真实情景中,学生在互动中主动建构知识,并且在这一过程中将学习的视野从课内拓展到丰富的社会生活中。例如,同样是"网络新世界"的教学,一位教师设计了这样的课堂活动:活动一"网络世界很精彩",学生竞相呈现了"线上线下"的精彩。在活动二"网络世界有规则"中,教师以"恪守规则莫伤人"为题组织学生学习:"结合生活实际,以某某在论坛里散布虚假消息为例进行辨析,引发学生思考不良行为给他人带来的严重后果。这样的活动体验使得课堂中的每个人都是活动的主体,学生的思想、意识、情感都被激活,有效实现了学生知与行的合一。在这样行之有效的活动体验下,学生感知到了网络世界很精彩、网络世界有规则,由此悟出要自觉遵守网络规则,做到不伤害他人,树立法治信仰,提升网络媒介素养,并把这种认知和觉悟带入今后的网络公共生活中。

思政课既是"政治课"也是"人生课",只有聚焦核心素养,关注学生知、行、悟的合一,让深度学习、真实学习真正发生,才能让学生成为生活和学习的主人,并逐步形成健全的人格和正确的价值观、人生观,实现全面发展。

第二部分
砚田勤耕篇

第一节　生命教育探索

试论生命教育在小学道德与法治教学中的实施策略

在我国新课程标准的指导下,生命教育已经渗透到中小学思政课中。小学生是祖国的花朵,是民族的希望,应该得到全社会的重点关怀和呵护,小学道德与法治教师要革新教学观念,挖掘教材中有关生命教育的元素,合理地渗透生命教育,引导小学生重视保护自身的生命安全。

一、联系实际生活,感悟生命的重要价值

小学道德与法治课程充分体现了人文关怀、人文素养、人文精神,要在渗透生命教育的同时突出其人文特点,教师要在基础的教材内容上,积极拓展教学内容,将所学知识与现实生活紧密联系,这样才能更加显现出生命的意义、生命重要性与可贵性。

新课程标准明确指出:儿童的品德和社会性源于他们对生活的认识、体验和感悟,儿童的现实生活对其品德的形成和社会性发展具有特殊的价值。对于道德与法治学科中的生命教育,无论学生在课堂上将相关知识学得多么扎实,如果不融入生活,不通过实际生活体验、感受、运用、领悟知识的话,那么教育也终究失去了本身最原始的价值及意义。学生只有在生活中通过具体的体验,才能真正明白所学知识的真实含义,切身体会和感受到生命的重要意义。由于年龄的限制,小学生对于生命这种抽象化的知识,在理解上存在着一定的不足,更需要通过实际生活体验,不断强化他们对生命的认知,从而优化教育成果。

陶行知先生说过:"生活是教育的中心","我们的实际生活就是我们全部的课程,我们的课程就是我们的实际生活"。教师要深度解读教材内容,将生活带入到课堂中,让课堂生活化。要充分搜集相关社会实际案例这些"活教材",并把它们融入到教学当中,将社会真实发生的事件作为最有效、最具说服力与感染力的重要教

学资源,使课堂走进生活。在教学中,教师还可以将社会热点事件或是生活中发生的真实事例融入到课堂中,与学生一同讨论,强化学生对生命安全的理解与重视。充分挖掘资源助力教育,是学生接受生命教育的另一种形式,是道德与法治课堂生命教育的一种补充和深化。

二、深入分析学情,构建和谐的育人氛围

小学生年龄偏小,心智还未完全发育成熟,思想意识、行为习惯等方面还需要完善与成长,他们对教师更加依赖。教师是他们离开父母处在陌生环境中最想要依靠的人,也是最信赖的对象。因此,做小学道德与法治教师,要更新理念,明确自己对于小学生的教育及健康成长的重要性,注重培养良好亲密的师生关系。课堂中的师生是一个学习和成长的共同体,问题共振、理念共享、情感共鸣、智慧共生像一个个跳动的音符,让课堂流淌着生命的律动。在实施生命教育时,教师要根据小学生的心理特征及性格特点因材施教,努力构建新型和谐的师生关系。"亲其师,而信其道",这样才能更好地发挥积极的影响作用,在课堂中有效渗透生命教育。教师在注重学生学习成绩的同时,还要从小事中、从生活的细节中关爱学生,尊重他们的个性化发展,挖掘他们的内在潜能,培养他们的自信心,鼓励他们悦纳自我,从而成为学生健康成长道路上的领路人,成为他们值得信赖的好朋友。

三、运用信息技术,增强生命教育的功效

在"互联网+"的时代里,教师要有意识地运用信息技术手段助力生命教育。多媒体辅助教学能将概念性的文字知识转化成具体生动形象的图片或视频,刺激学生视听感受,产生心理共鸣。例如,为了让学生感受到生命的珍贵,在教学时,教师可应用多媒体向学生播放汶川地震、青海玉树地震的场景。之后,再向学生教授防震防灾自救知识。通过这样的视频,学生就会变被动学习为主动学习,并真正感知生命的内涵及真谛。为了让学生感知生命的美好,教师可引导学生感受生命的乐趣,使他们逐渐发现社会和生活中的美好。例如,在讲授《江山多娇》一课时,教师可以采用多媒体,以视频的形式向学生呈现中华民族五千年来的灿烂文明,让他们观赏万里长城的雄伟气势、九寨沟的美丽风光、云南大理的少数民族风情等,以视觉的冲击使学生感受到祖国的伟大及生命的多姿多彩,从而认识到生活的美好和生命的可贵。

四、注重情感教育，激发生命教育的活力

教师的生命在课堂，课堂的生命在学生，学生的生命在教师的唤醒与激发下才得以绽放。无论是小学，还是中学，任何阶段、任何学科的课堂教学工作都需要师生共同融入自身真实的情感。对于知识的传授过程，教师要给予它一定的感情色彩，赋予它全新的生机与活力，让知识从无形变成有形，让原本抽象、无形、呆板的课堂氛围在感情的催化下变得生动而富有灵性，从而提高教学效率与质量。小学生由于长期受到家长的呵护，内心往往是脆弱的，需要教师对他们倍加爱护、关心，让他们能更好地适应学校的环境，从而培养他们独立生活的能力，真正从幼儿成长为少年儿童。教师要将自身丰富的情感融入到教学当中，以真实情感有效引导学生感悟生命的价值，激发学生内在的生命情感。此外，教师在讲解相关生命教育事件时，要注意语气与情感的双重运用。声情并茂的讲述能让学生仿佛置身于当时的情景中，从而触动他们的心灵，调动他们的情感，引导他们对生命的珍视。

总之，小学思政教师要把生命教育放在更加重要的位置上，在教学中，从教材、学生、教师的实际出发，从生活实际出发，准确找出生命教育、学科知识和学生需求的最佳契合点，借助网络信息技术手段，适时、适量、适度地对学生进行生动活泼的生命教育。这样才有利于学生形成正确的世界观和人生观，在学习知识的同时认识生命，懂得珍惜生命、尊重生命、热爱生命，提升生命质量。

让美育与思政"美遇"

世界上有许多种遇见,最美好的遇见莫过于在最美好的时光里我们相遇。感谢福建省道德与法治邱小鹰名师工作室为我们提供了这样一个平台,使得我们这样一群志同道合的教育人在这样一个美好的日子里相约泉州,共赴这场金秋盛会。

记得,在一次研修活动中,福建广播电视大学的徐敏教授在讲座的开场提了一个问题引发了大家的思考:"你认为,孩子未来的核心竞争力是什么?"当时,我想,有人会说,是生存能力,是优良品格,或是综合素质。而徐敏教授很坚定地说:"孩子未来的核心竞争力是审美能力!"无独有偶,美学家蒋勋也是这么看的,他说:"一个人审美水平的高低,决定了他的竞争力水平。因为审美不仅代表着整体思维,也代表着细节思维。给孩子最好的礼物,就是培养他的审美力。"由此可见,审美力对一个人来说至关重要,它关乎着一个人的方方面面:"生活、工作、外形、内心,等等。一个让人赏心悦目的人一定是美的人,美在他端正的人品,美在他文明的言行,美在他得体的处事态度等,毫无疑问,这样的人也一定是成功的人。

美育可净化人的心灵,它的教化作用是不可估量的,因此国家在高度重视德育的同时,也越来越重视青少年的美育。近年来,国家从顶层设计上为我们出台了一些相关的纲领性文件。

2019年3月29日,中华人民共和国教育部印发了《教育部关于切实加强新时代高等学校美育工作的意见》(以下称《意见》)。《意见》指出:"美是纯洁道德、丰富精神的重要源泉。学校美育是培根铸魂的工作,提高学生的审美和人文素养,全面加强和改进美育是高等教育当前和今后一个时期的重要任务。"

2019年6月13日,中华人民共和国教育部印发了《教育部办公厅关于开展体育美育浸润行动计划的通知》。通知强调:"坚持以习近平新时代中国特色社会主义思想为指导,全面贯彻党的教育方针,以立德树人为根本,以社会主义核心价值观为引领,以培养学生强健体魄和审美人文素养为核心,充分发挥高校人才资源优势,为中小学体育美育均衡发展提供优质教育资源,引导高校师生强化服务社会意识,提升服务社会能力,以公益之心哺人育人。"

2020年,中共中央办公厅、国务院办公厅印发《关于全面加强和改进新时代学校美育工作的意见》。《意见》指出:"美育是党的教育方针的重要组成部分。学校美育工作是立德树人、培根铸魂的事业。"

那么,教育家是如何看待美育的呢?教育家蔡元培、美学家朱光潜一致认为美育是德育的基础。蔡元培先生一百多年前所提出的"美育代替宗教"这一经典倡导成为他最富情感性的、最基础的人生观。陶行知先生也十分重视美育感化的德育功效,他认为没有美育的教育是残缺不全的教育。由此可见,只有加强对学生的审美教育,才能提高德育的实效性,才能在培养学生审美和人文素养的同时,达到以美育人、以文化人的功效。因此,在思政课教学中,我们要注重美育和德育的情理结合,以德载美,以美促德,相辅相成,达到审美育人的目的。

作为小学思政教师,我们要从美育的视角切入,积极捕捉教材中的美育活性因子,通过创设多样化的教学情境,促使学生发现、感悟、体验、鉴赏、践行、创造美,从而让美育与思政"美遇",促进德育与美育共成长。接下来,我分享一些个人这方面的观点和做法,供大家参考。

一、启发引导,发现教材之美

罗丹说:"美到处都有。对于我们的眼睛,不是缺少美,而是缺少发现。"在教学中,教师要唤醒学生对自然、对生活、对身边事物的真切感受,引导他们去发现美、感受美,而让美育与学生"美遇",最终还是要落实到教材上。教材是教学工作的直接依据,我们全部的教学活动都离不开它。道德与法治教材的内容富有人性美、道德美、行为规范美。新教材突破了单一的传统模式,体现教育性、综合性、参与性、直观性,并且根据孩子的年龄特点,在文字的基础上安排了大量的插图,突显历史审美感和历史直观性,这些插图相互印证,相互活化,能帮助学生更好地理解课文内容。尤其是图文并茂的内容贴近学生的生活,能拓宽他们的视野,给学生带来美的享受。教师可以按照审美的方法和途径,引导学生发现教材之美,达到启美之意。例如,一年级上册《美丽的冬天》、一年级下册《我和大自然》、二年级上册《我爱家乡的山和水》等内容都体现了自然美。又如六年级下册的《多彩的世界文化》,通过各国的舞蹈图片展示了各国绚烂多彩的文化,彰显了道德与法治的教材之美。

带领儿童认识家乡、认识社会,这是道德与法治教材的重要内容。例如,一年级下册《我和大自然》和五年级上册的《好山好水好风光》,打开课文宛如翻开一幅多姿多彩的画卷,美从书中翩然而至,满目山清水秀。所有的图文都在诉说中国的美丽,这些都是中国气派和中华民族精神的象征,无不给学生心灵上注入激情和活力。

然而,地美、物美,比不上人美,统编教材特别关注物背后的人及人心。《请到我的家乡来》一课中,在介绍了家乡的位置、家乡的传说、家乡的特产后,特意突出家乡人,引导儿童介绍家乡人的贡献、家乡人的生活习惯等。学生只有发现美、欣赏美,进而才能理解美,从而追求美。统编小学道德与法治教材中还有很多闪光的教育思想,这些闪亮的教育思想,必将带领儿童和教师走向更为深邃宽广、更为美丽的精神世界。

二、明理导真,感知秩序之美

世界,美好无处不在。这美好中有一种人尽皆知却极易忽视的"秩序"存在。秩序之美,可能是最少灵性的美,但给人的感觉却是最稳定、最安全的美,因为它有规则的约束。当今社会充满规则,如交通规则、竞争规则、游戏规则、家庭规则等。制定规则是为了规范人们的行为,保障社会的和谐与稳定。规则教育是儿童从"自然人"向"社会人"转化的过程。如果学生缺乏审美能力,就会影响他们对道德品质的是非判断,对规则法治意识的树立,对社会生活美的感受力,从而影响他们对道德与法治课程的学习效果。没有规则意识的孩子,将来无法在社会中立足,更谈不上成才了。

法治意识是道德与法治学科素养的重要内容,而规则意识则是法治意识的核心。引导学生发现美、感知美、创造美的学习过程,就是潜移默化地对学生进行规则意识教育,就是引领学生体会在规则的约束下才能带来的一种秩序的美。

统编《道德与法治》一至五年级教材中,涉及交通规则、小学生守则、班级规则、公共秩序等内容,在教学中,教师要有意识地创设生活化的课堂,从学生的生活实际出发,引导他们明理导真,树立规则意识,从而愿意学习规则,遵守生活中的规则。例如,在教学二年级上册《大家排好队》一课时,教师可以在上课前拍一些校园中的美景以及学生整齐排队守秩序的视频画面,从美育的视角引导学生发现校园中的秩序美。接着视频的画风一转,出现了学生下课到讲台上领取作业本的混乱场面。教师引导学生在发现美和不美的过程中,唤醒学生的审美意识,培养他们的审美能力,在他们的心灵种下美的种子。同样,在《班级生活有规则》一课教学中,教师可以先让学生理解规则的含义,让学生通过视频或图片等素材认识和发现有规则的班级生活美的样态。一方面,可以带领学生感知有规则的班级生活美好的方面。另一方面,引导学生判断和感知无规则的班级生活及其影响,通过这样的感知过程,让学生深刻感受到规则可以使我们的班级生活更美好。

这些内化规则和习惯的课堂活动,是学生模拟社会规则向真实社会规则体验的过程,是从约束性规则到指导性规则转化的过程。这样的教学有机渗透了美育,才有其价值和意义。

三、比较辨析,鉴赏真善之美

价值观的核心,是对美的认知和判断。追求美,是一种取向。我们做的一切自认为有价值的事情,都是那些可以让自己产生美感的事情。然而,世界上有许多事物的美与丑并非一目了然的,它需要鉴赏者有一定的生活经验,有较强的分析理解能力,才能作出正确的判断。

鉴赏美的能力是指对美的事物的鉴别与评价,它不仅表现在对自然美的鉴赏上,更重要的是要正确地鉴别与评价现实生活中的美。身心尚不成熟的小学生,抽象思维能力还不发达,阅历尚浅,他们的认识总是由浅入深,由表及里,从感性到理性,从理解到想象,从体验到评判,因而教师必须遵循这个规律,引导学生通过比较、辨析去鉴别现实生活中的真善美和假丑恶,从而提高鉴赏美的水平。例如在教学《网络新世界》一课时,教师可以组织学生举办一个以"网络给我们带来的是利大还是弊大"为题的小型辩论会,让正反两方畅所欲言,通过举证和论述、对比和分析,让学生认识到不良网站之恶、文明上网之美。又如《我很诚实》一课中,教师可以让学生把善意的谎言和恶作剧的谎言进行比较,辨析其中的不同,由此认识到,谎言不能一概而论,有些是有道德性的,是善和美的举动。

契约意识是一种现代法治意识,在小学阶段,儿童的契约意识体现在具体的生活事件中,如借了别人的东西要及时归还,答应别人的事情要履行承诺,这是学生与他人之间的契约,还有学生与社会之间的契约,如交通规则和社会规范等。教师要抓住育人契机,培育学生契约意识,通过比较与辨析有效地帮助学生知善恶,识美丑,从而促使学生把感悟到的真、善、美转变为个人高度自觉的行动,达到了知与行的统一。

四、灵动课堂,表现智慧之美

审美能力是促进学生道德与法治学科核心素养提高的关键因素,在道德与法治教学中,如果教师只进行简单的知识传授,就难以满足学生的审美需求。所以,教师要重视美育渗透,要树立开放的教学理念,以融洽的师生关系、有价值的质疑问难、适度的信息技术手段、实质有效的合作探究等教学手段创建一个灵动的课堂。通过教学活动,引导学生挖掘方法之美,感知在摸索、思考、合作、探究、互动、对话的学习过程中产生的智慧之美。

首先,灵动的课堂来自于和谐。教学要注重营造平等、和谐的学习氛围,注重教学内容与现实社会有机融合,加强师生之间、生生之间的互动交流,展开多元主体的对话。还可以适当开展真实而有效的小组合作学习。这种学习是在孩子们交流合作、团结互助的基础上完成的,无不闪烁着集体智慧的火花。而交流合作时所形成的美也给孩子们带来了愉悦的审美情趣,促使他们在和谐之美中领悟道理。

其次,灵动的课堂来自于有趣。教师可以通过演讲、点评、竞赛等形式激发学生的学习兴趣；也可以通过富有感情的语言描述，再现文本人物，让学生获得情绪的感染；还可以通过情境的模拟、角色扮演来增强教与学的吸引力；还可以紧跟时代脚步，以时事案例、社会热点等吸引学生的注意力。多样而合理的教学手段能使学生获得真实的情感体验，从而满足他们的审美需求，给他们一个丰富的精神世界。

最后，灵动的课堂来自于高效。教师要成为美的引导者，不固守传统观念，要敢于突破，创造性地运用教法，增强教学的美感。高效的课堂除了有新理念、新手段，还得有新技术。在大数据时代，我们可以借助信息技术为我们的教学增效。除了制作精美有效的课件，教师还可把线下导学卡制作成线上的思维导图，引导学生预学，增强学生线上学习的互动性；也可根据这一课的教学重难点制作微课让孩子学习，使知识认知化、内容可视化，还可以通过智能手机录音、录像、拍照、收集信息等方式为学习助力，让单调的练习转变得趣味化。

教师的生命在课堂，课堂的生命在学生，学生的生命在教师的唤醒与激发下才得以绽放。问题共振、理念共享、情感共鸣、智慧共生像一个个跳动的音符，让课堂流淌着生活的节奏、生命的律动，展现智慧之美。

五、知行合一，体验实践之美

审美能力的获得和发展，主要依赖后天的审美实践活动和审美教育。同样，"品德之知"不同于"见闻之知"，它是来源于真实的生活体验，也必须通过生活过程加以确证的实践之知。由此可见，孩子了解世界的最好方式，就是亲眼所见，亲身体验，以行为知，而后才能以知为行。

马克思说："社会生活在本质上是实践的。"社会美来源于人类的社会实践，是社会实践的直接体现。学生良好品质的培养不能仅局限于校内，应当面向社会，面向民族，面向国际，这样才能拓展更为广阔的育人空间，才能给学生创造了解社会、接触社会的机会。《义务教育课程方案和课程标准(2022版)》指出："教育的内容和形式必须贴近儿童的生活，反映儿童的需要，让他们从自己的世界出发，用自己的眼睛观察社会，用自己的心灵感受社会，用自己的方式研究社会。即要以儿童的社会生活为基础。"社会的历史、文化、结构、制度、行为规范、生活方式等，是思政教学的基石。例如，《家庭的记忆》一课，教材设计了家史调查、传统节日内涵讨论等活动，让儿童记录家庭大事，了解家庭变迁，认识传统文化对家的重视。《我的家在这里》一课提出了"为什么我们村叫王家村？""为什么大家要住在同一个村或社区里？""你居住的村庄或社区的名字有什么来历？"等一系列问题，指引儿童关注村落和社区的历史变迁。而社会实践活动的参与对象往往是群体，需要学生之间通过互相交流信息和感情，协调彼此之间的关系，达到共同提升综合能力和审美素养的目的。活动的开展,都是以学生的情感为纽带,以美引善,以善成美,使学生的审美能力得到发展,人格修养得到完善。

苏霍姆林斯基重视自然美在儿童教育中的作用,他认为大自然是儿童理性的永恒源泉。学生对周围世界的美的感受和体验,尤其是对故乡之美的赞赏是热爱祖国的一个极其重要的情感源泉。例如,在教学二年级上册《我爱家乡的山和水》一课时,除了引导学生从教材中感受自然美,还可以布置课外延伸的作业,让学生课外在父母的带领下去郊外领略秋天的景致,还可以到野外、农场去体验收获的快乐。菜园里新鲜的蔬菜、果园里熟透的水果、田野里金黄的稻谷……美丽的秋色拨动了孩子感受自然美的心弦。由书本走向现实才能体现教育的人文质量。在情景交融的审美境界中,学生对所呈现出的美好事物油然而生一种惊叹和赞美之情,从而树立人与自然、人与社会的和谐意识,唤起他们对大自然的向往和热爱之情,体会劳动人民的智慧和才干,使他们对大自然的热爱升华为对劳动、对人民、对祖国的热爱。这样的活动能使学生比较直观地感受自然美,从而认识到美就是生活,美就在身边。同时,在美的享受中,学生受到了高尚的情感熏陶,形成了积极向上的生活态度。

六、激发内化,挖掘创造之美

在思政课的教学中,情感因素至关重要,教学中只要抓准德育渗透点,充分重视情感因素的挖掘和培养,就能使教与学达到水乳交融的和谐境界,这也是思政课教学所追求的理想效果。美育是一种化育,它是通过情感途径使主体受到感化,经过审美深入人心,从而陶冶主体的精神境界,完善人的品德。正如《意见》中提到的:"美育是审美教育、情操教育、心灵教育,也是丰富想象力和培养创新意识的教育,能提升审美素养、陶冶情操、温润心灵、激发创新创造活力。因此,只有让学生产生强烈的审美情感,才能激起表现美的内驱力。黑格尔曾经说过:"感动就是情感上的共鸣。"因此,教师要善于用情感敲开学生的心扉,捕捉有利的教育时机,点燃学生爱心的烈焰,才能达到"入人深,化人速"的教育效果。例如,四年级上册第四单元"让生活多一些绿色"第11课《减少垃圾变废为宝》,教学时,引导学生从日常生活经验出发,了解白色污染对环境的危害,明白废弃物中也有可再利用的宝贵资源,如果不充分利用,不仅危害环境,还会造成巨大的资源浪费,从而树立学生的环保意识,产生改造环境、创造美的内驱力,并转化为变废为宝的行动。

审美对于创造力的培养具有特殊重要的作用。一个总是与美相遇的童年可以成就积极乐观的人生态度,不仅会使他们善于发现美,努力去践行美,并拥有创造美的才智。爱因斯坦认为,真与美比较,美更重要,其重要原因就在于美更富于创造性。陶行知先生说:"创造需要广博的基础,解放了空间,才能收集到丰富的资

料,扩大知识的眼界,以发挥其内在之创造力。"教师要努力构建美育视角下的有效课堂教学模式,调动学生的自主性,引导他们充分发掘创造生活美的潜力,使学生们勤于学习,善于思考,勇于探究,不断获取新知识,不断产生新的感受、新的体验、新的思想和新的创造,

在实践活动中自己去感知、去创造生活中的美。在学习四年级上册第一单元与班级共成长第1课《我们班四岁了》时,引导学生通过知识窗了解不同颜色代表的含义。接着,组织学生根据班级的"性格特征",一起来为班级起个"班色",设计班徽,并说明理由。然后,播放视频,让学生欣赏优秀的班徽设计,激发他们创作灵感与热情,为后面的班徽设计大赛奠定基础。学生是在获得精神顿悟之后产生了创造力,在这种状态下,他们的审美潜力被挖掘出来,那么他们所创造的作品一定会让你惊喜连连的。

总而言之,"坚持以美育人是时代的呼唤,我们要以立德树人为根本,以社会主义核心价值观为引领,以提高学生审美和人文素养为目标,弘扬中华美育精神,以美育人、以美化人、以美培元"。教学中,教师要对学生晓之以理,动之以情,炼之以意,导之以行,充分调动他们的知、情、意、行等多种感官的情感体验,使学生能以正确的价值观对事物进行鉴别和评价,能用具有美感的语言表达自己的情感、态度和观念,能创造自己心中的美好形象。让德育和美育相互渗透,相互交织,美美与共,相得益彰,从而引导学生走全面和谐发展的成长道路,使他们成为既有崇高理想又有高尚道德、健康体魄和智慧才能的人。

美育的作用就如同春风化雨,会在潜移默化间,渐渐渗入人的心田,成为滋润心灵的养分。"美遇思政""美遇童年"正是这种理想教育的开端。老师们,让我们做美的引导者,带领我们的孩子们去体验生活的美、生命的美、文化的美、精神的美,并学会呵护、享受、传播这种美。我们有理由相信,在德与美共育的理念下,我们一定会遇见更多教育的美好。

最后,请允许我借用福建省学校美育与艺术教育研究中心主任王福明的一段话作为今天这场讲座的结束语:"新时代学校的美育是承前启后、继往开来,是大格局中的大变革,我们既要弘扬传统,又要吸收外来,既要做好德美共育,更要面向全体学生涵育终身受益的审美修养和人文情怀。当孩子们都能辨别美丑、明判善恶,当美无处不在,当丑无处可寻,我们的社会和生活必然进入一个'万紫千红总是春'的美好境界。"

浅谈情感教育在小学道德与法治课中的有效应用

　　情感教育是教育过程的一部分,它关注教育过程中学生的态度、情绪以及信念,以促进学生的个体发展和整个社会的健康发展。学生品德的形成,就其最基本的过程来说,是一个由知到行的过程。这个过程要经过一些复杂的中间环节,其中包括道德情感的参与。在教育过程中,情感与认知存在着相互制约、相互促进的客观规律,并不是任何一种道德认识都能转化为道德行为的,即知到行未必能达到统一。我们常常看到有的学生把学生守则背得滚瓜烂熟,说起道理来头头是道,可是在实际行为上却是另一码事。其中一个很重要的原因是他们缺乏应有的道德情感。郭沫若说过:"人类社会的根本改造步骤是人的改造,而人的根本改造应当从儿童的情感教育、美的教育入手。"由此可见,激发学生的道德情感,强化道德认识,架起知与行的桥梁,是思政教学的关键。在此,笔者就这一方面的尝试,谈几点认识和做法,与大家共勉。

一、巧用信息技术,创设情感教育的良好情境,以情育理

　　人的情感除了具有感染性的特点之外,还具有情境性,"境由心生"说的就是这个道理。因此,要培养学生的情感须创造良好的情境。而现代信息技术在思政教学中的运用,不仅为我们提供了有力的创设情景的手段,也丰富和深化了学生的情感体验。在教学中,教师要有意识地运用多媒体手段创设与教学内容相适应的情境。

　　1. 激趣引学。欢快活泼的课堂气氛是取得优良教学效果的重要条件。学生情感高涨之时,往往是知识内化和深化之时。在教学中,教师可恰当地运用幻灯、投影、录像、录音等手段创设引人入胜的道德情境,引导学生进入角色,产生情感共鸣,形成心理上的最佳状态。如在教学《劳动最光荣》一课时,可采用音乐导入法,把歌声带入课堂。一首《劳动最光荣》的歌曲,让孩子们耳目一新,沉浸在优美的旋律中。听完音乐,教师随即问道:"你喜欢歌曲中的哪种动物? 为什么? 美好的生活要靠什么来创造?"引导学生进入探究情境,从而揭示课题,激发学生的学习热情和学习兴趣。再如在教学《自己的事情自己做》这一课时,笔者播放了一段小品录像:清早,妈妈一起床就忙里忙外地做家务,扫地、整理房间、做早点……而刚起床

的娇娇自己能做到的事情却不停地依赖妈妈来做,给妈妈添了不少麻烦。学生看完录像后,笔者抛出一个问题:"娇娇这样做好吗? 为什么?"不待学生回答,又请学生看一段录像:清早,妈妈同样做着家务,而丽丽一起床不仅自己的事情自己做了,而且还帮助妈妈做了一些家务活。妈妈很开心,夸丽丽是个懂事的好孩子。两种截然不同的态度体现出了"自己的事情自己做"的意义所在。这种对比手法的情境设置比教师用事例说明要生动形象得多。直观的教学手段使学生把形象的感知转为抽象的、理性的顿悟,寓情于理,情理交融,营造了一种良好的情感氛围,使学生产生强烈的情绪效应,从而增强了认知活动的趣味性,使学生乐学、好学。

2. 激情励志。积极的、健康的情感不仅能对学生的认知活动起到推动的作用,还能使学生的个性品质得到全面发展。"动人心者莫先乎情",教学中,教师可针对小学生重感情、好激动和易受感染的特点,利用语言表达和肢体语言的魅力,特别是自身的道德情感,来叩击学生的心扉。通过自己的积极情感来感染学生,使他们获得精神上的愉悦和满足,以诱发他们产生情绪上的共鸣,激发起健康的、积极的情感。如在教学《站立起来的中国人》一课时,为了引发、激励学生的爱国之情,笔者播放了一组我国运动员在奥运会上获得金牌的画面,并"声画同步"地配上饱含激情的旁白:"当奥运会上一次次奏响了中华人民共和国国歌、升起了五星红旗的时候,全世界人看到的不仅仅是赛场上运动员们矫健的身影,还看到一个已经崛起的、充满生机和活力的中华民族。中国在用自己的实力感动着世界,身为中国人,我们为之振奋,为之骄傲。"丰富的美感、鲜明的形象,伴以教师充满情感的抒情、渲染,激起了学生满腔的爱国之情和民族自豪感。

通过挖掘教材中的内涵,合理运用多媒体的情境来烘托教学内容中的情感气氛,寓于教材以活的载体,全方位、立体式地向学生进行了情感教育,使学生在专心致志的欣赏中达到情感智商的提高,达到了以手段促教学、以方法促情感教育的教学目的,有效提高了课堂效率。

二、善用赏识教育,搭建情感教育的宽松平台,以情促情

赏识、赞扬、鼓励则是肯定一个人的具体表现。心理学家罗森塔的"期待效应"实验表明:如果教师具有一颗挚爱的心,对学生抱有良好的"期待",那么被期待的学生必然会焕发积极向上的信心,也必然会激发求知欲望。因此,教师要善于用赏识教育,为学生搭建情感教育的宽松平台。

第一,要观察、了解学生。教育家赞可夫说过:"敏锐的观察力是一个教师最宝贵的品质之一,如果没有了它,教师就很难成为学生的良师益友。"因此,我们要善于从学生日常的言谈举止所流露出来的情感观察他们的道德品质,了解他们的内

心世界,然后对每个学生施行个别的影响和教育,使他们从不同的起点上得到发展。

第二,要尊重、热爱学生。近代教育学家夏丏尊先生说过:"教育没有情感、没有爱,就如同池塘没有了水。"教师要尊重学生的人格和自尊心,不偏袒、不迁就、不溺爱、不歧视、不苛求、不嫌弃,这种公正无私的爱能成为巨大的教育力量,使学生得到健康的发展。

第三,要信任、赏识学生。激励是情感教育的助长剂,教师要善于挖掘学生的"闪光"点,不断地激励学生积极向上,让他们感受到老师正在以乐观的精神期待他们不断进步,使他们在"我是好学生"的心态中觉醒,从而树立自信心,逐步走向成功。

感化更多地表现为一种情感的力量。赏识的本质就是爱,是给孩子无形生命的阳光、空气和水。这种爱是心灵的桥梁,它使师生之间的心理上接近起来,在情感上融洽起来,思想上共鸣起来,在目标上一致起来。它能使学生产生安全感和信赖感,由"亲其师"而"信其道",创设一种融洽、合作的师生关系,使整个教学过程成为智力与情感的交际过程。

三、挖掘社会资源,拓展情感教育的广阔空间,以情导行

赞可夫说过:"感情会在人们的行动中成为一种积极作用的力量。"而没有行为的实践是不可能使学生有切身的体验,也难于形成人的真情实感。《义务教育课程方案和课程标准(2022版)》明确指出:"儿童的生活是课程的基础。"现实生活给予情感教育提供了取之不尽、用之不竭的源泉。因此,思政课不仅要进行与情感有关的课堂教学,还必须有相适应的社会实践活动。教师要引导学生走出课堂,走向社会,把有关的教学内容与丰富多彩、扎实有效的社会实践活动紧密结合起来,从社会实践中提炼陶冶感情的养料,从社会实践中提高道德水平,从而达到"知、情、意、行"的统一。如在教学《积极参加公益劳动》一课时,可带领学生到公园草坪里拔杂草、打扫街道卫生、清洗一些公共设施,通过实践活动,学生从中体会到参加公益劳动一方面可以给人们带来好处,另一方面能体会到为人民服务的乐趣,从而激发热爱劳动的思想感情。如在教学《秋天来了》一课时,可组织学生进行郊游,通过家乡的山山水水、一草一木,陶冶学生的爱家乡、爱大自然的情操,使情感得到进一步的巩固和升华。

总之,情感因素至关重要,教学中只有充分重视情感因素的挖掘和培养,才能使教与学达到相互和谐、水乳交融的境界,这也是道德与法治教学所追求的理想效果。

"知·行·悟"合一视角下的少先队活动课

少先队活动课程是综合性活动课程,落实常态课是少先队活动的根基。基于"知·行·悟"合一的少先队活动课程关注真实性、特征性、自主性、实践性、时代性、趣味性,通过立足少先队活动课程指导纲要,回归自然本真,整合多种资源,引导少先队员在真实常态中明理导行,在知行合一中快乐成长,从而做明理能行、全面发展的社会主义建设者和接班人。

一、立足指导纲要,在实施过程中把准脉搏

少先队辅导员要立足《少先队活动课程指导纲要》,以"纲"为本,认真研读,才能做到把准脉搏,有的放矢。明确以下几个要素:一个根本任务:为中国特色社会主义事业培养建设者和可靠接班人;两种课程性质:政治性和儿童性;三条实施途径:组织教育、自主教育、实践活动;四块目标内容:组织意识、道德养成、政治启蒙、成长取向;五维综合评价:对活动课、少先队员、队集体评选、辅导员、学校进行综合评价,开展督导检查,互观互检等;六种实施方式队会、队课、队仪式、队组织生活、队实践活动、队品牌活动。

二、回归自然本真,在真实常态中明理导行

陶行知先生主张教育要同实际生活相联系,只有恰当运用"回归生活世界"的理念来关照教育,教育的本质力量才能得到完全释放。因此,我们要让少先队活动课程回归自然本真,让少先队员在真实常态中明理导行。

1. 突显真实性。"实"是少先队活动的生命,我们要本着"不求完美,但求突破;不求精致,但求有价值"的理念,不预演、不雕琢,不彩排、接地气,源于真实需求,开展真实体验。宁要真实的残缺,不要虚假的完美,要的是实实在在的活动,要的是能触及心灵的体验。队员们在真实的活动中认知、悟道、导行,没有经过反反复复试教的常态课,虽不完美,但是有研究和学习价值。

2. 突显特征性。少先队活动课程有少先队的教育特征,它的"灵魂"就是队性强、队味浓。队性强体现在思想性、组织性、主体性、实践性、社会性这五个方面;队

味浓就是要独有的组织架构、特殊的队活动仪式、规范的少先队礼仪、鲜明的组织标识、特有的话语体系。

3. 突显自主性。辅导员要放手锻炼少先队小骨干的自主活动能力,注重队员的自我教育、同伴教育,鼓励全体少年儿童动脑动手,自己的组织自己建,自己的活动自己搞,自己的事情自己做,人人做主人,人人都探究,人人都创造,培养自主意识和自主能力。辅导员要改变自己"包办型"和"权威型"的角色,不当"保姆",不做"指挥",而是做好幕后"策划者""支持者",让队员真正成为少先队活动的主人。

三、整合多种资源,在知行合一中快乐成长

《少先队活动课程指导纲要》指出,少先队活动课程以少先队组织为实施载体,以实践体验为基本途径,坚持必要的灌输教育,正确引导的社会观察与丰富多样的实践体验相结合。墨辨提出三种知识:一是亲知;二是闻知;三是说知。亲知是亲身得来的,就是从"行"中得来的。闻知是从旁人那里或由书本传达来的。说知是推想出来的知识。少先队活动的课堂有广阔的空间,辅导员要做有心人,充分调动社会各方面的积极性,挖掘各种社会资源,有效整合、利用各级各类校外教育机构,包括校外活动场所、社会实践基地等教育资源,为少先队活动的开展提供必要的条件保障。帮助少年儿童接触社会生活、接触大自然、体验伟大的时代,实现少先队教育和学校教育、家庭教育、社会教育相互融合、相互促进,促进少年儿童在知行合一中快乐成长。

1. 突显实践性。我们要因地制宜,拓宽资源,在校园内、家庭、社区和社会上积极开展主题鲜明、生动活泼、丰富多彩、独具特色的实践体验活动,注重体验教育,突显少先队活动课程的实践性。可以为队员们开辟第二课堂,创设丰富多彩的活动,结合当地革命老区的历史背景,依托红色革命遗址,利用周末组织队员追寻红色印记,在互动中主动建构知识,并且在这一过程中将学习的视野从课内拓展到丰富的社会生活。例如,可以把队员分为四个小队,开展"小脚丫红色印记"研学之旅活动,在"红色故事篇"中,通过参观红色革命历史纪念馆和讲述红色故事,让队员们从大量的革命遗物、历史照片、文字资料、英雄事迹中接受爱国主义教育和革命传统教育;在"红色知识篇"中,队员们开展红色知识竞赛,更全面地了解和认识了革命历史;在"红色颂歌篇"中,队员们用红色歌曲和诗歌来歌颂英雄们的丰功伟绩;在"红色实战篇"中,通过实地演练,队员们体验革命先辈不怕牺牲、排除万难、争取胜利的必胜决心。

2. 突显时代性。在不知不觉中,我们发现,未来已来,网络授课、线上学习已然成为一种趋势。《少先队活动课程指导纲要》指出,要运用互联网、移动终端等新媒

体开展线上线下活动。今天的少年儿童是在各种流行文化元素中长大的。因此，我们要遵循少年儿童的认知规律，利用网络资源，立足信息技术的应用，在培养学生学习力的同时，与时俱进地探索构建"知·行·悟"合一的教学设计与实施原则，创设一个数字化、实证化的有效课堂，让少先队活动变得生动活泼，让少先队员在和谐快乐中受锻炼、长才干。以队课《党是太阳我是花》为例，在上课初始，可以通过播放向日葵围着太阳转的动漫，并配以解说："早晨，太阳升起，向日葵会把自己的小脸转向东方的太阳。傍晚，太阳从西边落山了，向日葵的小脸又会慢慢地转向西边。"通过直观的动漫和生动的引导，队员不难发现和感悟："葵花像是少年儿童，太阳就像我们的党。"由此导入新课，并增强队员们与共产党的亲近感。

3. 突显趣味性。我们要不断创新少先队活动的内容和形式，运用孩子们喜闻乐见的活动方式，把有意义的队活动做得有意思，使队员们感到常上常新。如才艺展示、演讲汇报、游戏互动、情景创设、角色体验、娱乐游戏、社会实践、学习探究、亲子参与，等等。只有喜欢才能接受，才能入脑入心。同样是"小脚丫红色印记"研学之旅活动，在"红色实战篇"中，首先组织队员开展"穿越丛林"实战演练，利用纪念馆附近一片茂密、有一定坡度的杂木林，让队员互相协作，开路上去。接着，开展"林间扫雷"演练，在一片杉木林里开展扫雷活动。因为杉木林落叶多，有一定的厚度，队员在上面行走极易滑倒。落叶底下藏有锥栗（奖品），队员既要勇敢又要细致，才能"扫"到"雷"。再接着，是"穿越电网"演练，纪念馆附近有约50平方米的平地，下为黄土地，事先铺上杂草，把排球网架40厘米高，让队员们匍匐前行。最后，是"绝壁求生"实战演练，在纪念馆附近，找一堵陡直的泥墙，从上面垂下一根粗绳，队员把绳索夹在两腿之间，双手握绳，双脚踩墙，身体往后仰，往上爬。上方和下方由辅导员和家长志愿者拉网保护。实战演练虽然富有挑战性，却寓教于乐，趣味性十足。从前面环节的认知活动到本环节的体验活动，队员从认识到顿悟再到行动，由点及面，由浅入深，使队员的认知得到了升华，灵魂受到了震撼，思想经受了洗礼。通过"知·行·悟"的体验过程，体验到革命战士为了革命胜利不怕困难、排除万难的大无畏英雄气概，从而自觉以英雄为榜样，继承革命传统，传承红色基因，从小立志，争做新时代好队员。

总之，辅导员要明白少先队活动课程的属性，掌握上好少先队活动课的要领，在意识上"先行一步"，走在科学、时尚的前沿，整合各种教育资源，急队员之所急，先队员之所先。那么，我们展示的少先队活动一定会实现"公开课上出常态课的真实，常态课上出公开课的精彩"，一定会让越来越多的孩子爱上少先队活动课程，并由此热爱少先队组织，从而使少先队活动成为少年儿童天天盼之、心心念之的精神乐园。

刍议唱曲子中的德育教育

"建瓯唱曲子"是遗留给后人的宝贵财富,是福建省第三批非物质文化遗产,其演唱内容多为"劝善",对社会文明与道德建设有积极的促进作用,真可谓"曲曲有道道,道道催人进"。社会在进步,教育也随之不断发展,小学基础教育更需要随着时代和社会的发展不断进步。将"唱曲子"引入校园,通过社团活动,对学生进行爱国主义教育、传承发扬中华优秀传统文化、弘扬培育民族精神、增强民族自豪感和凝聚力都具有十分重要的意义。因此,我们要寓社会主义核心价值观于"唱曲子"之中,挖掘"唱曲子"的内涵,在唱曲子中融合德育,对学生开展民族传统文化教育,培养他们的爱心、善心与孝心,引导他们尚德崇善,健康向上,通过传唱正能量的曲子,达到以曲育人、以德化人的功效。笔者认为可以从以下几方面实现唱曲子中的德育融合:

一、与时俱进,陶爱国情操

时代赋予我们许多育人的素材,我们要用发展的视角与时俱进地挖掘德育融合点,为"唱曲子"注入时代的德育精神,不断推进民间艺术教育中的德育精神与德育理念。根据我国国情,根据学生的年龄特征和接受能力,我们可以通过学唱曲子陶冶学生的道德情操和爱国主义情操。把爱国主义思想融合于唱曲子的教学之中,既不是空洞的说教,也不是有组织有约束的灌输。这不同于政治报告、哲学论文的演讲,也不同于有目的有意义的政治教育活动,它的形式是具体而直接的,并能达到灵魂的陶醉、精神的愉悦。例如,曲子《十九大光辉照乡村》中唱道:"从十八大到十九大,日子是一天好过一天。美丽乡村,三江六岸,祖国遍地刮春风。说根本,唱根本,幸福全靠共产党……"曲子通俗而朴实,歌颂了党的好政策,歌颂了十九大精神给家乡带来的新变化。

在教唱时,教师可以通过分析曲子,并运用多种有效的教学方法,利用现代信息技术手段展示家乡新变化的照片,让学生从心灵深处来感知,使他们不断地感受、理解,从而达到以唱曲子陶冶爱国主义高尚情操,激发学生热爱党、热爱社会主义祖国的教育目的。

二、崇德向善，扬优良家风

教育部制定并发布的《完善中华优秀传统文化教育指导纲要》强调，开展中华优秀传统文化教育，要以弘扬爱国主义精神为核心，以家国情怀教育、社会关爱教育和人格修养教育为重点，着力完善青少年学生的道德品质，培育理想人格，提升政治素养。孔子说："移风易俗，莫过于乐。"作为民间艺术的一种形式，唱曲子要以立德树人、崇德向善为导向，宣传社会主义核心价值观、传承创新中华优秀传统文化，达到潜移默化的育人效果。

"家是小国，国是大家"。家风是一个家族代代相传沿袭下来的体现家族成员精神风貌、道德品质、审美格调和整体气质的家族文化风格。优良的家风可以传承良好的家德，树立良好的家风，它对家族的传承、民族的发展都起到重要的影响。我们可以把"唱曲子"与社会主义核心价值观紧密联系，引导更多的家庭形成和谐的家风。

三、追忆古人，抒感恩情怀

感恩是一种情怀，是一种美好的情感，是心灵的净化剂。我们知道，孩子的本性是以自我为中心，他们从出生起，身边所有人的关注点都在他们身上，对于身边人给予的爱，他们习以为常。因此，学会感恩对他们来说尤为重要。我们要充分挖掘当地历史文化名人的资源，对孩子们进行感恩教育。

素有"闽国首府"之称的建瓯是一座历史悠久、文化积淀深厚的古城，这里的历史名人辈出。五代十国时期，南唐军队进攻建州，城破后打算屠城。最终，边镐、王建封二将被练氏夫人舍生取义的精神所感动，取消了屠城计划。练氏夫人用大爱和大智拯救了万户黎民免受血光之灾。后人感念练氏夫人的恩德，尊其为"芝城之母"。《乐记》中载："凡音之起由心生也，人之心动，物使然也。"把这样感人的历史故事编成"唱曲子"特别有教育意义。唱曲子《全城之母》向我们展示了一个舍私恩以全大义的练氏夫人的形象，她的恩德撑起了人性的基石，她的风采折射生命的灵光。在追忆古人中，学生学会了友善待人，学会了常怀感恩之心。

四、挖掘内涵，树敬业形象

艺术形象是作品的核心，一个艺术形象能够使观众感受时代、社会的脉搏，在想象中接触人物的生活，体验人物的命运，使观众更加集中地欣赏艺术美，瞻仰崇高的人物和业绩。我们要精心挖掘曲子的内涵，并充分展示作品中丰富的内容及艺术形象,尽善尽美地再现作品的思想内容。"时代楷模"廖俊波是习近平总书记亲自号召广大党员干部学习的对象,他曾任过邵武市拿口镇书记,《小人物》唱的是他敬业尽职、为民服务的故事。

女儿:"爸爸,我说你是俺拿口镇最大的人物。"

廖俊波:"阿娘囝啊,你就说错了。你爸爸我呀,不但不是全镇最大的人,反而是全镇最小最小的人。"

女儿:"爸爸,这我就不理解了,就算你不是全镇最大的人,怎弄地也不是全镇最小的人啊,你乱说。"

廖俊波:"哈哈哈,阿娘囝啊,我问你,你爸爸是做什事的?"

女儿:"你是镇书记啊!"

廖俊波:"镇书记又是做什事的?"

女儿:"嗯……"

廖俊波:"镇书记的工作,就是为全镇人民服务。你说,为全镇人民服务,是不是全镇最小最小的小人物?"

女儿:"啊……我,我晓得了。爸爸是为全镇人民服务的,为全镇人民服务,就是全镇最小最小的小人物。"

他把百姓当父母,自己劳累不怕苦;他把群众利益挂在心,自己就做勤务兵。

这段曲子展现的是廖俊波年轻时与年幼女儿谈及自己"是全镇最小的人,是为全镇人服务"的风趣对话。由此,刻画出了一个新时期人民的服务员、党的好干部的光辉形象。在唱曲子中,学生对当官有了新的理解,并且在心里埋下了爱岗尽职的种子。

唱曲子是情感的艺术,它是一种奇妙的语言,时刻在抚慰着人们的心灵;德育是规范人的思想和行为的手段,它时刻在约束人的表现。在唱曲子中融合德育,完美地将德育的内容与形式处理成"一首动听的曲子",从而实现在唱曲子中完成道德学习,这是我们后人在非物质文化遗产唱曲子的传承中所要关注并努力实现的一个目标,我们将孜孜以求,责无旁贷。

小学生身心健康的现状调查与对策研究

黄文英　　曾南威

一、调查目的与调查对象

良好的心理素质是人的全面素质中的重要组成部分,是未来人才素质中的一项十分重要的内容。青少年正处在身心发展的重要时期,有些问题如不能及时解决,将会对学生的健康成长产生不良的影响,严重的会使学生出现行为障碍或导致人格缺陷。因此,他们的健康成长,不仅需要有一个和谐宽松的良好环境,而且需要帮助他们掌握调控自我、发展自我的方法与能力。

为了能够更全面地了解建瓯市东城南片区实施身心健康教育的实践情况,本课题组以福建省建瓯市为例,对建瓯市东城区的3所小学的三、四、五、六年级学生进行了问卷抽样调查与个别访谈,其中城东南片小学包括1所农民工子女就读小学,2所市区学生就读小学。学生调查问卷涉及身体健康、心理健康和学科教育需求三个方面,共回收有效问卷645份(其中男生381份,女生264份),回收有效率99.8%。教师调查问卷涉及身心认识、施教状况和现状评价等内容,回收有效问卷12份(其中男教师3份,女教师9份),回收有效率100%。学生年级人数样本与教师教龄样本组成如表1、表2所示:

表1　学生年级人数样本组成　　　　　　　　　　　(单位:人)

年级	人数	男生数	女生数
三	185	113	72
四	136	83	53
五	193	112	81
六	131	73	58
总计	645	381	264

教龄	人数	男教师数	女教师数
5年以下	3	0	3
5~10年	3	1	2
10~20年	3	1	2
20年以上	3	1	2
总计	12	3	9

表2　教师教龄样本组成　　　　　　　　　　　　　　（单位：人）

二、调查结果及其分析

通过对教师访谈记录的整理和对收回调查问卷的统计分析发现，绝大部分学校的教师都能够在课堂教学中按照学课教材已有内容对学生实施身心健康教育，学生也基本上都具有正视自身身心健康和调节自身身心健康的意识，但是在具体问题上存在着一些偏见，值得我们重视和思考。

（一）调查结果

1. 身体上存在的问题主要表现为："超体重和肥胖问题在小学生中日益突出，近视率逐年增加，近视年龄呈低龄化。蛀牙龋齿发生率不断提高。"

2. 学习上存在的问题主要表现为在："学习注意力不集中、马虎、自主性、厌学情绪等占一半以上。其次是社交障碍，缺乏自信。最后是考试焦虑、挫折适应、青春期教育、情绪管理等由高到低分布。"

（二）讨论与分析

1. 家庭因素。家庭氛围，就是指一个家庭的环境气氛和情调。一个良好的家庭氛围，可使家庭成员性格活泼开朗，身心健康；相反，不良的家庭氛围，则会使家庭成员性格孤僻内向，生活中孤独不合群。学生父母的教育方式，宠爱、溺爱孩子的同时又表现出某种专制，重智力教育，忽略了道德、心理等非智力因素的培养，学业上对孩子过高期望与施加过大的压力，遇到问题采取简单和粗暴的棍棒式教育约束子女。

2. 学校教育因素。学校是学生社会化的主要课堂，学校教育的最大特点在于它的目的性和有计划性，学校教育对学生的身心健康无疑起着极为重要的作用。重智轻体，片面追求升学率。这种狭隘的教育会给大量的青少年在其社会化的成长过程中带来严重的消极影响。学生个性和素质的丧失，学生不能在德、智、体、美、劳等方面得到全面和谐的发展。"高分低能"现象相当普遍，缺乏健康的身体、缺乏健康人格。

三、建议与对策

学科实施身心健康教育要想获得实效,教师必须转变自身的知识观和教学观,转变自己在教学中的角色态度和行为方式。在实施途径的选择上,必须遵循小学生的身心发展规律及其态度形成及习惯养成的规律,结合新课标指导下的政治学科特点,重体验轻说教,让小学生在实际生活中体验和感悟生命的价值和责任。

(一)积极提升教师的心理健康教育意识

心理健康教育不是一朝一夕能够实现的,培养热爱生命和积极生活的学生是一个长期而连续的过程。教师要发挥其在学科教学融入心理健康教育中的主导作用,必须自觉地转变自身的生命知识观和教学观,转变自己在教学中的角色态度和行为方式,重新塑造自己的职业形象和职业信念。有些教师由于缺乏对自身职业的热爱,自然就对心理健康教育缺乏钻研和缺少责任意识,也就更谈不上对心理健康教育的教学实践,又怎能成为心理健康教育的实施者呢?心理健康教育唤醒的是人的心理健康意识,既包含着学生,也包含着教师。只有教师的心理健康教育意识提高了,职业生命激扬了,才能激扬学生的生命激情。

(二)构建科学生态的身体健康课程体系

体育参与可促进学生自身身心的健康发展,快乐的心情可以使人身心更加的和谐。营造良好的学校体育氛围,开展校园内的小型趣味体育竞赛,调动学生参与体育运动的积极性,提高学生参与体育运动的动力,使学生在学习上保持积极健康的心理状态。

体育教学要多样化,以增强学生的身心健康为宗旨。体育教师应营造融洽轻松的教学气氛,使每个学生在学习中获得良好的心理定势,再加上激励,充分肯定,以此来增加学生的自信心。激发和维持学生学习的兴趣与动机是提高教学效果的手段。在体育教育过程中,应充分加强体育活动和学生的群体活动,并进行指导和启发,帮助他们更深地挖掘从事运动项目的潜力和参与运动的乐趣。在增强学生体质的基础上,促进学生在智力、心理素质、德育和能力等方面都得到发展。

(三)提升家庭、学校、社会"三位一体"的教育合力

目前小学道德与法治学科中的身心健康教育主要在课堂内进行,按照教学大纲的教案计划从现实的生活当中抽提出来,脱离具体的道德情境。实质上,身心健康教育不能仅局限于学校课堂和课本,它要求学生走出校园、走进生活,亲身体验现实生活,感受到课本文字中所要表达的身心健康意义,通过直接或间接的经验,让学生探索生命的价值。

学校和教师需要将学生带入社会实践中，与家庭、社会各方面形成合力，让社会、家庭教育成为学校教育的延续。用正面的舆论宣扬生命的价值，家长要确立正确的身心健康教育观念，教导孩子珍惜生命，关心和尊重他人，共同担负起对年轻一代身心健康教育的责任。

第二部分　砚田勤耕篇

第二节　生本课堂实践

创建学科素养视域下的"三生"课堂

教育活动的主体是每个人,教育是在发展每个人的同时,促进全社会的发展。培养什么人?怎样培养人?这两个重大问题是教育工作要解决好的核心主题,也是教师追求的育人目标。创建学科素养视野下的生本课堂、生命课堂、生活课堂,以人为本,注重对学生的兴趣培养、能力培养和行为培养,同时能增强学生主动参与学习的意识、能力和综合素养,有效发挥他们的积极性和能动性,促进学生的全面发展。

一、精准定位,追寻教育本源

"三生课堂"以人为本,注重对学生的兴趣培养、能力培养和行为培养,引导学生在学习和实践中学会思维、学会创造、学会合作、学会担当。对"三生课堂"的精准定位,能帮助我们寻找教育本源,把握教育的实质。

1. 生活化体验。生活性是小学思政课程的特征之一。让学生在参与社会生活活动中学习做人是新课标的基本理念,也是新课程的核心。我们的课堂要遵循学生生活的逻辑,以学生的现实生活为主要源泉,以主题活动或游戏为载体,密切联系他们的生活实际,引导他们在正确价值观的引导下,在生活的状态中全程体验和领悟,在整合、理解知识与观念的基础上,通过现实行动实现生活和人本身的逐步完善,从而在生活中发展,在发展中生活。

2. 生本化活动。我们要遵循以人为本、以人的发展为本的理念,突显学生的主体地位,引导他们在思想、文化、情感上开展充满生命活力的交流活动,从而成为有智慧和德行的人。教学中以生活化的主题活动或游戏为载体,营造一种浸润着民主、平等、和谐的人文课堂环境,善待学生差异,以学定教。引导学生人人参与,激活他们的思想、意识、情感,促使他们形成真切的、具有道德价值的体验。

3. 生命化课堂。生命教育的存在价值就在于帮助生命个体认识生命、体悟生活、热爱生命、实现生存。教师要科学有效地指导学生客观认识生命，尊重生命的发展规律，珍惜生命，同时也将在生命教育活动中，帮助学生树立正确的世界观，进而通过科学世界观来指导自己生命价值的实践过程。

二、立足课堂，聚焦学科素养

"三生课堂"的实施必将促进教育思想、教育内容、教育方法的转变。教师要具有正确的教育信念，需要心中有爱，且具有教育智慧，要立足道德与法治课堂，注重培养学生的学科素养，在完成学科教学任务的同时进行"三生"教育。

1.把握学科特点，挖掘教育内涵。教学要注重对学科教材的梳理，充分挖掘教育资源，理整利用。要从教材的实际出发，找出生本教育、生命教育、生活教育与思想教育、学科知识和学生需求的最佳契合点，适时、适度地融合，实现传授专业文化知识和培养学生素养的"无缝对接"，提高课堂教学的实效性。为了实现生活教育，不仅需要对学生提供丰富多彩的生活教育内容，同时还应该从生活中汲取营养，不断丰富并完善教育本身以及生活教育的内容。在小学阶段，学生的契约意识体现在具体的生活事件中，如借了别人的东西要及时归还，答应别人的事情要履行承诺，这些与学生的实际生活息息相关，这是学生与他人之间的契约，还有学生与社会之间的契约，如交通规则和社会规范等。那么在教学统编版道德与法治四年级下册《说话要算话》一课时，教师要抓住育人契机，引导学生做一个诚实守信的人。教学中既要有负面的例子，也要有正面的榜样，通过比较与辨析，帮助学生知善恶，辨美丑，做一个诚信的人。

2.优化课堂教学，保证课堂活力。在实施过程中，教师必须转换角色，树立以生为本的理念，根据学生的心理特点、学习兴趣、认知水平、理解能力等条件，不断优化课堂教学。要立足道德与法治课堂，努力营造民主平等、公平正义、和谐开放的教学氛围，构建积极、适宜、和谐的师生关系，在课堂上形成多层次、多通道、多方位、多形式的互动网络，保证课堂生命活力，引导学生在学习和实践中学会思维、学会创造、学会合作、学会担当，实现学生核心素养的提升，促进他们全面发展。例如，在教学统编版道德与法治四年级上册《无处不在的广告》一课时，教师可以根据家乡实际设计一个课堂活动，引导学生以分组学习、成立"广告公司"、推销产品的形式，帮助贫困山区农民伯伯设计一个广告，推销因交通影响而被滞销的板栗。这样的课堂活动体现了"回归生活""知行合一"的育人理念。在以问题为驱动的真实情景中，学生在互动中主动建构知识，并且在这一过程中将学习的视野从课内拓展到丰富的社会生活。

3.改善评价方式，体现教育价值。我们可以尝试改变传统考试的出题模式，换之以趣味化、生活化、网络化的情景测试、社会调查等宽松、民主、和谐、开放的评价方式,鼓励学生大胆创新,激发他们对生活的热爱,对生命的重视。另外,在课堂教学中采用宽容多元的教学评价,承认与尊重学生的个体差异,以积极的评价激励学生。同时,鼓励教师以生本教育、生命教育、生活教育的理念创造课堂,体现生命、生活的真正价值。

综上所述,立足现状、面向未来的学生观决定了"三生课堂"的根本走向,作为教师,我们应该帮助学生拓展、提升、锻炼其面向21世纪的综合素质与技能,使他们在适应中发展、在发展中创新,最终成为人格健全、全面发展的时代新人。

基于核心素养的自主合作学习能力培养之策略

核心素养这一概念蕴含了学习方式和教学模式的变革,而自主合作学习作为一种重要的学习方式,在发展学生的六大核心素养方面有着显著作用,它已经成为现代人生存的必要条件,也是现代教育的基本目标之一。《国务院关于基础教育改革与发展的决定》中指出:"鼓励学生自主合作探究学习,促进学生之间的相互交流、共同发展、促进师生教学相长。"新课改理念不断在引领我们每位课程的实施者要"以生为本",要"以促进学生主动发展为本",合作学习不仅能充分尊重学生的学习主体地位,发挥学生学习的主观能动性,而且在发展他们的交往技能、合作精神、理解意识等社会性素质和性格、习惯、意志等非智力因素方面成效显著。因此,在教学实践中,我们要以核心素养为导向,着力培养学生自主合作学习的能力,笔者认为可以从以下途径加以实施:

一、创新教育理念,重视个性差异,生成人文素养的催化剂

学生自主合作学习的实现,前提是教师角色的转变。新时代的教师需要不断创新教育理念,摆脱传统观念的束缚,努力使自己成为合作型的教师,做学生的指导者、引路者,而不是操控者。在小学阶段,"人文关怀"的核心就是友善、独立、思考。在课堂上,教师要有意识地营造一种自主平等的合作氛围,建立起双向或多元的对话关系,要准确找到自己的定位,树立以生为本的教育观,主动与学生沟通交流,鼓励学生自信自律。在学习方式上,要以平等、互助的团队学习为基础,以学生的发展为出发点,组织学生开展自主合作探究学习,使他们在合作交流中培养人文素养,懂得尊重和维护他人的尊严和价值。

1. 双向选择,合理分工。合作学习是实现学生学习方式改变的着力点之一,它建立了更适于学生学习的教学新秩序,为学生提供了更为自由的平台。教师可以让学生通过双向选择来组建小组,即组长有权分类选择组员,组员也有权选择组长。在小组合作学习中,教师要引导学生学会合作和分享,学会相互尊重和欣赏。为了避免一些学困生受到排斥而失去学习的信心和兴趣,教师可以把他们作为小组加分的筹码,让他们自由选择加入哪个小组。要合作就要讲究分工,双向选择的小组组建好后,教师引导可借助分工、岗位职责来实现合作小组的学习。上课之

前,教师可以把小组分好,让学生创建组名、组规、组训,并进行合理分工。四人小组中设召集人、记录员、汇报人、计时员等,分工明确,责任到人。当然,这四个角色是轮流担任的。例如,为了让学生在合作学习中明辨需要求助的情境,避免形成万事都求助的依赖心理,在教学一年级道德与法治《请帮助我一下吧》一课时,教师可以设计一个"辨析生活情境"的小组合作探究,把课堂引向生活。合作学习的时间是三分钟,由四人一小组来合作完成。让小组成员把生活情境中应该"自理"的归一类、应该"求助"的归一类,辨一辨,分一分,并讨论"为什么这么分?"因为是异质分组,所以在合作探究时,就能听到小组成员不同的声音,这就标志着真正讨论的发生。在竞争中,学生会产生旗鼓相当的感觉,这样才会增强合作的动力和取胜的信心,从而取得良好的合作效果。

小组合作学习课堂呈现的特征之一就是在物质环境、精神关系上呈现开放、民主、合作的人文关系。学生通过合作进行辨析的学习方式不仅为课堂教学注入了活力,而且培养了学生的合作意识、团队精神,以及尊重他人、遵守规则的人文素养。

2. 注重差异,分层教学。分层次教学的实质就是满足不同学生的差异化需求,这是一切从学生出发的具体体现,是对学生的最大尊重,也是实现有效教学和高效学习的最基本策略。教师要把以人为本、以生为本、以学为本的思想体现在教育教学中,不仅要在教学目标、教学内容、教学方法、教学组织形式上要注重学生个体的差异化需求,还要在备课、辅导、作业、评价等方面根据学生的不同基础给予不同的教学服务,使不同层次的学生的核心素养都得到一定的提升,最大限度提升教学有效性。

二、引入竞争机制,激发合作活力,增强自主学习的积极性

在学生的核心素养"自我管理"中提道:"能正确认识与评估自我;具有达成目标的持续行动力。"教师要探寻以核心素养为导向的学生自主合作学习的最佳途径和评价机制,使孩子们在乐学善学中不断增强核心素养。课堂上,教师对学生的即时评价要具有发展性和激励性。

课堂上,教师还可引入竞争机制,以小组为单位,对学生的表现进行评价和奖励,把学习小组的学习评价拓展到对学生纪律、卫生、活动、个人作业情况、课堂表现、小组成员的凝聚力、规则意识等全方位的评价,进而促使小组之间合作、竞争,激发学习热情,挖掘个体学习潜能,实现"我管人人,人人管我"的互相管理的机制。除此之外,各小组在交流、展示反馈的过程中,教师也可以组织学生共同对各小组学习效果作出评价。同时,对照其他组的学习情况对自己的学习活动进行反思,对

学习目标、学习过程、学习效果进行评价,培养自我评价、自我激励的本领。由此,各小组呈现出比、学、赶、帮的良好局面。

通过评价,更好地调动了学生的积极性,使他们化被动学习为主动学习;通过评价,评出一种精神,评出一种导向;通过评价,构建了小组民主、向上、求真的新文化。

三、运用多媒体技术,提升信息素养,创建高效合作的共同体

未来的课堂一定是有技术的思想和有思想的技术深度融合的课堂。在数字化、信息化、全球化环境下,信息素养是21世纪信息化社会学生更好生存、生活和发展应具备的素养。在学生"学会学习"的核心素养中,培养学生的信息素养是其中的一项重要内容:"能自觉、有效地获取、评估、鉴别、使用信息;具有数字化生存能力,主动适应'互联网+'等社会信息化发展趋势;具有网络伦理道德与信息安全意识等。"现代教育技术在合作学习中的运用,可以突破课堂时空界限,拓展合作学习渠道,激发学生参与学习的热情和兴趣,还能有效解决合作学习中学生参与度低的问题。在合作学习中,教师要充分运用信息技术,组织学生通过互联网可以结成小组、相互学习、交流探讨,提升信息素养。例如在教学《汉字的创造与发展》一课时,教师可以组织学生进行课前小组合作的在线预学,学生收集资料,并分享、观察、比较同伴的资料,再通过自主探究和学习,他们了解到了汉字的创造、演变的过程。在学习和归纳中,总结出汉字的发展规律及其特点。因此,学生在线上的交流、合作和互动中,掌握了应具备基本的教育技术运用能力。

总之,在核心素养成为指导和引领中小学课程教学改革实践灵魂的当下,教师要及时抓住时机,有效地组织学生进行自主合作学习,并通过自主合作学习培育和发展学生的核心素养,使学生积极地思考探究、合作交流,从而增强团队合作、自我管理、自我促进的能力,提升信息素养。只有这样,我们的课堂教学才能在自主合作学习中体现育人的价值。

小学思政教学中思维训练新策略之举隅

新的基础教育改革就是要引导学生以知识为中介,进而超越知识,最终走向能力,走向核心。基础教育的改革目标是培养学生的核心素养,其中思维素养是关键,而思维素养包括思维品质和思维习惯。所以培养学生良好的思维品质和思维习惯,促进他们思想和身心的和谐发展,就是培养学生适应社会需求的能力。

在小学思政课程中,重视学生的思维训练,培养他们的思维素养,是完成学科教学的深层目的。道德与法治课堂中思维能力的培养有别于其他课堂,需更多涉及到学生的认知行为、态度问题,让学生运用联想、类别、归纳等思维方法进行思考,让学生在学习中逐步形成多角度、多方位的思维方法与能力,并引导学生运用所学思维方法结合学习目标,尝试拓展创新设想。如何创设思维空间,激发学生灵感,将培养学生思维能力作为重要议题,如何对学生有效进行思维训练,提高他们的思维能力呢? 笔者认为,可以从以下几方面着手:

一、梳理脉络,让思维可视化

思维导图又叫心智导图,是表达发散性思维的有效图形思维工具,它简单却又有效,是一种实用性的思维工具。思维导图可以将思维的过程和结果可视化,它可充当着学习任务清单的角色。教师可设计思维导图,用图文并茂方式,标上主题关键词。以任务为驱动,把问题清单渗透到思维导图的各个模块中。学生课前完成导图中的任务,并在导图中呈现自己的思维过程和结果。如在教学《汉字的创造与发展》一课中,教师可以把本课的教学重点、难点有机地渗透到思维导图中,例如,"在没有汉字之前,古人用什么方法记事? 汉字有哪些神奇之处? 请说出其中的一点,并列举资料来说明。说说汉字有怎样的演变过程和演变规律?"让学生以不同的学习方式进行预学,并解决这些问题,从而为创建高效课堂作了很好的铺垫。有了思维导图,学生们课前自主学习就有了目标,思维能力增强了,学习效率提高了。同时,教师可以利用可视化的思维导图了解学生的思维方式和思路,并通过对学生预学情况的大数据分析,以学定教,重构学习流程。

二、拓宽空间，强思维创新性

教学中注意引导学生运用分析、综合、概括等方法学习，可使学生对知识理解得更深刻，掌握得更扎实，特别有助于学生思维能力的提升。在思想品德课堂教学中，教师要着重做好以下思维的训练：

1. 联想思维。想象与创新有着密切的联系，教学中合理的想象能帮助学生理解知识，沟通知识的内在联系，更能发挥学生的智力潜能。弗朗西斯·培根认为："类比联想支配发明。"不论是寻找创造目标，还是寻找解决的办法，都离不开联想的作用。因此，我们要有意识地拓宽学生自由创造的时间和空间，让他们发挥各自的想象力和创造力，去尽情地释放自己的创造能量。例如，在教学《小水滴的诉说》一课时，可以用"假如这世界就剩下最后一滴水了，人类该怎样生存呢?"这一问题为切入点，启发学生多方位地展开联想。通过想象，学生更加深入地了解水与人们生活的关系，深刻感受到如果没有了水，人类将难以生存，从而树立节约用水的意识和正确的价值观。与一般课程不同，思想品德是人们在一定思想的指导下，在品德行为中表现出来的较为稳定的心理特点、思想倾向和行为习惯的总和。顾名思义，它不是简单的品德内容、知识的教授传递，而是思维背景下思想行为的引导和培养。道德与法治课作为小学课程体系重要的组成部分，是学生认知、行为、态度培养的起始阶段，学生通过道德与法治课程教育，初步形成对人生观、价值观、世界观的认识。为适应当代日新月异的复杂环境，就需要学生具备丰富的创造思维和灵活的实践能力，小学阶段更是对一个人以后的影响至关重要。因此，小学道德与法治与创新思维的恰当融合，激发学生思维能力，培养其积极乐观的行为、态度，都具有着十分重要的意义。在教学过程中，教师要注重对学生进行思维训练，要注意激发学生的学习兴趣，启发思维，点拨疑难，指点方法，使学生在训练中逐步形成多角度、多方位的思维方法与能力，同时要引导学生熟练运用思维方法，结合所学的知识，尝试拓展性创新设想。

2. 类比思维。比较分析是一切理解和思维的基础，也是学生认识事物的基本方法。通过对事物内部本质属性的比较，思维的光点在各事物多角度的本质上游弋，就能增强识别能力，达到"从这一点想开去"，从而产生思维的悟性或灵感。我们不妨恰如其分地创设类比联想的问题情境，让学生尝试观察和类比。课堂中时时注意动用比较分析法，提倡让各种具有不同思维方式的学生充分表达"我是怎么想的"。其相互比较的过程也就是学生观察分析的过程，这样既有利于启迪学生思维，也有利于培养学生的创造性思维能力。例如，在教学《传统美德源远流长》和《公共生活靠大家》两课时，可以有意识地对学生进行比较思维训练，引导学生对生活中一些生动的事例进行比较分析,逐步加深问题的复杂性。在比较分析中,学生真正领会了"人无信不立,做人要诚实守信,才能取信于人","爱护公共设施,维护公共利益,才能共享公共生活"这些道德观点的内涵。经过长期训练,学生的思维习惯就会发生改变,形成广泛联系、多方比较、深入探索,尤其是通过质疑后进一步比较,能发挥学生的创新精神,使学生的思维富有创造性。

3.归纳思维。面对海量的信息资源,引导学生将各自搜集的资料加以归类,把各种有关的知识归入一定的体系,分门别类地构成一个层次分明的统一的知识系统。如此,既易于学生识记,又易于回忆。同时,学生在归纳整理的过程中,发展了整理、归类信息的一般能力;在抽提素材本质属性的过程中,发展了抽象思维和逻辑推理的能力。如教学《花钱的学问》一课时,为了让学生了解"家里的钱从哪里来的",教师可以让学生通过回忆、观察或向父母、家人询问,了解父母或家人工作劳动的情况以及获得收入的方式,并将其记录在"家庭小账本"上。引导学生从不同的角度归纳整理收集到的资料,有的依据"每月的收入"即时间线索进行整理,有的从"收入的种类"即类型线索进行整理,还有的从"人物的收入"即人物线索进行整理,这样从不同的角度进行归类,使学生学会了对"知道家庭的经济来源有多种形式"这一教学目标,用数据等具体资料加以佐证,从而培养了学生的归纳思维。再如,在教学《变废为宝有妙招》一课时,为了引导学生了解四类垃圾,并懂得部分垃圾蕴藏着丰富的资源,可以回收和再利用,教师可以提供各种"垃圾",让学生分别从可回收再利用、不可回收再利用两个线索进行归类,按照"可回收垃圾、厨余垃圾、有害垃圾和其他垃圾"四类,把垃圾对号入桶。这一过程是信息的具体加工过程,运用图片、扩点、疑点等训练学生,使他们在观察、推理、归纳中产生新知识、新思维。同时,学生学会把握各类信息内容的要素,他们的创造性思维潜能必然大为增强。

4.求同与求异思维。我们要保护学生"不畏权威"的思想,不能用我们的思维限制学生的思维,质疑问难是培养求异思维能力的前提,只要学生敢问敢疑,求异思维就有了基础。只要教师善于引导,学生的思维火花就会不断地迸发。在教学中,教师要注意营造宽松、民主的良好氛围,要鼓励学生自由探索,大胆质疑。既不囿于成见,敢于另辟新径,又不能胡思乱想,脱离基本,使思维活动更为活跃,又更趋准确,做到活而不乱,统而不死,才能有效地促进学生的思维活动。具体说,应放得开,收得拢。一个教学班就是一个思维的群体,在思维训练过程中,充分发挥这些学生,寻求各种不同的思路,求同存异,这是使求异思维能力与求同思维能力训练辩证统一的重要途径。如在教学《万里一线牵》一课时,可以让学生把课前搜集的资料在课堂上进行展示,让学生创设古代组与现代组的不同情境,感受不同时代的信息传递方式,列举出方式的相同点和不同点,并举例子说明。通过直观的兴趣引导和抽象的探究引领,使学生在展示中、活动中、对话中、情境中拓展知识领域,呈现开放思维,培养综合能力。

教学实践证明:"要培养新型人才,就需要我们教师注重培养学生的思维品质,不断探索培养学生创造思维能力的方式方法,发展学生的思维能力。要努力为每个学生创设广阔的学习、发展空间,形成开放的学习环境,只有这样,学生才能敢说敢做,敢于质疑,敢于不唯书、不唯上、不唯师,增强创新思维能力。"如此,才能使我们的思政课堂焕发出生命活力,才能使全体学生的潜能得到挖掘,个性得到张扬,思维得到发展,创造精神得到充分的释放。

基于儿童立场的传统文化教育

——以《美丽文字 民族瑰宝》一课为例

中华优秀传统文化是中国人民宝贵的精神财富,中华优秀传统文化教育是建设社会先进文化和践行立德树人使命的良好途径。2017年1月,中共中央办公厅、国务院办公厅印发的《关于实施中华优秀传统文化传承发展工程的意见》指出:"文化是民族的血脉,是人民的精神家园。文化自信是最基本、更深层、更持久的力量。"由此可见,教育引导少年儿童健康成长以德立人,要立足于对中华优秀传统文化、民族精神和美德的继承和弘扬。

儿童观是教育观的核心和基础。教育家苏霍姆林斯基曾说:"教育的理想就在于使所有儿童都成为幸福的人。"儿童是教育活动的发出者,是发展的主体。教师要树立正确的儿童观和教育观,尊重、发展儿童的独立自主性,培养他们独立的人格,使他们成为能动的主体,并获得自我认识和自我教育能力的发展。教师在实施传统文化教育时也应该基于儿童的立场,站在儿童的中央,用童眼、童心、童趣来做教育,俯下身子看儿童,聆听他们的心声,感受他们的思维,遵循他们的心理发展规律,要以儿童的思维和体验来定位我们的课堂,优化我们的教育行为,让我们的教学回归儿童的生态、生活、生长,从而实现润物无声的渗透,达到以文化人、以文育人的功效。

一、用童眼看教育,窥探传统文化的高度

中华优秀传统文化博大精深,它所凝结的思想精华彰显着中华民族几千年来积淀的知识智慧和价值观,具有独特的文化气息,它是劳动人民创造和给予的可供儿童学习的瑰宝。学科总要求是要将道德与法治教育根植在中华优秀传统文化中,让道德与法治教育有魂有根,有文化的静脉,有历史的纵深感和厚重感。因此,在教学中,教师要结合学科特点融入中华优秀传统文化的内容,引导学生深刻认识祖国优秀传统文化的历史意义和现实价值。教师要用儿童的视角来审视我们的优秀传统文化教育,引导儿童在体会中华优秀传统文化独特魅力的同时窥探传统文化的高度,从而树立民族文化自信,自觉去传承与创新中华优秀传统文化。

汉字是中华优秀传统文化的一个重要组成部分,它体现了中华民族的创造力

和价值取向。在教学《美丽文字　民族瑰宝》一课时，教师要充分挖掘本课中优秀传统文化的育人元素，引导和帮助学生珍视祖国的历史和优秀传统文化，培养认同感、归属感和自豪感。教师可以展示学生课前搜集的古汉字的文物图片，通过观看商朝的甲骨文字、西周毛公鼎的铭文、秦朝货币上的小篆以及唐代的楷书等图片，让学生领略数千年历史文物之美，知道中华优秀传统文化是我们先辈几千年传承下来的丰厚遗产，明白在不同的时期、不同的地方都能发现汉字的踪迹，感受汉字的悠久历史。教师还可以利用多媒体课件展示世界地图，标注出汉字所传播到的国家和地区，让学生形象地感知汉字的传播力，了解汉字对世界文化产生的深远影响，由此懂得汉字不仅是中华民族的瑰宝，维系中华文明的重要纽带，也是世界人民的共同财富。

二、让童趣入教育，探求传统文化的广度

儿童的天性会让儿童从自己的世界出发，用自己的眼睛观察社会，用自己的语言表达社会，用自己的心灵感受社会，用自己的方式探究社会。中华优秀传统文化本身丰富的内涵及现实教育的价值，需要多元实施的路径，尤其是成长中的少年儿童。我们要呵护儿童的天性，让童趣融入我们的教育，让儿童觉得中华优秀传统文化可亲可爱，从而乐于去学习、传承和弘扬更多的中华优秀传统文化。

（一）教育信息化，增强中华优秀传统文化的时代性

儿童正处在一个价值多元、变化不断、创新多样的环境中，他们对于新技术、新媒体特别好奇和感兴趣，我们要认识新环境中的儿童，从他们的视角审视我们的教育。

随着信息技术、互联网时代的到来，现代化的教学资源为我们拓展了更为广阔的中华优秀传统文化教育的空间。教师要充分利用网络资源，大胆尝试与创新，探寻适合我们这个时代要求的教学新方法，寻求历史性与现代化的和谐共融。要充分利用网络的灵活性、交互性、便捷性、开放性等特点，与时俱进、化繁为简地对学生开展优秀传统文化教育，让趣味化、形象化的教育内容激发学生的学习兴趣，让信息技术为中华优秀传统文化的教育教学助力。在教学《美丽文字　民族瑰宝》一课时，教师可以制作微课《汉字的演变》，让学生通过课前的线上预学了解汉字的创造、演变的过程，在学习和归纳中，总结出了汉字的发展规律及其特点，同时，领悟中国人的智慧和无穷的创造力。课堂上，教师可以利用多媒体的优势，演示"虎"和"象"字的演变过程，让学生再次动手写写，体验汉字由甲骨文到现代楷体字的发展演变过程，由此增强汉字的历史感和厚重感。除此之外，教师还可以借助新媒体、新技术不断赋予新时代、新形势下的优秀传统文化以新的内涵，从而使中华优秀传

统文化与时代发展相融合，与当代文化相适应，与现代社会相协调，在彰显中华优秀传统文化时代性的同时扩大它的影响力和渗透力。

(二)教育生活化，寻求中华优秀传统文化的多样性

中华优秀传统文化是中国儿童成长的根，其与现代中国儿童的生活紧密相连，使得少年儿童的成长有了"根"的滋养。《义务教育课程方案和课程标准(2022版)》指出：教师可通过创新多样化情境，丰富和提升学生的生活经验。要通过多样化的教学活动，丰富和提升学生的生活经验，加深他们对社会的认识。教材中的文本是一种精神的存在，有它的社会价值。教师要设计一些贴近学生生活的活动，引导他们走进文本领会其精髓，以学生可接受的、贴近学生生活的、符合学生身心发展规律的教学方式，拉近传统文化与儿童生活的距离，吸引他们学习和热爱中华优秀传统文化。教学时，可通过创设生活情境来调动学生的生活经验与认识，引导他们用多种感官去观察体验感悟，在生活化的场景中理解中华优秀传统文化，感受中华优秀传统文化的内存精神，让蕴含在其中的中华民族的精神、风骨、操守成为孩子们的精神养分。

中华优秀传统文化教育应该是活教育。教师还要因地制宜地拓展教学时空，引导和鼓励学生不拘泥于书本，不局限于课堂和学校，引导他们走出文本，走出校门，走向生活，走向社会，积极参与到社会的实践活动中，做到知行统一，学以致用，使中华优秀传统文化扎根于广大少年儿童的心中，并外化为自觉的行动，从而体现课程源于生活、贴近生活、服务于生活、高于生活的理念。同时，把中华优秀传统文化教育延伸到学生生活的每一个角落，也彰显了中华优秀传统文化教育的广度。

(三)教育趣味化，体现中华优秀传统文化的创造性

中华优秀传统文化教育涵盖了价值观教育，而我们应该让严肃的价值观教育建立在呵护儿童天性的基础上，要从儿童出发，从课堂入手，让儿童真正成为教育和教学过程的主体，站在课堂上。教师要采用灵活多样的教学手段，在情感、思维的价值中去追求中华优秀传统文化教育的创造性，以儿童喜闻乐见的方式点燃学生的学习热情，深入浅出地把中华优秀传统文化的精神有机地融入到各个环节，使中华优秀传统文化受到广大少年儿童的青睐。在教学《美丽文字 民族瑰宝》一课时，教师可以把中国特有的游戏猜字谜引入课堂，以激发学生的学习兴趣。为了让学生感知汉字的形美，教师可以用"我给汉字变魔术"的教学活动来增强学习的趣味性，学生会发现字的形变了，意思也随之改变，明白世界上只有我们的汉字才有这样形义结合的特征，由衷感叹我们祖先的聪明和创造力，增强文化自信。除此之外，还可以通过单字造句游戏、诵读古诗、欣赏生活中常见的艺术字和书法作品等形式，层层深入地将教材内容与现实事物联系起来，使学生感受汉字文化的无穷魅力和中国人的创造力，培养学生对汉字的喜爱之情，激发学生的民族自豪感。

三、以童心做教育,彰显传统文化的温度

文化的核心是价值观。中华优秀传统文化包括中华传统思维方式、价值取向、伦理观念、理想人格等,是社会主义核心价值观的重要思想来源。中华优秀传统文化教育的重中之重,就是引导学生培养和树立与中华优秀传统文化相对应的价值观。只有注重价值引导,才能真正彰显中华优秀传统文化教育的功用。崇德向善是中华优秀传统文化的一大特质。教师要充分发现和挖掘教材中华优秀传统文化的育人元素,让儿童在和谐的课堂中学习、感悟中华优秀传统文化的精要,引导他们在中华优秀传统文化中聆听历史的回声,追求真善美及其统一,触手可及传统文化的温度,在中华优秀传统文化的滋润下涵养中华传统美德。

陶行知先生说:"我们必须学会变成小孩子,才配做小孩子的先生。"教育的大智慧就是认识和发现儿童。教师要了解并尊重儿童与生俱来的天性,永葆一颗童心做教育,让中华优秀传统文化中的社会主义核心价值观根植于儿童的心灵,给他们以温暖,以借鉴,以觉醒。

中国自古以来就是礼仪之邦,社会的一些道德标准、行为规范和思想意识在汉字中打下了烙印,我们的祖先把他们的智慧和灵感熔铸在一个又一个汉字里。在学生心目中,汉字只是一种书写的工具、一种交流的符号,会写、会用足够了,他们对汉字缺乏整体的了解和感情上的认识。在教学《美丽文字 民族瑰宝》一课时,教师可借助一些具有特殊意义的汉字引导学生观察、分析、感受汉字独有的寓意,知道汉字形体与表达意义的关系,体味其所蕴含的中华民族的传统道德观念。教师可以古汉字"德"字和"孝"字为例,讲述中华民族的传统道德观念,引导学生学会观察、思考和创造,让学生明白祖先是如何造字的,理解一笔一画的奥妙,感受先人的聪明才智和汉字所承载的中华传统美德。通过对"德"和"孝"字的探源与分析,让汉字在孩子们的眼中不再是枯燥繁杂的笔画的集合,而是一个个美丽的、有根的、有内涵、有温度、有情感、有精神的文字,是一幅幅承载着中华优秀传统文化信息的图画,从而由衷地感叹祖先观察之细致、造字之巧妙,感受到汉字与生俱来的历史温度和生命气息,并升华为对汉字、对中华优秀传统文化的一种真诚的爱。同时,在弘扬汉字中所蕴含的传统美德的过程中,学生的道德观念也得到了培养,从而实现了中华优秀传统文化教育人、影响人和感染人的宗旨。

总而言之,中华优秀传统文化教育要基于儿童的立场,要维护孩子的天性,守护孩子的天真,保护孩子的天成,关注他们的成长路径,聆听他们成长的拔节之声,让中华优秀传统文化根植于儿童幼小的心灵,让他们带着中华优秀传统文化这隐形的翅膀飞向未来,最终成为身心健康、有道德修养和高尚品质的人,成为新时代的社会主义事业的合格接班人。

创新教学赋能小学思政课堂的实践

教育的目的就是要发挥孩子身上蕴藏的无限的创造潜能,素质教育的核心就是培养具有创新精神和实践能力的一代新人。因此,以学生为主体,挖掘创新潜能,促进主动发展,提升他们的核心素养,已成为课堂教学的主导思想。如何在课堂教学中贯彻这一主题呢? 结合自己的教学经验,笔者谈谈几点体会。

一、创设宽松环境,培养创新意识

在不少家长和教师的心目中,孩子爱提怪问题、爱钻牛角尖就是顽劣捣蛋。殊不知,培养学生创新精神的四大障碍就是思维定势、从众心理、信息饱和、过于严谨。如果教师对学生过分苛求,一点错误都不能犯,处处谨小慎微,那么,长此以往,孩子们就会形成思维的定势,习惯于为应试而学,习惯于照葫芦画瓢。其智慧的火花就会逐渐熄灭,创造的勇气和能力就会逐渐丧失……因此,提高教师对于那些不同于传统方式来观察和思考的学生的耐心对培养学生的创新能力尤为重要。在教学过程中,笔者是从以下几个方面着手培养学生的创新意识的:

(一)引思求异,鼓励学生"标新立异"

心理学研究表明,学生通过自己思考,就会尝到克服困难的满足与愉快,因而对学习发生更多的兴趣,并诱发出一种内驱力。所以,培养学生的求异思维成为培养学生创新意识的一条有效途径。有人曾说过:"念书不应是学习的目的,而应是创出新知识、新体系的手段。"为此,在教学过程中,我们要让学生掌握"异中求同,同中求异"的基本方法,注意求异思维的创新意识的培养,特别是课堂上要注意培养学生全方位、多角度、多层次地思考问题,鼓励学生敢标新立异,不落框、不进套、不师云亦云,引导学生打破盲目顺从,迷信书本的局面,使学生的思维突破常规和经验的禁锢,不断产生新的答案。

对于他们的标新立异一要允许,二是鼓励,三要引导,这样就会使学生们的创造思维更加活跃。如在教学《奇妙的冬天》一课时,当教到"水蒸气是看不见的气体"这一知识时,有位学生举手发言:"老师,我认为水蒸气是白色的气体,我能看得见它!"这位学生出乎意料的回答体现了思维的求异性。对此,我并不否决,而是引导学生对这个不同的看法进行评议。真是一石激起千层浪,学生讨论开了。之后,我从他们的讨论中总结出水的三态变化。在求异中,学生获得了新知识,拓宽了思路,发现了新的天地。

(二)引疑导思,激发学生挑战权威

教学中,我们往往会遇到一些爱挑战的学生,如果教师为了维护自己的"权威"给学生当头一棒,就会打击学生的逆向思维。陶行知先生曾经说过:"处处是创造之地,天天是创造之时,人人是创造之人。学生会不会提问的能力要远远胜过会不会回答的能力。"学生是未来人,应该比我们更有创造性。因此,教师要鼓励学生敢说、善说,即敢于质疑,善于质疑,敢向权威挑战,这是创造型人才的可贵品质,我们应该支持这种品质的培养与发展。在学习中多问几个"为什么",要使学生在不断揣摩、探讨、研究中掌握知识的实质。

首先,我们要从思想上引导学生正确地认识到,任何学者、权威都不可能穷尽真理之长河,任何人都有发现新知识的可能,要敢于"班门弄斧""异想天开"。其次,我们要设法激发学生去寻找、去发现、去创造的热情。面对学生提出的不同观点和意见,作为教师要开通、理智,正常的反应应该是:聆听、接受或者引导。如教学《我爱秋天》一课时,在释疑"蟋蟀的鸣叫是从哪儿发出的?"这一问题时,笔者先是鼓励学生开动脑筋,大胆发言,可以用所见所闻来证实自己的观点。学生的积极性被调动起来,纷纷发表自己的见解。有的同学答:从嘴里发出的。有的同学答:从翅膀发出的。有的同学答:从肚子发出的……他们的答案和举的事例都符合实际,都是积极、主动思考的结果。这节课,课堂上气氛热烈,学生思想活跃,情绪高昂,学生自发地独立思考,充分发表自己的意见,他们的发言,无不闪耀着创造性的火花。

(三)以学促练,培养学生大胆实践

惯于动脑的人,不愿意动手,结果是手脑脱节,贻害无穷。苏霍姆林斯基说:"手和脑之间有着千丝万缕的联系,手使脑得到发展,脑使手得到发展,使它变成思维的工具和镜子。"教师要鼓励学生敢于动手、善于动手。学生只有在动手的基础上动脑,才能培养自己独特的思维。

在教学中,我们要结合教材,引导学生去动手操作,去发现问题,使抽象的知识形象化、具体化,才能解决学生形象思维与抽象知识之间的矛盾。如在教学《奇妙的光》一课时,笔者引导学生在光线暗的地方打开手电筒,伸出手指在手电光前移动,观察手指影的变化。经过小组分工后,有拿手电筒的,有动手指的,有做记录的,每人轮流担任不同任务,通过合作完成实验。实验结束后,各组派代表向大家汇报。这样,全班每个学生都有亲自参与的机会,无形中集中了学生的注意力,在兴趣盎然的气氛中,学生通过动脑、动手,在操作中亲自体验解决问题的过程,感受获得成功的乐趣,从而进一步巩固他们的创新兴趣,培养学生的实践能力。

二、注意探究引伸，挖掘创新潜能

要创新，就要学会独立思考和善于探索。探究性学习是新课程标准所提出的"综合性学习"的体现，是课程改革的亮点、热点和难点，对培养学生的创新能力和实践能力大有益处。

探究学习的本质在于增进创造才能，我们要正确引导学生敢于思考，敢于钻研，敢于去探索知识的奥秘，让学生"会学""学会"。叶圣陶先生说："教是为了不教。"因此，在教学中，教师要将原问题引伸为主动活泼的思维创造活动，让学生直接参与思维的整个过程，使教师的行为转为学生的活动，这样能充分调动学生大脑的积极功能，使学生集中精力于探究知识、创造构想之中。教学中，教师应该鼓励学生自己去探究，不要把课文上的内容固化为唯一最好的模式。如教学《关心你，爱护他》一课后，笔者布置学生利用周末时间结伴到敬老院做一名小记者。通过采访，学生真正走进了老人的内心世界，真切了解老人的快乐与忧愁。不久，学生们自发地开展了"爱心小天使在行动"的活动，他们定期去探望老人，并为老人们做一些力所能及的事，真正学会了关心他人，从而把爱推及到社会。由于问题的引伸、探究，使学生的思维活动有了路标和灯塔，也就增强了驱动力，发展了学生的转化能力，培养了他们的创新能力。

三、强化思维训练，增强创新能力

并不是什么素质都可以创新，也不是什么素质都有利于创新，只有具备与创新精神相适应的特长素质，才能更好地创新，而创新精神对智力素质中思维能力要求特别突出。由此可知，教师在传授知识的同时，要重视对学生进行创造性思维的指导和训练，指导他们掌握科学的方法论，这对提高创新能力，推进创新素质教育有着极其重要的意义。如教学《花钱的学问》一课时，为了让学生了解"家里的钱从哪里来的"，教师可以让学生通过课前调查，并将其记录在"家庭小账本"上。引导学生从不同的角度归纳整理收集到的资料，有的依据"每月的收入"即时间线索进行整理，有的从"收入的种类"即类型线索进行整理，还有的从"人物的收入"即人物线索进行整理，这样从不同的角度进行归类，使学生学会了对"知道家庭的经济来源有多种形式"这一教学目标用数据等具体资料加以佐证。这一过程是信息的具体加工过程。通过对各类素材本质属性的抽提，帮助学生把握各类信息内容的要素，从而增强了学生的创造性思维。

教学实践证明：民主和谐的教学氛围，是创新型人才培养的前提。教师要善于建立民主、开放、愉悦、宽松的课堂教学氛围，为学生提供一个安全、自由的心理环境,为每个学生提供广阔的学习、发展空间,形成"海阔凭鱼跃,天高任鸟飞"的学习环境,促使学生形成推陈出新、开拓进取的目标意识,潜能得到挖掘,创新能力得到增强,从而发展他们的核心素养。

合作学习赋能小学低年级思政课堂的实践

合作学习作为一种重要的学习方式,在发展学生的六大核心素养方面有着显著作用,在道德与法治课堂中发挥着不可替代的优越性。《义务教育课程方案和课程标准(2022版)》提出:"小学生要在合作中相互学习,分享经验,取长补短;在合作中学会尊重他人、关心他人,学会交流与互助。"合作学习是活跃课堂气氛、引导学生学会交流、发展学生核心素养的良好渠道。低年级的学生天真活泼,好奇心强,他们对新生事物特别容易感兴趣,但因为他们入学时间不长,储备的知识量有限,加上独立思考的能力较为薄弱,因此,借助集体的智慧进行合作学习的方式对他们来说特别适用。教师要从核心素养出发,组织学生在合作学习中有效掌握新知,让课堂成为孩子们学习生长的共同体。具体做法如下:

一、合理分组,优势互补,增强凝聚力

合作学习的能力并不是一朝一夕就可以促成的,它需要一个培养的过程。为了让小组合作学习能高效有序地进行,让学生掌握更多的学习方法和技巧,提升学习能力,教师要对学生进行合理分组。虽然低年级的学生在智力和认知水平上差距并不大,但是学习能力还是有所差别的。因此,教师要采用学困生与优秀生组合的方式,强弱搭配,优势互补,注重合作成员之间的差异性和互补性,真正实现学习伙伴之间的有效交流互动和思维碰撞,培养学生团结合作的集体主义精神和集体荣誉感,促进小组在互动学习中共同进步、共同成长。

"学习必须变成学生自己的事情,学习必须发生在学生身上,学习必须按照学生的方式进行"。教师要引导各小组成员集思广益,发挥集体的智慧,为自己的小组个性化命名,比如:小蜜蜂组、小蚂蚁组、超越梦想小组、太阳花小组、七色光小组等,使小组成员不仅有归属感和成就感。组建小组之后,要对小组成员进行分工,每个小组选出组长、监督员、记录员、小组发言代表等有明确具体的分工,明确个人责任。组长抓学习,具体负责本学科的各项学习工作,诸如批改纠错题,收发导学案,收集问题,上报资料等,同时承担主持人的工作,调动和激发小组成员的学习积极性;监督员负责抓常规,诸如纪律、卫生、安全、日常行为等;记录员负责记录,诸如小组合作时各组员的观点和建议等;小组发言人负责代表本组展示和发言等。

道德与法治课程注重生活能力和自主能力的培养，不仅是课堂上的小组合作学习须分工，课前的小调查、搜集资料也可以小组为单位进行分工合作来完成。分工的价值和意义不仅在于提升小组合作学习的实效，也在于分工背后的育人价值。分工能增强每个人的责任心，同时让他们意识到团结协作的重要性。

二、适时指导，规范运作，增强学习力

教师是合作学习的组织者和指导者。低年级学生合作学习的经验欠缺，更需要教师的耐心指导。教师应以培养学生的自主能力和创新精神为导向，针对合作学习中的分工协作、操作流程、竞争机制等适时进行指导，教师要向学生说明小组合作学习的目标和内容、方法、运作、评价的标准。为了让低年级学生有一个适应的过程，教师要遵循由浅到深、由简到繁、由易到难的原则，指导他们合作学习。可以让他们先从同桌合作开始，尝试着与同桌之间表达观点、分享经验，到上台发言、互改作业，可以进行一对一的帮扶检查，还可以进行你说我听、互相检测对错、加深理解记忆等。从同桌两人的学习交流、互帮互助，再逐渐过渡到小组合作学习。如此才能让学生逐步掌握合作学习的方法，而避免合作学习流于形式。

除此之外，真正的合作学习还应该是建立在学生自主学习、积极思考的基础之上。为了让学生在小组合作中不断体验、锻炼和提升能力，真正让合作学习成为学生核心素养生成的过程，教师要尊重学生的主体地位，努力营造平等、安全、和谐的学习氛围，以问题为起点让学生进行小组合作学习，引导他们建立相互学习、相互依赖、良好的人际关系。教师要有意识为学生创造展示的机会，把展示反馈纳入加分的项目，鼓励每一位成员积极思考、勇于质疑、大胆展示。在积极参与讨论、勇于发表自己见解的同时，要学会聆听别人的观点，博采众长。教师要对学生在合作学习中出现频率高的一些问题及时指导。为了让小组发言人发言时条理更清晰，教师可以设计发言的模板，如：关于这个问题，我们小组认为……我们采用了这样的方法……我们发现……如此类模板适合低年级学生，可以让他们把解题的思路、解题的方法、总结的规律等有序地表达出来。

三、创建机制，分层激励，增强竞争力

合作学习不仅是一种彼此丰富建构知识、共同提高学习效率的过程，更是一种人际交往的过程。为了使组建的小组更团结，增强成员之间的凝聚力和竞争力，使课堂更有活力，教师要构建合作学习的规则，创建激励机制，对小组合作质量与成效进行评价。

1.评价内容多样化。教师要注重评价内容的多样化，把学习过程评价与学习

结果评价相结合。可从学习、作业、纪律、卫生等项目评价小组的合作状况和合作效果，侧重于对合作学习过程的评价，侧重于学生发现问题和解决问题能力的培养，侧重于学生情感、态度、价值观的形成与发展、知识的理解和掌握情况。要关注学生与同伴合作的态度，是否能全程积极参与，是否能主动提出有建设性的意见。要关注学生自主合作学习的效果，是否在讨论中达成共识，是否在互帮互助中共同进步。小组交流时，教师要进行全面巡视，深入到各小组中去，听听各小组交流的内容，看看他们在交流过程中有哪些小组做得好，哪些小组存在不足。对好的经验予以推荐和表扬，对不足的小组进行及时指导纠正。

2. 评价方式多元化。评价机制创设目的就是要激发学生们学习的积极性，有效实现学习目标。教师既要注重对学生个体的评价，又要注重对合作小组的评价，做到个体与团队的有机统一，让评价方式多元化。可以是口头评价，越具体、越明晰、越有针对性越好。这样，学生在以后的合作学习中就会"学有目标，比有方向"；可以是师生互评，可以是生生互评，可以是学生自评，还可以是小组与小组之间的互评；定期给予小组成员阶段性的评价，可采用日评、周评、月评、期评的分层评价方式保持学生的斗志。分层评价可以根据本校的实际与校园文化相结合，"每日表现好的奖励"绿苹果"；周评时，得三个"绿苹果"可换一个"红苹果"；月评时，三个"红苹果"换一个"金苹果"；期评时，"金苹果"最多者为优胜小组。

总而言之，教师在立德树人的过程中，要以培养核心素养为导向，关注低年级学生的学情，营造良好的学习氛围，创建科学合理的激励机制，引导学生在自主合作学习中树立合作意识、规则意识和责任意识，培养他们的学科素养，增强他们解决问题、团结协作、沟通表达的能力，努力把他们培养成为一个会做人、会学习、会生活的合格接班人。

以提问的效能，提升思政教学的效度

随着新一轮课程改革的不断深入，"有效教学"的理念逐渐深入人心，而"有效提问"也成为课堂教学研究中的一个重要内容。如果把一堂优质教学课的各个环节比作珍珠的话，那么有效提问就是将"珠子"串起来的"红线"。"红线"用得好，不仅能有效地连缀各个环节，使整个教学过程成为一个有机的整体，而且还能使每一个教学环节因有"红线"的穿入而显得连贯巧妙、切入自然、主旨突出、富有艺术性。由此，才能使课堂这串珍珠大放异彩。那么，如何以提问的效能促进课堂教学达到理想的效度呢？就此，笔者谈几点看法与大家共同探讨。

一、准确定位，突显提问的合理性

问题是思维的源泉，更是思维的动力。然而，在课堂教学中，我们不难发现，教师的提问无效、无序、无章的现象普遍存在。课堂设置的问题没有实际价值，很难激发学生的思维，导致学生没有参与的兴趣。心理学研究表明："不同的问题所引起的学生的思维参与程度是不同的，对于学生理解和掌握知识的作用也不相同。准确有效的课堂提问能开拓学生的思路，开发学生的潜能，培养学生分析、解决问题的能力，提高他们的综合素质。这就要求教师在课堂提问时能准确定位，使设计的问题有思维价值，能调动学生的学习积极性，引导学生在积极思维的过程中认知。

人类认识事物的过程是一个由易到难、由简单到复杂、循序渐进的过程。根据维果茨基的"最近发展区"理论，那些与学生已有的知识经验有一定联系、但仅凭已有的知识又不能完全解决的问题，最能激发学生的认知冲突，最具有启发性，能有效地驱动学生有目的地积极探索。《学记》中说："善问者如攻坚木，先其易者，后其节目，及其久也，相说以解。不善问者反此。"问题的难度与梯度影响学生对问题的认识程度。因此，在教学中，教师的设问应遵循循序渐进的规律，要符合学生的认知发展水平，符合学生的个性发展，合理地把握好问题的"度"，做到难度适宜，由浅入深，逐层递进。由此，才能使提问有效、高效，才能更好地为我们的教学服务，增强课堂教学的实效性。

二、巧妙设疑，增强提问的艺术性

提问作为一门艺术，对激发学生学习兴趣，调动学生多角度、多层次、多途径思考问题、解决问题的作用，是不容置疑的。教育家陶行知说："发明千千万，起点是一问。智者问得巧，愚者问得笨。"可见，课堂提问既要讲究科学性，又要讲究艺术性。巧妙的、富有艺术性的课堂提问如同一块能激起千层浪的石头，能让课堂教学波澜起伏，能促使学生精力集中和情绪振奋，能激发他们的学习兴趣，变"要我学"为"我要学"，从而使繁重的学习不再成为负担，而是一种享受。因此，教师要不断增强提问的艺术性，才能求得课堂教学的高效性。

1. 精心设问，启迪智慧。提问是课堂教学的一种重要手段，也是启发式教学的基础。心理学家布鲁纳说："向学生提出挑战性的问题，可以引导学生发展智慧。"启迪学生思维，发展其各种思维能力，这是教学提问艺术最主要的功能。有效的课堂提问应该是从实际出发，根据教学的知识内容与思想内容，把握教材的重点和难点来精心设问。这就需要我们教师做个有心人，要根据教学内容、学生的认识规律和心理特征，紧紧围绕课堂教学中心来精心设计提问，找出能诱发学生思维的兴趣来问，把问题设在重点处、关键处、疑难处，这样，就能充分调动学生思维的每一根神经，引导学生有效地参与学习过程，从而提高课堂教学的效率。

2. 赏识评价，激发信心。教师要给学生创造自信的氛围，提供展现自我的平台，多采用鼓励性语言对学生的回答给予赏识评价。如果学生的回答不够流畅，教师要耐心听答；如果学生的回答不够完整，教师要耐心地引导；如果学生答非所问，教师也不该报以冷淡、不耐烦，甚至斥责，否则会挫伤学生的学习积极性。心理学家布鲁纳认为，学生对学科本身的兴趣是学习的内驱力。教师对学生回答问题后的评价对学生的心理起着引导的作用，而有效的引导将使学生的心理不断健康成长，形成一种积极向上的心理主流，从而树立学习的信心。

3. 巧设悬念，循循善诱。孟子说过："引而不发，跃如也。"所以，有时在教学中适当而巧妙地设置一些悬念，能吸引学生的注意力，唤起他们的好胜心和创造力。正如叶圣陶先生说："可否自始即不多讲，而以提问与指点代替多讲。提问不能答，指点不开窍，然后畅讲，印入更深。"上课伊始，教师可以巧设悬念，抛出一块"砖"来引出一块块的"美玉"。通过悬念的创设，使课堂教学成为学生渴望不断探索知识的心理需求。这种需求能激发学生的学习兴趣，学生兴趣越浓，注意力就越集中，观察就仔细，思维就越活跃，教学效果就越好。

4. 驾驭语言，以情感人。苏霍姆林斯基说："没有欢欣鼓舞的心情，学习就会成为学生沉重的负担。教学语言如果没有情感的血液的流动，就会苍白无力，索然寡味,学生对知识的感悟就会迟钝。"提问的艺术还涉及到提问的方式、教师的语言等诸多因素,而教师有效地运用语言沟通,是实现有效提问的手段之一。因此,教师要学会驾驭语言,运用语言的艺术性和感染力进行设疑和释疑,以此调动学生的求知欲。情感能滋润教学语言,教学本身就蕴含着丰富的情感,深刻的哲理。教师要通过教学语言充分而适度地提示和显露其情感,既要以理服人,还要以情感人,才能引起学生心灵的震动,才能激发学生的兴趣。

课堂提问是一门艺术,要提高它,需要教师在平时多思考、多总结、多合作,这样才能不断提高和完善自身课堂教学的提问艺术,从而积极调动学生参与课堂教学的热情,激发他们思维的积极性,使他们在课堂的每一分钟里,都充满着强烈的求知欲望并能迸发出智慧的火花,从而取得良好的教学效果。

三、合作探究,强调提问的自主性

主动参与是创新学习的前提和基础,是学生自主学习的一种能力。学生是主体,是学习的主人,课堂是学生的天地。每个学生都有表现欲、上进心,都有对成就感的期盼,老师要善于发现,创造机会给学生,为学生提供相互合作、共同探究的机会,让他们学会与人合作,学习在竞争中求发展。苏霍姆林斯基曾说:"没有自我肯定的体验,就不可能有对知识的真正兴趣。"为了让学生始终处于主动参与、积极活动的状态,让学生解决问题时可以把独立思考与小组探讨有机地结合起来,营造一个良好的氛围,从中体验到对"主人"的自我肯定。

1. 教师设问,合作探究。教学中,教师要根据教材内容和教学目标以及学生的实际,合理地向学生提出富有启发性的问题,让学生采用"自主、合作、探究"的学习方式来解决问题。引导学生自学自悟、讨论交流。这种方式能拓宽他们的思路,调动他们学习的主动性,提高分析问题和解决问题的能力。

2. 学生自问,互助解决。课堂教学效率的高低往往与教师能否成功地诱导学生发现问题、思考问题、解决问题有着密切的关系。爱因斯坦说:"学生提出一个问题,往往比解决一个问题更重要。"新课标中的探究性学习和研究性学习也是由一个问题展开的,也需要培养学生的问题意识。正如赞可夫说的:"这对学生来说,教会他们思考是一生中最有价值的本钱。"宋代学者朱熹也说过:"读书无疑者须教有疑,有疑者却要无疑。"学则须疑,学起于思,思源于疑,疑是思的动力。因此,在教学活动中,教师要教会学生学习,首先在于教会学生提出问题,即鼓励学生学会思考,提出自己的见解和不懂的问题,并积极地去解决问题,这是培养学生问题意识的最好途径,也是学生主体性的充分发挥。当学生提出问题后,教师要鼓励学生采用互助合作的方法予以解决问题。学生自己提出的问题对他们来说才是最具有思考价值的,然后又由自己来解决,使他们主动地参与到教学活动中,充分发挥了自主的作用,在尝试中他们的个性也得到发展,真正成为"学习和发展"的主体。同时,在交流讨论中,学生的思维相互碰撞,相互启发,相互探究,最终达到和谐共振,这才是教学艺术的最高境界。

四、营造和谐,注重提问的开放性

1. 课堂的开放性。培养学生的问题意识,教师科学合理地设计问题固然很重要,但更重要的是教师教学观念的更新。教师应相信和尊重学生,给学生营造一种民主、开放的教学氛围。哲学家约翰·密尔曾说:"在压抑的思想环境下,在禁锢的课堂氛围中,不可能产生问题,更不可能撞击出创造性的思维火花。"心理学认为:"一个人如果总是处于一种兴奋的、愉快的状态,他的思维就会有超常的发挥,他接受外面信号的速度就会非常快捷。"因此,创设开放、民主、和谐的学习环境与教学情境是学生主动产生问题、提出问题的前提。作为一个教师,要摒弃师道独尊的旧观念,要注意创设一种开放式的课堂情境,和学生建立起一种平等、民主、亲切、和谐的关系,使学生无拘无束地提出问题,发表见解,让学生时刻处于一种轻松自如的情绪中,那么,无论是记忆,还是思维,都会得到最好的发挥;无论是提问兴趣,还是提问能力,都会得到有效的增强。

2. 问题的开放性。开放性问题指问题的条件、结论以及条件到结论的思维距离均开放,它是培养求异思维最有效的途径之一。古人曰:"学贵于疑,小疑则小进,大疑则大进。"有了问题,思维才有方向;有了问题,思维才有动力;有了问题,思维才有创新。夸美纽斯说过:"求知与求学的欲望应该用一切可能的方式去在孩子们身上激发起来。"因此,课堂教学中,教师要设计一些开放性问题,发展学生的求异思维,让学生从多种角度去思考,寻求答案,促进学生全面地观察问题、深入地思考问题,并用独特的思考方法去探索、发现、归纳问题,这对于培养学生创造能力无疑是十分有益的。

提问作为一门艺术,无时无刻不与我们的教育息息相关。它是推进教学进程的一种手段,是激发学生积极思维的动力,是开启学生智慧之门的钥匙,是沟通师生思想认识、产生情感共鸣的纽带。作为教师,要全面认识和发挥提问的教学价值,转变以往提问过于偏重认知效益,忽视情感和行为效益的行动方式。要注重激发学生的学习兴趣,不断创设学习情境,鼓励学生独立思考,大胆放手让学生去探索,给予宽阔的思维空间,促进学生知、情、意的和谐发展。总之,我们要循着"问题"贯穿教学的始终这一路线,力争让课堂大放异彩。最终让学校成为个人成长和创造的一方沃土,让学生成为自我生命发展的主人。

小学道德与法治课中体验教育的实践

有学者指出："道德学习本质上是一种体验式学习。"更有学者说："体验是最有效的教育。"小学道德与法治课程是一门以儿童社会生活为基础、促进良好品德形成和社会性发展的综合课程，品德学习的一个关键就是要体验。而体验教育也是当前各课程所积极强调的，在道德与法治教学中有意识地渗透体验教育，能促使学生把做人、做事的基本道理内化为良好的行为习惯，从而进行有效的学习，实现个人的发展。因此，学校的德育要与丰富的生活相联系，通过让体验教育走进校园，让体验教育走进家庭，让体验教育走进社会，让学生去体会、确认、反思，进而养成好的行为习惯。在此，笔者谈谈这方面的一些粗浅的思考，与同行探讨。

一、精心设计，实现体验教育的目标

学生生活经验的积累、良好道德品质的培养，很大程度上依赖于情感的体验和行为的实践。受应试教育影响，道德与法治的课程还基本停留在知识的记忆中，学生对这些知识无法产生情感上的认同，更不用谈良好的情感体验。因此，在道德与法治教学中，老师只有多为学生精心设计实践活动，培养学生从无意识的体验向有意识体验的转变，培养学生体验的目的性，让学生在体验中感悟，在感悟中成长，从而实现体验教育的目标，使道德教育取得成效。

道德与法治课教师所设计的教学活动应该是儿童所熟悉、所喜欢的活动，是在儿童生活中找得到的"生活事件"或"生活场景"。教师应将经过生活锤炼的、积极的、有意义的教学内容和活动形式经过一定的手段进行提炼、重组后用于教学活动。活动的目标、内容和形式都要精心设计，切忌随意性和形式化。为此，道德与法治课堂提倡体验领悟、模拟表演、现场演练、思辨讨论、交流互动、调查探究、实地考察等生活化的活动型教学模式。

教师可设计一项再现生活的教学活动，要求学生根据这些情境活动、问题谈看法，谈体会等。如在教学三年级的《分享的快乐》一课时，教师可给每组分一个橘子，明确写出给某一个同学。如果这个同学把橘子分给别人，教师可以让他说说自己的感受。接着，要求得到橘子可以剥开吃，也让吃橘子的学生谈谈自己的感受。以此让学生体验好东西仅仅自己享用，并不一定快乐，大家一起享用更快乐。这样的活动设计能丰富学生的情感体验,使学生能感悟和理解社会的思想道德价值要求,逐步形成正确的价值观和行为习惯。

二、人人参与,增强体验教育的效度

只有亲身经历和体验,学生所得到的收获才是真实的,也是有效的。因此,活动要面向全体学生,力求人人参与,让每个学生成为活动的主体。但在教学中,我们常常看到课堂上的一些活动,往往只有部分学生参加,而很多学生则成为观众。因此,在开展活动时,教师要创设条件,力求让全体学生参加,让每个学生都能经历活动过程,在活动中确有所得。对于一些需要分工合作开展的活动,教师要注意让每位学生都有自己的任务,让每个儿童都以主体身份参与活动。例如,在教学《伸出爱的手》一课时,引导学生关心残疾人,就要让学生走进残疾人的生活,体验残疾人的情感。教师可组织学生开展一个"当一回残疾人"模拟体验活动,引导他们主动地参与进来,积极自主地去体验。把全体学生分成两组,让同桌的两位同学一位当"盲人",另一位当"哑巴"。让"哑巴"引导"盲人"绕班级一圈,要求穿越一些障碍物,最后回到自己的座位上,让全体学生一起体验"残疾人"的不方便和辛苦,以及他们为克服困难所付出的努力,由此引发学生对残疾人和生活有困难的人群的同情心和爱心,并愿意尽力帮助他们。

活动中,学生是课堂的主人,他们在真切的体验中感悟。关键是要形成全体学生的互动,让每个学生从不同的角度参与活动,有机会直接进行活动体验,扩大活动的参与面,实现全体参与。由于人人参与,提高了体验活动的信度和效度。

三、挖掘资源,拓展体验教育的广度

道德与法治课教学的最终目标是引导学生走向社会,学会在社会生活中成长。从小让学生过有道德的社会生活,是这门课程所要承担的特殊任务。

我们要进一步扩大儿童的学习范围,强化儿童的社会性发展,让学生尽量去接触身边的多元社会,开展调查、访问、参观、社会服务、搜集道德名言、谚语、格言等活动,让学生从社会大课堂中引发亲身体验。激发学生从爱自己的父母长辈开始,再拓展到爱同伴、爱集体、爱家乡、爱祖国,遵守社会规范,富有责任心等。我们还应该充分挖掘社会资源,立足当地社会实际,把品德教育带进社区、带进企业、带进农田、带进军营、带进自然……让广阔的社会生活成为学生喜欢的课堂,由此促进学生在广阔的天地里和更高的层次上不断体验,并进行更积极主动的自我发展。如在教学《金色的秋天》主题二《秋天的收获》中有个话题叫做《小小丰收会》,这节课需要很多秋天的收获物,只靠教师准备是不够的,所以可以动员各班学生分工合作,从家里、从社区、从农田里去采集各种各样的秋天收获物。学生在活动过程中不知不觉地了解了一些关于秋天收获的知识。产生教育作用的也不仅仅是采集来的收获物,活动的过程才是丰富他们的体验与感悟、促进他们社会化发展的主要过程。在教学《走进大自然》主题一《春天来了》时,也可以动员学生与家长一同去远足、野营,到大自然中探秘。让学生接触自然,了解自然,充分感受自然界的和谐与美好。

这些活动形式多样,充满儿童情趣,愉悦儿童身心,放飞儿童情思,使学生在积极参与中全身心地感受,在自然和谐中掌握了知识,并且潜移默化地提高道德认识。

体验教育是活的教育,它引导少年儿童走向社会、融入社会,在社会生活中体验、成长。只有体验,思维才能产生飞跃;只有体验,获得的思想情感和知识技能才能刻骨铭心;只有体验,才能加速少年儿童的社会化进程,使他们早日成为社会的有用人才;只有体验、教育目标才能化为少年儿童的基本素质。

走向核心素养的片段教学方法初探

首先,要感谢泉州经济开发区实验小学为了我们这次研讨活动的顺利召开提供的便利和辛勤的付出!其次,要感谢福建省黄雅芳名师工作室为我们提供了这样一个学习和交流的平台。在这里,我们以求知为半径,圈起一个专业成长的同心圆。我给今天自己的这场讲座定位是经验交流型的,而非专家培训型的,所以有说的不到位或不对的地方,请大家会后补充和指正。

《国家中长期教育改革和发展规划纲要(2010—2020年)》指出:"教育大计,教师为本。有好的教师,才有好的教育。要培养教育教学骨干、'双师型'教师、学术带头人和校长,造就一批教学名师和学科领军人才。"在实现中华民族伟大复兴的中国梦的进程中,教师起着极其重要的作用。社会对教师专业水平的要求越来越高,作为一名教师,要有良好的专业素养、过硬的个人本领,才能满足现代化的教育需求。近年来,片段教学在教师招聘、职称评审、技能大赛等活动中已然成为"热点",甚至成为重头戏,它不但具有教研作用,还被作为一种考评形式用来衡量一个教师的基本素养。但我发现,到目前为止,还是有部分教师没有真正了解和领会片段教学的实质和要领,甚至对片段教学存在着错误的理解。

一、领会实质,避入误区,让片段教学更精准

所谓片段教学,也叫片断教学,是任意截取一节完整课的某个片段内容,在10分钟左右,让执教者面对着同行、专家或领导,进行的一种模拟课堂的教学。片段教学只是教学实施过程中的一个断面,执教者通过完成指定的教学任务,来表现自己的教学思想、教学能力和教学基本功。首先,我们来谈谈片段教学的误区,看看在座的有没有"中枪"的。

(一)片段教学的误区

1. 片段教学上成了"压缩"课。有些教师觉得指定片段教学内容无法开展十几分钟的教学,认为片段教学就是概述自己的教学流程。所以,就把片段教学上成常态完整课的压缩版。

2. 片段教学上成了"截肢"课。有些教师把片段教学错误地理解为节选完整教学过程中的一个环节,只是从常态的教学设计中截取片段加以实施,没有对片段教学的首尾进行"前联后延"的处理,忽略了片段教学的完整性,使评委无法了解到执

教者的整体思路。这是错误的做法,要知道,片段教学并非教学片段。

3. 片段教学与说课混淆。片段教学与说课是属于两个范畴的活动。不同点在于:(1)说课是静态的研究,而片段教学是动态的实施。(2)对象不同:片段教学是师"生"关系(虚境的),说课是师师关系。(3)方式不同:片段教学主要解决"教"和"练"的实施问题,重在"教"的过程和"教"的效果;说课主要解决"怎么教""为什么这么教"的问题,重在分析、说明。因此,在片段教学中,十分忌讳这样的说明:"我在教学中采取了什么样的教学方法"和"准备采取的方法"等。

4. 虚境教学没有真实感。虚境型片段教学因为没有真正的学生,教者必须虚拟教学情景,以虚拟的双边活动来表现先进的教学理念。但是有些老师淡化或放弃师生的双边活动,而是以满堂灌的教法,舍不得让教学过程"留白",总是一股脑不停地讲,使片段教学失去了真实课堂的感觉。

(二)片段教学的种类

1. 从场景看可分为:(1)实境型:为执教者提供真正的课堂,执教者可以面对学生进行教学。(2)虚境型:面对评委或参加教研活动的老师进行模拟教学。

2. 从教学内容看可分为:(1)节选型:从教材中选取某些片段进行教学,执教者根据节选的内容确定教学目标,设计教学方案,然后实施课堂教学。(2)专题型:从某节课中抽取一个专题(或一个知识点、能力点,或一个教学环节)让教师施教,教者以此为目标进行教学。

3. 从选题来源看可分为:(1)自定型(教研型):由执教者自己选择片段教学的内容。教研活动多采用自定型片段教学,事先做好充分的准备,有利于开展教研活动,展示教师的风采。(2)他定型(竞赛型):由他人(专家、评委、组织者)指定选题,执教者按要求进行片段教学(竞赛活动和评价工作多采用他定型片段教学)。

二、掌握特征,虚实相生,让片段教学更精实

掌握片段教学的基本特征,才能使目标得到有效落实,才能使片段教学更灵动、更具真实感。

(一)教学设计的实践性

这是片段教学最基本也是最重要的特征,即立足实践,体现真知。从本质上说,片段教学就是一次教学实践活动,执教者将课堂教学实践与教育教学理论有机地结合起来,做到实践与理论的统一。它是执教者将自己的教学构想具体化、实践化的一个过程,目的在于体现其教学设计的合理性、可行性和实效性。

(二)教学结构的完整性

片段教学不是教学片断,它的教学步骤是完整的。也就是"麻雀虽小,五脏俱

全",虽然片段教学在内容上只是局部的,但教学设计和实施过程不是独立的。它不是宣讲教案,也不是浓缩课堂,而是如同平时授课那样完成教学目标,实现教学重点和教学难点的突破。所以,要求教师在进行片段教学时也要有清晰而又完整的教学步骤,也要先进行教学设计,然后进行课堂实施。无论这个片段在这一课的开始,还是在中间,或是在后面,都应有相对完整的教学过程,包括承前启后的合理过渡(导入要简短,不宜超过2分钟)以及该部分内容的小结,这些都是营造教学结构美不可或缺的要素。

(三)教学情景的虚拟性

这是虚境型片段教学所具有的一种特征,即虚中有实,虚实相生。因为这种片段教学虽然在本质上是教学活动,但又与正常的教学活动有所不同。大家都知道,教师、学生、教材是教学不可或缺的三要素,没有学生就无所谓教学。因此,虚境型片段教学必须虚拟出学生的存在,营造出现场一般的氛围,让评委或同行产生置身现场的感受,因此在教学实施过程中就带有浓重的虚拟色彩。通俗地说,此时的你就是在表演一个单口相声,自编自演,自问自答。这就要求教师要做到"心中有课堂,口中有学生,眼中有观众"。

(四)教学生成的预设性

任何形式的教学都无法回避预设与生成的问题。常态教学尽管也有精心的预设,但总是充满变数,难以完全预知,而虚境型片段教学没有学生的实际存在,没有情境中的学情,没有任何变数,教学完全按预设进行,无须进行任何变通。此时,教师对于学生可能的反应,可以做到先知先觉,统筹兼顾。学生的发言、活动,师生的交流,一切都依计划而行,这个计划就是预设。这种预设的片段教学存在着理想化的情形,只要教师能提出问题,虚拟的学生便可无所不能,要多出彩的答案都可以。值得一提的是,教师的预设要根据学生的实际水平、身心特点来拟定学习任务、预设各种问题和学生的答案,要尽可能充分,尽可能切合实际,因为太高水平的答案未必能获得评委或同行的认同,其效果可能适得其反。同时,教师还要尽可能预设出即时生成的学情并拟定措施。比如,可以这样说:"那位把小手举得高高的同学""这位同学,你为什么一直没有举手啊?""小华同学,你虽然没有完整地回答问题,但你能大胆发言就是好样的!""小刚同学,老师从你的眼中看出来,你的心中一定是有了与其他同学不一样的看法。来吧,勇敢地站起来说说!""你很勇敢,第一个举起手来,说错不要紧,关键是敢于发表个人见解!"

这些学情都是生成性的,生成性的学情还包括学生表现的不足和答案的错误。对此,教师也应预设并进行相应的引导和点拨。如此,对学情、对生成的关注就得到了彰显,也极大地增强了现场感。

三、运用智慧，准确切入，让片段教学更精彩

教学需要智慧，教学智慧是决定教学效果的关键因素。在片段教学中，无论采用哪种方法，找准教学的切入点最为重要。这个切入点能牵一发而动全身，能激发学生的学习兴趣，使片段教学更精彩。

（一）从教学内容入手

如果说常态课的教学内容是一年四季，那么片段教学的内容也应呈现出四季的变换和相应的美景。教师要合理选择和调配教学内容的类型，使其呈现多样化。无论片段教学的内容是自定还是他定，执教者都要吃透教材，在设计教学内容时，要采用新视角挖掘并创新教材，力争做到全面中有重点，重点中有创意。在教学中，要体现新课程理念下的教学价值取向，而不能老生常谈。只有用新理念来指导片段教学，才跟得上教育教学的新形势，片段教学才有学术价值。

（二）从教学节奏入手

安排好教学步骤很重要，可以使教学过程合理流动，有条不紊，富有层次感。成功的执教者会合理地、艺术地选择和调配各种类型的"亮点"，这样不仅能让评委或同行透过这个窗口感受到执教者对课程的理解和教学的能力，而且有助于营造跌宕起伏、疏密有致、极具艺术感的教学节奏，让学生时而动情朗读，时而静思默想，时而议论纷纷，时而奋笔疾书，体现多样的教学内容。

（三）从教学手段入手

教学手段的优化组合，巧妙、灵活运用，既是创造教学美的重要条件，具有一定的审美性，也是教学评价的重要指标之一。片段教学容量虽小，但不能因此忽视教学手段的灵活性和丰富性。根据教学内容的需要，采用丰富而恰当的教学手段，能高效地实现教学目标，因此，片段教学比常态教学更应让各种教学手段相应聚拢。"集看家本领，显英雄本色。"教师要努力展示自身素质，可以用板书来表现书法功力，可以用范读来表现朗读水平，可以用文艺特长来展示自己的艺术功底，也可以用广征博引来显示自己的知识面，还可以用有趣有味的导语、亲切的语言、自然的教态、得体的穿着、饱满的精神、洋溢的激情，去获取评委的好感。当然，还有独到的教材处理、独特的教学技能、良好的讲演技巧、缜密的逻辑思维、创意的教学形式、灵活的教学方法也能感染评委，获得好评。如果是自选主题的片段教学，你可以选择一个能充分发挥自己优势、展示个人特长的片段，扬长避短，展示自己的风采。还可以根据教学风格（能力）展示不同的课堂效果——善思的能激发学生思考，善导的能快速激活课堂，善说的能激发学生兴趣，善教的能激活学生思维。总之，执教者应凸显教学优势，拿出看家本领，集合绝招，集合亮点，呈现精彩。由此

可见,多练基本功是非常重要的。

（四）从体态语言入手

这一点对营造准现场感也具有十分重要的意义。要做到:首先,恰到好处地走动。教师可在讲台附近自然地走动,尤其是虚拟学生默读、动手或讨论等环节,教师更应在讲台周围走动,以象征着巡视。其次,合理分配目光。常态教学时,教师的目光总是紧随学生;说课时,教师的目光则是投向评委或同行。而虚境型片段教学中,导入、过渡、小结时目光应分配给评委或同行,在与虚拟的学生个别交流时,目光则应投给那位实无似有的学生。执教者避免低头、手足无措、斜看一方。最后,强化手势的运用。尤其是指定虚拟的学生个别发言时,手势应指向"心中学生"的所在,若再投去目光,则更有助于营造恍若现场的感觉。

（五）从技术手段入手

随着"互联网+"的蓬勃发展、教育信息化程度的不断加深,互联网和大数据为教师和学生提供了个性化教学工具。《青少年法治教育大纲》中提到:"有条件的学校,要充分利用信息技术手段,将多种法治教育资源、形式予以整合、提升,形成以学习者为中心的教育环境,引导学生自主学习,培养学生学习法律的兴趣。"因此,我们可以利用新技术、新媒体为教育教学或者片段教学服务,使教学内容更生动丰富,更具有针对性。同时,体现了教师先进的教育教学理念和多样的教学方法。当然,在片段教学的展示中,这些亮点是由教师通过教学语言呈现出来。因此,在教学中,教师可采用微课、课件、视频、微信、QQ等新技术为片段教学增色。虽然微课大多用于课前,但片段教学时,我们可以通过重温微课的知识点展现本课所采用的技术手段。当然,技术并不是灵丹妙药,只是锦上添花,我们要恰到好处地用好它。

（六）从双边活动入手

教师可以巧妙虚拟双边活动。课堂中师生互动主要凭借言语来实现,学生言语的存在相当程度上代表着学生的存在。生活中,我们常听到这样的对话:"这道题小明答对了。""答对了! 太棒了!"这第二个"答对了"就是言语交际中的回声现象,语言学上叫回声问句。在平时的课堂上,师生交流时,教师一般不宜重复学生的原话,但适当、局部的重复,在片段教学中是非常有必要的将回声元素引入教师的评价语中,教师的教态、语态都始终处于最自然的状态,更能让评委或同行如临现场。教师可以用停顿代表学生作答(就是刚才说到的"留白"),能给执教者留下思考的时间,也使教学实施显得更加从容。因此,这个办法是片段教学中虚拟学生存在的重要法宝。教师要避免用"你回答""小红来回答。"这样生硬的方式提问学生,可以这么说:"那位小手举得高高的同学请你来回答。"也可以说:"第三组的这位男同学已经回答两次了,我们还是再把这次机会给他吧!"或者说:"可以看出来,这位女同学特别想回答这个问题,好吧,我们来听听你的看法。"而在指定学生回答问题时应多用方位词,如"坐在后面的那位男孩""边上的那位女同学",方位词彰显了空间感,言之凿凿地指出学生的所在位置,让人仿佛置身于真实的课堂中。此外,保持常态课上的音量,也具有一定的效果。

四、聚焦素养,服务学生,让片段教学更精妙

北师大肖川教授认为:"从学科角度讲,要为素养而教,学科及其教学是为学生素养服务的,而不是为学科而教。"随着新课程改革的深入,在教学中培养学生的学科素养已成为当前教育的核心任务。核心素养是最关键、最重要、最不可缺的素养,是学生应具备的适应终身发展和社会发展需要的必备品格和关键能力。发展核心素养,服务学生,是当前教育教学的导向。《道德与法治》教材的使用提出了基于学科核心素养的教学新要求,即要把培养学生的核心素养作为教学的着眼点和立足点。每个学科都有其核心素养,它是学生在学科学习过程当中形成的与学科特性相关的核心素养。在片段教学中,我们要以发展学生的核心素养为立足点,聚焦道德与法治的核心素养,即政治性、思想性、实践性、综合性。使片段教学体现多样化的精妙。

(一)立德树人——人文内涵的渗透点

立人先立德,这是从古至今不变的命题。党的十八大首次提出,要把立德树人作为教育的根本任务,而道德与法治学科最重要的素养就是立德树人。因此,在片段教学中,教师要突显学科特点,要充分挖掘教材中人文内涵的渗透点。要本着为学生的终身学习和发展打下良好基础的宗旨,在教授知识的同时,关注每个学生的情感态度与价值观的培养,使学生在学习的同时,受到情感的陶冶、道德的教育、生命的教育、审美能力的培养等,以此提升学生的人文素养,树立正确的人生观、价值观、世界观。

(二)生活课堂——规则意识的训练点

法治意识是道德与法治学科的重要内容,而规则意识则是法治意识的核心。在片段教学中,教师要有意识地创设生活化的课堂,突显实践性和体验性,引导从学生的生活实际出发,树立规则意识,遵守生活中的规则。《青少年法治教育大纲》指出:"以基础性的行为规则和法律常识为主,侧重法治意识、遵法守法行为习惯的养成教育。"因此,片段教学中,教师可以基于真实的生活化情境,引入真实法治案例,精心设计有效的课堂活动,可以根据学生认知特点,采用故事会、情境剧、辩论赛、法庭模拟、小法官判案、小记者采访等多种教学方法增强学习的趣味性。这些内化规则和习惯的课堂活动,是学生模拟社会规则向真实社会规则体验的过程,是从约束性规则到指导性规则进化的过程。这样的片段教学才有其价值和意义。

（三）小组探究——合作精神的培养点

合作学习，它不仅是培养学生主动探究、团结合作、勇于创新精神的重要途径，而且有助于团队精神和集体观念的形成。执教者要努力激活课堂，营造轻松、快乐的学习氛围，教学方法可以采用启发式、讨论式，充分发挥学生的主体作用，积极倡导自主、合作、探究的学习方式，而不能满堂灌。教师可以设置学生讨论环节，并在课堂上稍作巡视，可以对个别小组小声进行学法指导。通过对不同观点的评论来完成虚拟的讨论情景。还可以虚拟争论，虚拟质疑，虚拟辩论，虚拟活动等情景，使课堂教学师生互动，生生互动，生动活泼，给人如临其境的感觉。有一点值得注意，虚拟教学情景忌用提示语加以说明。

（四）问题驱动——创新思维的引爆点

古人云："学起于思，思起于疑，疑解于问。"产生认知冲突，促使学生积极思考，以问题情景为知识呈现方式，以问题探究为教学互动方式，以问题评价为教师指导方式。要根据教学目标、抓住教学重点、联系现实生活设计一些能够使学生产生认知冲突的问题情景，引导学生在探究问题的过程中领悟知识，学会方法，发展能力，创新思维。当然，学生质疑习惯和解惑能力的提高需要在教学实践中培养。另外，要激励学生敢想敢说，敢于发现问题，提出问题。可以采取让同学们自己在相互讨论中解答，也可以通过教师作些补充和归纳加以明晰。如："谁能给大家提出一个继续探究的问题？""小丽同学，这个问题提得真好，谁愿意帮助她解决？"（彰显教师鼓励学生自主学习的理念）"这是个很有价值的问题，其中包含着许多丰富有趣的知识，都有哪些呢？我们一起来重温一下。""只有孜孜不倦地求索，才有源源不断的收获。孩子们不要停下你们学习和探索的脚步，希望大家课后可以到图书馆或通过网络自己去寻找资料，看谁的收获最多。"

（五）有效评价——学习能力的关键点

教育是一种唤醒。核心素养的落地，必然要以有效的评价机制和评价方式为保障。由单纯考查学习成绩转为对学生学习结果与过程的评价。统编教材所要求的课堂评价，特别关注学生能力的提高，关注学生情感态度价值观的培育，最根本的也就是关注学生核心素养的提升。

如何进行评价是保证片段教学顺利进行的关键，片段教学的教学情境相当大一部分都是通过评价语来体现的。因此，老师们要充分运用课堂教学语言，使片段教学有声有色，灵活多变。比如，在指导学生预习时，当教师提出"请同学们先预习一下这个话题的内容，待会儿请大家提出问题"之后，停顿片刻，接着可这样评价："我发现有的同学边预习边动笔圈划，这种动笔预习的习惯真好！"还可以说："啊，我看到了，有的同学预习完后还和同桌交换看法，这种合作学习的方式真好，会促进双方共同进步。"还可以说："你们小组的学习效率还需要提高一些哦，待会儿认真听听其他小组分享的经验。"在小组展示反馈的环节,教师可以这样说:"集体的力量是强大的,通过分析,你们小组发现了什么规律? 请派代表来说说。""我非常欣赏你们小组的想法,请你说具体点,好吗?""厉害了! 第三小组,你们的方法非常新颖,连老师都没想到,真佩服你们!""让我们一起为第五小组的同学喝彩! 他们在合作学习的过程中,敢于猜想,善于猜想,这样才能有所发现,有所创造!"

"操千曲而后晓声,观千剑而后识器。"我并非专家,也处在不断的学习中,但我相信,只要我们勇于实践,勤于反思,勤于补拙,多学习,多积累,多钻研,多磨练,就能在道德与法治这个学科的教学中绽放异彩,就能使自己在专业成长的道路上越行越远。最后,我想说,都说"赠人玫瑰,手留余香",而此时的我不仅手有余香,而且心有亮光。我感觉到自己通体都弥漫着一种"芳香",这种"芳香"是来自与大家分享后的快乐,是来自对知识巩固后的自信。所以,但愿今天我的这个讲座能对大家有所启迪,有所帮助,期待并相信不久的将来,在黄雅芳名师工作室中,在道德与法治这个学科领域里,在教学竞赛场上,会亮起越来越多的新星。

小学思政课堂教·学·评一体化的实践与探索

"国培计划(2019)"

——新疆小学道德与法治骨干教师培训项目讲座稿

2016年9月,《中国学生发展核心素养》正式发布。各学科课程标准的首要变化就是凝练了学科核心素养,并将其作为教材编写和课程实施、教学评价的依据。可见,培育学生的学科关键能力和学科素养成为了评价教师教学工作过程和学生学习表现结果的方向。

教、学、评一致性指向的是学习目标、课堂教学、德育评价的一致性。说到评价,我们知道,对学生学习效果评价的途径分为两部分:一是终结性评价,主要以考试为形式。二是形成性评价,主要针对课堂学习效果的评价,以课堂评价、档案袋评价、作业评价为形式。今天,我们单讲终结性评价,即德育质量监测。

一、厘清教材脉络,把准立德树人的方向

党的十八大报告指出:坚持教育为社会主义现代化建设服务、为人民服务,把立德树人作为教育的根本任务,培养德智体美全面发展的社会主义建设者和接班人。这是教育的总方针。让学生在参与社会生活活动中学习做人,这是新课标的基本理念,也是新课程的核心。从中我们可以为两个重大问题找到答案:培养什么人? 全面发展的社会主义建设者和接班人。怎么培养人? 立德树人,全面发展。归根结底就是通过增强学生道德与法治的学科关键能力,培养学科素养,立德树人,促使学生成为全面发展的社会主义建设者和接班人。

学科关键能力和学科素养是教学的风向标,因此,我们要聚焦学生对社会主义核心价值观以及中华优秀传统文化的理解,关注学生与他人、与社会、与自然关系的认识以及适应社会发展的能力,由此体现本课程的政治性、思想性、综合性、实践性。

道德与法治教材的特点是学生的生活领域不断扩展,主题教育逐渐加深,单元设计螺旋上升,以社会主义核心价值观贯穿始终。归纳起来就是:六大生活领域加七大主题。

(一)六大生活领域

1.我的健康成长。涉及到珍爱生命,热爱生活,爱护自己的身体和生命。如四

年级上册第一单元《珍爱生命》就属于这个领域。

2. 我的家庭生活。要从关心好自己、少给家人添麻烦转向主动关心家人、主动为家庭做贡献上,初步具有一定的家庭责任感。如三年级第一单元《家庭、学校和社区》第一课《我爱我的家》,四年级上册第三单元《花钱的学问》和第四单元《关心你,爱护他》,都是对学生进行家庭责任感教育。

3. 我们的学校生活。集体主义是社会主义道德的核心。我国中小学教育一直都重视集体主义教育,我们有一些成功的经验,成功地帮助学生树立了从整体出发考虑问题的集体主义价值观。如三年级上册第一单元《家庭、学校和社区》中第二课《我们的学校》,三年级上册第二单元《我在学习中长大》,三年级下册第一单元《在爱的阳光下》,都是通过学校生活的情境再现,对学生进行个性心理品质方面的教育。

4. 我们的社区生活。学生对自己所生活的社区的地理区域有初步感知,有意识为社区利益做一些力所能及的事情。如第四单元《关心你,爱护他》,就是对学生进行社会责任感教育、团结合作和文明教育。

5. 我们的国家。引导学生了解我们国家的人文、语言、地理、领土等情况,对学生进行爱国爱家乡、爱社会主义教育,如四年级下册第一单元《一方水土养一方人》。

6. 我们共同的世界。引导学生初步感知世界上各种肤色的人种,世界著名的建筑物,世界各民族的服饰,世界上常用的语言,世界上代表性的文字,等等。并树立保护人类赖以生存的地球的意识。

(二)七大主题

1. 日常生活中的基本文明素养教育。它包括日常生活中的文明礼仪、卫生服饰、言谈举止等。

2. 规则意识和民主法治教育。规则意识对一个孩子的健康成长非常重要,它包括遵守校规、遵守法律、遵守社会公德、遵守游戏规则的意识。比如学生参与班规的制订过程,就是公民素养的培养和民主意识的形成过程。

拿排队作个比方:排队的次序是法治,每个人都可以排队是民主,那么每个人都愿意排队就是规则意识。没有这个意识,民主和法治都是空的。这个最基本的意识和人性与良心有关,和道德与信仰有关。

在教材中有的法治教育内容是显性的,根据教材内容呈现了相关的法律条文,有的是隐性的,并没有呈现法律条文,但其内容体现了法治精神和法治素养的培养。

3. 爱国爱党教育和革命传统教育。包括爱国主义、共产主义、革命精神、优良作风和高尚品德的教育。目的是培养学生实事求是、理论联系实际、谦虚谨慎等良好品质;养成艰苦奋斗、勤劳勇敢、不怕困难的品德;继承和发扬爱国主义精神和为共产主义事业而英勇牺牲的献身精神。

4. 中华优秀传统文化教育。六个维度——汉字文化、诗文典故、历史古迹、重要史实、传统艺术、民俗文化。传承中华优秀传统文化的目的就是要增强文化自觉和文化自信。

5. 爱自然(生态伦理)。指的是处理自身与周围大自然生态环境的关系中的一系列道德规范。低年级在二年级下学期设置了"环保小卫士"单元,其中有节约水、电、纸张等资源,树立低碳环保的生活意识等。中年级设置了"让生活多一些绿色"重在了解环境污染,懂得垃圾的处理,知道如何低碳生活。当前,环保领域里有一个时尚话题,就是垃圾分类、回收,再循环利用的意义。它强调的是节约资源和再利用资源,从小树立环保意识。

6. 国家领土、主权教育。让学生明白我们国家主权所包含的内容,了解我们国家最主要、最基本的权利等。

7. 开放的国际视野教育。引导学生要有知识视野、国际视野、历史视野,以开阔的眼界去观察世界、分析世界、研究世界,对人间样态能作出深刻洞察,对事物变化能做出精准分析与辩证把握。

六大主题、七大生活领域涉及面广,提示我们:学校要把立德树人的成效作为检验学校一切工作的根本标准,要树立德智体美劳全面发展的质量观。

二、立足课堂教学

教育的根本任务是立德树人,思政课在立德树人中是关键课程,是不可替代的课程。给学生心灵埋下真善美的种子,引导学生扣好人生的第一粒扣子,思政课教师责任重大。作为小学思政教师,如何培养学生的学科素养?什么样的课堂教学才具有实效?在这个模块中,我将从三个方面来阐述个人的观点:

(一)把握特点,找准学科本位

大家都知道:思政课程是高度综合的课程,所以这里所说的"学科本位"不是知识本位,不是强调学科的独立性和重要性,而是要强调学科的属性。我们只有把握思政课程的学科特点,才能有的放矢地进行有效性教学。首先让我们来重温一下小学思政课程的几个基本特征:

1. 生活性:(1)遵循儿童生活的逻辑。(2)以儿童的现实生活为课程内容的主要来源。(3)以密切联系儿童生活的主题活动或游戏为载体。(4)以正确的价值观引导儿童在生活中成长,在成长中生活。

2. 开放性:(1)面向儿童的整个生活世界,重视创造性。(2)课程资源的开放,从教科书扩展到所有对儿童有意义、有兴趣的题材。(3)授课空间的拓宽,从教室扩展到家庭、社区等有儿童的其他生活空间。(4)授课时间的弹性拓展,可以在学校其他活动或学科教学中参考进行。(5)评价关注点及评价方式的开放,关注儿童丰富多彩的体验和个性化的创意与表现。

3.活动性:(1)活动是教和学共同的中介。(2)课程目标通过教学活动来实现。(3)教师是各种教学活动的指导者。(4)儿童实际参与主题活动、游戏和其他实践活动。

我们可以从以上三个特点中总结出:思政课程具有品德教育、科学教育、社会教育及生活教育等多重功能与价值。我们可以根据这些特点,充分发挥教师的指导性,增强学生活动的有效性,注重使用教材的创造性,突显师生、同学之间的互动性,从而才能创建一个有效的思政课堂。

(二)落实目标,追寻教育本源

"教育"这个词在拉丁文中的原意是"引出",即把一个真正的人引出来、塑造出来。教育的本源就是挖掘人性,找寻自然的本质,构建社会的和谐。小学思政教师在追寻立德树人的教育本源的同时,要如何培养学生的学科素养呢? 我认为,要过以下三关:

第一关:课堂教学目标的把握关。教学目标是教师教学活动的出发点,是课堂教学的本源。课堂上,如果教学目标达成得比较好,学生学得非常愉快,学习方式灵活多样,能切实促进学生的成长,即为有效。那么,要如何把好每一节课的课程标准关?

首先,要明白以下几点:第一,课程标准的基本理念都体现在教材中;第二,课程目标体现在教材的每一单元以及主题中。第三,教材的每一个话题和活动案例是这些目标的具体落脚之处。第四,教师应该深刻解读和理解课程标准,科学合理地制定每一节课的教学目标,认真把课程目标细化到教学目标中,落实在每一个活动中。

教学目标是教师教学的灵魂,是每堂课的方向,是判断教学是否有效的直接依据。因此,教学目标的制定一定要合理,要贴近学生的生活实际。

第二关:学科素养目标的设计关。教学变革首先要变革教学设计,指向学科核心素养的教学,教师的教学必须有精准设计的能力。什么教学内容适合培养学生什么样的素养,我们要有意识、有计划地将素养目标落实到日常的课堂中去。

我们以学科素养目标为思考框架,依据课程标准,根据不同的教学内容和学生的学情,立足单元,上接学科核心素养,下连知识点的目标或要求,把素养目标和课程目标有机整合,设计一个学科核心素养目标,并予以具体化,即围绕这个核心目标来设计课堂教学目标、教学重点、教学方法、教学流程。如此,既完成了教学任

务,又培养和发展了学生的核心素养。学科素养视野下的课堂教学目标的设计应该以突出素养水平为主。核心素养包含必备品格和关键能力,无论是能力还是品格,都离不开思维,思维能力是核心。而思维能力的形成离不开技能的习得,技能包括思维技能和动作技能。

新课程改革以来,教师在设计与编写课堂教学目标时采用的思考框架是三维目标,即知识与能力、过程与方法、情感态度与价值观。以《美丽文字 民族瑰宝》一课为例,在设计本课的教学目标时,我们可以从培养学生的素养出发,再设计一个素养目标:能够借助其他方法了解关于汉字的知识,提升收集分析资料能力和与现实事物之间联系的能力。素养目标涉及能力与品格,甚至价值观念。在设计课堂教学目标时,教师需要在学科素养目标与教学内容之间找到桥梁。教学目标要从技能训练的视角切入,将技能训练融入学科学习内容中,从而帮助学生掌握方法,提升思维能力。

第三关:核心素养落地的教学关。学科核心素养要"落地",最终还需要教师在课堂这个主渠道上下功夫。那么,如何有效"落地"呢?余文森教授曾提出有效教学的三个维度:有效果:学有所得;有效用:学的东西是有价值、有用的;有效率:学的过程和方法是科学的。是的,教学贵在方法。这些教学环节可以调整顺序灵活使用,也可交替使用。如此的教学旨在着力提升学生的学习能力,把传统的以教为中心转变成以学为中心,能有效提升学生自主合作的学习能力,提升他们的核心素养,实现教学方式和学习方式的变革。

当然,要使教学方法和学习方法发生根本性的变革,使课堂教学产生更高的效应,除了有新理念、新手段,还得有新技术。有人预测,未来的教育系统将注定是基于移动设备的一种系统。在大数据时代,我们可以借助信息技术为我们的教学增效。除了制作精美有效的PPT,教师还可把线下导学卡制作成线上的思维导图引导学生预学,增强学生线上学习的互动性;也可根据这每一课的教学重难点制作微课让孩子学习;还可以通过智能手机录音、录像、拍照、收集信息等方式为学习助力,让单调的练习转变得趣味化。

好的课堂一定是指向学生的。在这样的课堂上,我们可以想象到,每位学生始终处在学习状态,始终在向着目标学习,大部分学生均达成目标,且部分学生还有目标之外的精彩,几乎所有学生都有成长和进步,学习无时无刻不在真实的发生。

教师的生命在课堂,课堂的生命在学生,学生的生命在教师的唤醒与激发下才得以绽放。问题共振、理念共享、情感共鸣、智慧共生像一个个跳动的音符,让课堂流淌着生活的节奏、生命的律动,充分展现智慧之美。

除此之外,在教学过程中我们还要注重不断反思。孔子说:"学然后知不足,教然后知困。知不足,然后能自反也;知困,然后能自强也。"我们在注重教学效益的同时还要不断反思，不断地追问：什么样的教学是有效的？哪些教学环节是有效的？哪些是无效的或低效的？有没有更有效的教学方法？如此才能实现教学相长，才能扎扎实实地走出一条有效课堂教学的路子。

（三）注重体验，回归教育本真

"君子务本，本立而道生"。君子致力于根本性的工作，根本确立了，正道就随之产生。我们的教育也需要务本，需要尊重生命的本态，遵循生命的发展规律，让教育回归自然本色。品德来源于真实的生活体验。由此可见，孩子了解世界的最好方式，就是亲眼所见，亲身体验，以行为知，而后才能以知为行。

为了达到知行合一，教师要设计一些拓展训练，以多元的学习方式，引导学生运用所学知识解决实际问题，围绕着"做人"这一核心目标，通过现实行动实现内在的有机融合，实现生活和人本身的逐步完善。

马克思说："社会生活在本质上是实践的。"学生良好品质的培养不能仅局限于校内，应当面向社会，面向民族，面向国际，由此才能拓展更为广阔的育人空间，才能给学生创造了解社会、接触社会的机会。社会的历史、文化、结构、制度、行为规范、生活方式等，是思政教学的基石。以《多姿多彩的民间艺术》一课为例，教师可以引导学生了解当地的民间艺术，调查民间艺术衰落的原因。激发学生社会性探究的热情，这既是课程综合性、实践性的体现，也是带领儿童经历的一场体验文化之美、历史之美的旅行。而社会实践活动的参与对象往往是群体，需要学生之间通过互相交流信息和感情，协调彼此之间的关系，达到共同提升综合能力和审美素养的目的。活动的开展，都是以学生的情感为纽带，以美引善，以善成美，使学生的审美能力得到发展，人格修养能得到完善。

随着时代的变化，教育质量被赋予了更多的内涵。德育质量评价的出发点和落脚点在于培养一代新人，促进青少年学生的全面和谐发展，而思政课堂是实施的主阵地，作为课堂主导者的思政教师要加强自身思想性和科学性的职业素养，着力培养学生的学习态度、动机方面等能力素养，从而促进学生学科素养的有效提升。

三、关注监测，评价方式

在以往的教学工作中我常用的教学方法有闭卷考试、观察、检测等手段，通过学习我觉得要实施素质教育，使学生全面、主动地自主学习，离不开学习的评价机制。教学中的评价手段有考试、观察、检测等，教育教学评价作为一种价值判断在我们的教学中常被用到。对学生的知识与能力、过程和方法、情感态度与价值观做出定量和定性相结合的评价。2020年10月13日，中共中央、国务院印发了《深化新时代教育评价改革总体方案》，旨在经过5～10年努力——各级各类学校立德树人落实机制更加完善,引导教师潜心育人的评价制度更加健全,促进学生全面发展的评价办法更加多元。切实引导学生坚定理想信念、厚植爱国主义情怀、加强品德修养、增长知识见识、培养奋斗精神、增强综合素质。

为科学规范开展义务教育质量监测工作,推动实施素质教育,促进教学质量稳步提升,《国家义务教育质量监测方案》的出台,标志着中国义务教育质量监测制度的建立。那么,现在我们就基于监测角度的评价方式来分析一下试卷的题型:

试卷的题目设计比较灵活,命题类型比较多样。相对于传统的题型来说,出题方式多样化,具有很大的灵活性和新颖性,突显开放式、发散性的特点,给学生预留了许多表达经验生长的空间。

(一)选择题

选择题是指题目已提供现成的备选答案,学生只要在备选答案中选中挑选一个正确或最佳答案即可的试题。它由题干和选项构成。

1. 选择题的特点:设计一些具有迷惑性干扰项。

(1)使用学生最常见的错误,特别是那些由于学生粗心或误解而造成的错误答案。

(2)使用与题干有关的听起来重要的词。

(3)内容上与正确答案同质或相似。

(4)干扰项的设置应该迷惑没把握的学生,而不能让已掌握了知识的学生造成遗憾。

2. 例题:以"我的健康成长"为话题的题集。

一个人一生会长出(F)副牙齿:先长出来的叫乳牙,共有(A)颗;乳牙长到一定的时候就会换掉,再长出来的牙齿就叫恒牙,共有(C)颗。

A. 20   B. 22   C. 32   D. 30   E. 1   F. 2

我们要保护好牙齿,做到:早晚要刷牙,饭后要漱口。刷上牙(F),刷下牙(A),咬合面(D)来推拉。

A. 从下往上   B. 从外向里   C. 上下

D. 前后   E. 从里向外   F. 从上往下

(二)是非题

是非题基本形式是提供一个陈述句,要求学生对其真假,正误作出判断,也称判断题。是非题一般是只有两个选项的选择题,因此也被称为"二项选择题"。

优点:有作答迅速,可选内容范围大,编制容易,评分客观、公正、高效、准确,容易检测学生对知识的掌握情况。

缺点:学生有一半的机会猜对答案,易受猜测因素影响,所以教师无法确定学生对知识点是否已经掌握。它适用于测量学生较低的认知能力,适合于事实性知识,难以测量高层次的认知目标。容易导致学生对琐碎知识的过度关注。

1.题例:阅读下列各题,并作出判断。正确的在题号后的括号内画"√",错误的画"×"。(2分)

下午放学后,冬冬对明明说:"咱们去游戏机房玩游戏吧,我请客。"于是,明明就跟冬冬走了。(　　)

答案(×)

2.命题思路:此题对应课程内容我的健康成长中的第7课,目标指向学会了解迷恋网络和电子游戏等不良嗜好的危害,自觉抵制不健康的生活方式。试题将学生置于具体的生活情景,设计富有挑战性。考查学生是否知道生活中有"阳光"也有"陷阱",从小应该学会识别生活中的陷阱,认识痴迷网络对少年儿童的危害,学会用正确的方式抵御各种危害少年儿童身心健康的"陷阱",避免受到伤害。

3.群集是非题列举(判断对与错)。

(1)人的生命只有一次,一旦失去,就不会再来。

(2)有人说,人死了以后,可以投胎转世,重新来到世界上。

(3)富裕的人快乐会更多一些,穷人烦恼更多一些。

4.是非题变式。

(1)题例:判断下列各题,并说明理由。

下午放学后,冬冬对明明说:"咱们去游戏机房玩游戏吧,我请客。"于是,明明就跟冬冬走了。你认为对吗? 请说明理由。

(2)答题要领:是非题的表达要尽可能简洁清晰,每一题目表达一个单一的观点。

(三)匹配题

匹配题是另一种可提供多种选择的考试形式。通常,题目包括两列词句,学生根据题意按照某种关系将左右的项目连接起来(比如连线题)。匹配题具有形式简单、易于计分等优点,但也存在难以独立成题、只能考查低水平知识等不足。

(四)简答题

简答题是呈现完整陈述的问题,要求学生通过回忆知识,组织知识,并在整合的答案中呈现知识。

目前较为普通的是呈现给学生引导性材料或背景性材料,如文字、图表、图形、模拟情境等,要求学生通过引导性材料所提供的信息,进行回答。简答题不仅能测量低层次的能力,还能测量学生的理解推理能力,问题解决的能力及创造性等高层次的认知能力。

1.简答题的类型。

(1)明确观点类(包括易混淆的概念题)——是什么

(2)突出实践类——怎么做(对这类问题,要注意操作的程序性,否则回答就可能出现错误。)

(3)阐明原因类——为什么(这类问题最多,要求阐明原因,回答时,关键把道理讲清楚,看你的论据是否全面。)

2. 例题。

(1)小红刚换牙,就闹着要妈妈买甜食吃,还爱嗑瓜子,你觉得她这样做对吗?请你劝劝她,并告诉她应该怎样保护好刚长出的恒牙。

(2)小明是个爱读书的孩子,可他却不注意保护眼睛,请你给他一些保护眼睛的建议吧。

3. 简答题的答题要领。

在试卷中,简答题在总成绩中所占分值很高。回答时要层次清楚、言简意赅,论点或论据不可遗漏。这既是简答题内容上的要求,也是这类题的题型特点。

例如:在学校举行的足球比赛中,冬冬被对方球员明明不小心撞倒在地。明明马上主动拉起冬冬,连声说对不起。冬冬笑着说没关系。请你对双方的行为进行评判。

4. 答案要点。

(1)冬冬与明明的做法都是正确的。

(2)宽容是中华民族的传统美德:宽容,是一种美德;宽容,是一种境界;换位思考与人为善,也是当代人必备的道德品质。

5. 命题思路。

此题对应课程内容我的健康成长"懂得感恩和基本的礼仪常识;学会欣赏、宽容和尊重他人。(中、高)"试题考查目标的综合性强。考查学生在与他人互动时是否会从他人的情感和想法立场等角度思考和处理事情,学会宽容他人。让学生从小明白,从人类由竞争走向合作的趋势中,要培养自己关心他人、换位思考的能力。人与人之间应和谐相处,引导学生形成全球的道德意识。

学科素养视域下的思政课要与时代接轨、与生活接轨、与实践接轨,要关注学生生命的成长,真正贴近学生的实际生活和思想需求,这样的课才会有活力、有张力。只要我们在教学中"有属性",在学科素养的目标设计时"有导向",在引导学生课前预学中"有导案",在情景教学的创设中"有素材",在学生合作学习中"有探究",在师生互动与对话中"有点拨",在师生情绪迸发中"有生成",在学生的实践活动中"有体验",在立德树人的手段上"有创新",那么,我们一定能让道德与法治的课堂教学演绎出更多的精彩,达到更高的实效。

总而言之,我们要树立科学的教育质量观,坚持德育为先,教育引导学生爱党爱国爱人民爱社会主义;坚持全面发展,为学生终身发展奠基;坚持面向全体,教好每名学生;坚持知行合一,让学生成为生活和学习的主人;坚持立德树人,最终把学生培养成为全面发展的社会主义建设者和接班人。

各位同行,在教育改革的大道上,我们始终都是忠实的追梦人。在日夜兼程的追梦路上,"立德树人,培养社会主义建设者和接班人"的目标让我们的方向越来越明确,"培育学科核心素养"的要求使我们追梦的脚步越来越坚定,"教学评一体化"的措施使我们的育人空间越来越广阔。古人云:"一年之计,莫如树谷;十年之计,莫如树林;终身之计,莫如树人。"让我们仰望好政策带来的这一片朗朗星空,脚踏道德与法治这一块教书育人的土地,勇担历史责任,以实际行动履行好一名思政课教师立德树人的时代使命! 最后,祝各位骨干教师所在的学校、所任的班级在国测中能取得优异的成绩!

第三节　生态校园随想

陶行知教育思想下生态校园的创建

　　陶行知先生是我国校园文化建设的先行者,他十分注重校园文化建设和学校环境的教育作用。文明、和谐的校园环境是确保学校正常教育教学秩序的重要因素。和谐的校园文化是一种巨大的、无声的力量,是一笔可供开发的精神财富,是学校最优质的隐性课程,它如润物无声的春雨,润泽着师生的心灵。那么,如何创建和谐的生态校园呢?

一、优化生态环境,创设良好的育人氛围

　　优美的校园环境是和谐的根本,陶行知先生认为"一草一木皆关情",校园物质环境不仅仅是学生学习生活的空间,还是培养学生文化素质的载体。

　　(一)倾力打造"三园"

　　1.行知园。行知园的设计理念独具匠心,雄起的陶行知塑像如一座丰碑,"捧着一颗心来,不带半根草去"的精神激励着教师们在育人教书的粉笔生涯中发挥自己的光和热,以博爱和智慧为了孩子的明天而辛勤耕耘,用自己的激情去点燃学生的激情。在绿化创意上,以人格品性的文化象征——岁寒三友"松、竹、梅"作为植物栽种的主题布局。北侧的"人和亭"挂着两副对联:"伴和风一缕,拾笑语一串;携心语满筐,催春色满园""一亭雅聚古今贤士,满座笑拥天下哲思",既富有画面感,又让人展开丰富想象。在和美的氛围中学真知,做真人,健康成长。东侧的浮雕墙凸显了闽越古建筑风格,以古今中外仁人志士的头像、最能体现其个性的写意背景和他们的格言为内容,在文化创意和布局上站高望远,润物无声。这样的谋篇布局意味深长,在不经意中让学生穿越历史的时空,在感受人物形象、思想、精神、智慧和能力上得到无声的熏陶与润泽。

　　2.百和园。"自然和则美,生命和则康,学校和则安",在学校科艺楼的墙壁上赫然地挂着一幅"百和图",它表达了学校全体师生共同追求的愿景,它示意着新华人

要以和为贵,以人为本,团结一心,同舟共济。由此,引领师生主动追求人与人之间的和谐、人与社会的和谐、人与自然的和谐、身体与心灵的和谐。百和园东侧赫然挂着以中国风为背景的巨幅笑脸墙,展示了师生们最甜的微笑。微笑似清泉,滋润干涸的心田;似和风,拂去心中的烦闷;似阳光,播撒温暖和希望;似火炬,传递信心和力量……笑脸墙引导师生们乐观向上,笑迎人生。百和园的西侧挂着四幅融中国传统文化元素于其中的字画:"包容——'和'之特征,厚德——'和'之品质,创新——'和'之精髓,博爱——'和'之灵魂,"和"的诠释引领全体师生博爱而不拒细流,创新而不忘古,求和而敢不同。

3. 求真园。曲径通幽处,山峰花木深。沿着校园的塑胶跑道向西行,浓荫覆盖下是生机盎然的求真园。这里假山耸立,鳞次栉比,错落有致。半山上一帘飞瀑倾泻而下,或跌落于乱石中,或飞溅于水车上。水车转动,吱扭作响,飞花溅玉。右边的假山上高低错落着两个桶,正源源不断地倾泻细流,涓涓清泉落入下边的六个水杯中,水杯里的水似满却未溢……静水深流,润物无声。杯桶的设计独具匠心,工于造意,妙在言外,引人遐思联翩,让人不禁想起宋代教育家、思想家朱熹的著名诗句:"问渠哪得清如许? 为有源头活水来"。那转动的水车寓意着生命不息,奋斗不止;那涓涓的细流寓意着学海无边,学无止境;那九曲回折的水流寓意着求学之路要不惜百折千回;桶杯如师生,它寓意着教师要给学生一杯水,自己先得有一桶水,要让自己知识的水源永不枯竭,永不陈腐,永不污浊。教师要授之以渔,引导学生不断去寻找、发掘知识的水源。学生要虚心不自满,积极向上,永远向前……

(二)精心筹建国学堂

学校的"利树国学堂"厚重而雅致。在这里,师生们徜徉在唐朝如画如诗的烟雨中,梦醉于宋时古香古色的楼阁里;在这里,孩子们用经典诵读打开中华上下五千年的文明长卷;在这里,孩子们提笔抒写唐风宋韵,在满腹诗书的年代里轻舞飞扬;在这里,师生们与先贤对话,与圣人为友,让圣贤开启智慧,引领成长;在这里,师生们陶冶性情,修身养心,感受着中华优秀传统文化的精髓与魅力……

(三)创新楼道文化

"行是知之始,知是行之成",陶行知先生认为,一个学校的教师之间只有团结协作,"共学,共事,共修养",才能培养出真善美的真人,才能形成师生共甘苦、共生活、共造校风、共守校规的和谐气氛。学校把楼道文化建设作为陶行知思想的推广与延伸,根据师生特点,把握文化建设中的现代与传统的关系,认真选取素材,精心建设楼道文化。在行知园的"爱心篇""求真篇""奉献篇"基础上,不同楼道还专门设计了"创新篇""和谐篇""自律篇",为学生提供了"励志篇""养成篇""好学篇"等具有时代特点、又有教育意义的行知思想,从而把行知思想更直观、更直接、更有效的方法传递给师生们,让师生们深入感悟到行知思想的伟大真谛。

（四）定期更新文化长廊

学校的文化长廊以琉璃瓦为顶，古朴而清新，长廊里展示着一件件精巧的手工制作、一篇篇精心挑选的佳作、一张张色彩斑斓的图画、一幅幅行云流水的书法、一帧帧醒目的摄影作品……文化长廊成为了校园里一道亮丽的风景线。同时，学校还规划完善了多个主题教育功能区，形成具有鲜明特色、统一和谐的校园文化。

二、打造生态文化，彰显特色的育人内涵

学校创建了"金苹果"育人工程，着力打造金苹果文化。"金苹果"文化既重"外化物表"，又重"内化人格"，让每堵墙都是无声的老师。从校园里的金苹果雕塑，到金苹果笑脸墙、金苹果吉祥物、卡通式的金苹果文明奖牌等，无时不在引领着孩子们阳光生活、快乐成长。校园里规范齐全的校训、校风、教风、学风、校旗、校歌、校刊等，无不透着校园精神文化的内涵，也彰显了学校的办学特色。

（一）打造校园文化，师生彰显风采

在教师中，学校开展了以"让师德更高尚，让师风更文明"为主题的系列活动，我们以"教工之家"为大家，以各社团为小家，成立了各类球队、登山队、骑车队、广场舞协会、阅读协会、棋牌协会等各种社团，并拨专款不定期开展丰富多彩的活动，充实教师们的课余生活，让大家感受到集体的温暖，拥有一个宽松、愉悦的工作环境和心理环境。在学生中，学校开展了以"让队旗更红，让言行更美"为主题的系列活动，力求在个性上求突破，打造特色的活动文化。有"做一个有道德的人"系列活动，有引导孩子们在假期里进行社会实践的"背着快乐回家"雏鹰假日小队活动，有各班体现小家文化的"全家福"展示活动……此外，学校每年还举办校园"四节"活动：读书节、科技节、文化艺术节、英语文化节等。这些活动形式多样，寓教于乐，展示了师生的个性和风采，愉悦了身心，同时，也彰显了学校"多元育人，立体发展，人人成长"的办学特色。

（二）开发校本课程，课堂彰显活力

除国家、省颁课程外，学校着力创建"五位一体"的课程生态发展模式：生态型学校、生命型课堂、智慧型教师、阳光型学生、发展型课程。在教育教学实践中，我们以培养学生的创新意识为准绳，以学生为中心，大胆创新，勇于实践，在传授知识的同时培养学生的能力。为了适应和满足学生多样化与个性化发展的需要，学校加大了校本课程的力度和广度，基于学校所承载的文化，在传承与创新之间，在发展与改革之间，构建了个性化的生态课程，开发了"大艺创"校本课程，组建了合唱、舞蹈、古筝、书法、篮球、围棋、茶艺、心动力等38个社团，构建了古典与现代兼容、人文与科学并举、本土与时代融合的特色校本课程，使师生们浸润于百年老校所散发

的浓厚校园文化气息中。此外,教师们还立足于学校资源和学科特点,开发出了几套精美而实用的校本教材,系统地对教学实践和教学资源进行了有效的梳理和整合,有《艺海拾贝》《科海泛舟》《快乐大课间》等,使学校校本课程的开发做到落地有根。

(三)注重师生关系,校园尽显和谐

学校开展了"五五创优工程"活动,引导教师优化"三品"——品质、品味、品行,提升"三养"——学养、涵养、修养,并力争在文学、艺术、法制方面提升自身的素养。引导教师尊重、理解、关心学生,并内练真功,外塑形象,以高尚的人格和品德去教育、影响学生,努力成为学生的表率和楷模。学校开展了以"情暖留守儿童""我和慢生手拉手""志愿者在行动"等活动,又以"道德讲堂"为平台,开展了"让青春在爱心中飞扬""唱响校园幸福之歌"等演讲比赛活动,在温馨的人文关怀中建立起平等、和谐、教学相长的师生关系,使精神文明建设于"润物细无声"中。学校高度重视开展教师心理健康教育工作,开展了"让心里亮堂起来"系列活动,组建了教师"心动力"社团,定期开展活动,保证全体教师以良好的心态进行文明执教。

在行知思想的引领下,经过多年的实践,学校的金苹果教育逐步形成体系,构成系列。"金苹果"已深入人心,成为了全校师生共同追求的目标。金苹果文化对孩子们产生潜移默化的影响,他们把"成人—成才—成功"作为自己成长路上的指航灯,不断追求卓越,争创先锋。"金苹果"这个品牌不仅成为了我们学校的教育特色,更成为了一种精神力量,成为了展示学校独特形象、凝聚学校成员心志、推动学校创造性发展的巨大能源。

陶行知教育思想的现实教育价值就像一泓泓甘泉等待我们去发掘,在构建生态校园的进程中,我们将大胆实践,勇于创新,去总结经验,探求规律,努力打造以和谐为理念的学校文化,以实现师生心灵的健康发展,唯有如此,才不负历史赋予我们的使命和责任。

漫步新华园之随想

黄文英　曹建忠

时光的脚步在不停地行走,建瓯实验小学建校的指针已指向一百一十周年。一百一十年的光荣与梦想,一百一十年的奋斗与追求,历经百余年的积淀和酝酿,这所省级示范校在新的教育理念指引下,正勇立潮头,和谐共进,开启名校新篇……

——题记

这里是浇灌新苗的乐土,培育了无数花朵,成长着万千树苗;这里是孕育理想的摇篮,雏鹰练就羽翼,雄鹰展翅高飞。任思绪徜徉在百年校史的长河中,任脚步眷恋着脚下的每一片土地,携一缕金辉,漫步新华……

无声润物三春雨,有志育才一代功

携一缕金辉,漫步新华。透过晨雾的薄纱,我们依稀看见校园里那尊金苹果雕塑正熠熠生辉。驻足于雕塑前,金苹果的发展之路徐徐在眼前铺开……

校园里的这尊金苹果雕塑见证了孩子们成长之路。"成人—成才—成功"是全校师生共同追求的目标,校园里处处洋溢着金苹果文化的浓厚气息,在这里随处可以看到形态可爱的金苹果文明奖牌、"金苹果"文明值勤岗、"金苹果"文明评比栏、"金苹果"信箱、"金苹果"班牌、专栏里展示的"金苹果"校园之星、"金苹果"魅力少年等。再看,校园里规范齐全的校风、教风、学风、校歌、校训、校徽、校刊、甚至各中队的队名和队训和全家福等,这些无不透露着校园精神文化的内涵,也彰显了学校的办学特色。

经过多年的实践,如今,学校的金苹果教育已逐步形成体系,构成系列。"金苹果"已深入人心,"成人—成才—成功"已成为了学校全体师生共同追求的愿景,成为了孩子们成长路上的指航灯。如今,学校最初创建的"金苹果育人工程"经过专家的验证已升格为"金苹果教育思想"。

落红不是无情物,化作春泥更护花

携一缕金辉,漫步新华。浸润着金苹果的芳香,让我们向校园的东侧迈步徐行……

宁静而清新的行知园展现在眼前,置身其中,如沐春风。那雄起的陶行知塑像如一座丰碑,陶行知先生"捧着一颗心来,不带半根草去"的精神和"爱满天下"的理念激励着教师们在教书育人的粉笔生涯中发挥自己的光和热,以博爱和奉献精神去辛勤耕耘。课间,师生们特别喜欢逗留在这行知园。在这里,我们对弈搏棋,切磋技艺;在这里,我们穿越历史的时空,感受着伟人们的形象、思想、智慧和品质;在这里,我们"伴和风一缕,拾笑语一串;携心语满筐,催春色满园";在这里,我们淋浴着行知思想,学真知,做真人。如今,"陶"花艳丽,"果"香四溢,陶园里硕果累累,金苹果成为了嫁接在"陶"树上的丰硕之果,"新华人"在这条富有特色的办学之路上正大步前行……

沐浴着行知思想,悠然向大操场漫步,教学楼一楼那清幽雅致的国学堂吸引了我们的脚步,静坐其中,令人忘却时间。在这里,我们徜徉在唐朝如画如诗的烟雨中,梦醉于宋时古色古香的楼阁里;在这里,我们用经典诵读打开了中华上下五千年的文明长卷;在这里,我们提笔抒写唐风宋韵,在满腹诗书的年代里轻舞飞扬;在这里,我们与圣人为友,与先贤对话,让圣贤开启智慧,引领成长;在这里,我们陶冶性情,修身养心,感受着中华优秀传统文化的精髓与魅力……

乐善好施不图报 淡泊明志谦如水

携一缕金辉,漫步新华。信步来到生机盎然的求真园,"曲径通幽处,山峰花木深",这里不仅有鳞次栉比的假山,还有不停转动的水车;不仅有源源不断的涓涓细流,还有倾泻而下的瀑布。

"静水深流,润物无声"。有人说,最高境界的善行就像水的品性一样,造福万物而不争名利。生命如水,水是人生的一种态度,要学水之善,上善若水:"做人如水,'君子之交淡如水'";做事如水,水入土即脚踏实地;为学如水,学海无边,学无止境。

假山上高低错落着两个桶,桶里的水落入下面的六个水杯中,这水杯里的水看似满了却不溢出……杯桶的设计独具匠心,工于造意,妙在言外,引人遐思联翩,让人不禁想起宋代教育家、思想家朱熹的著名诗句:"问渠哪得清如许?为有源头活水来"。那转动的水车寓意着生命不息,勤奋不止;那九曲回折的水流寓意着求学之路要不惜百折千回;桶杯如师生,它寓意着教师要授之以渔,教师要给学生一杯水，自己要先有一桶水，与其给学生一杯水、一桶水，不如引导学生去探寻、挖掘水源，引导学生不断去探知未知领域。师生的精神之水、信仰之水、知识之水要永不枯竭，永不陈腐，永不污浊。涓涓清泉落入下边的六个水杯中，杯里的水似满却未溢，寓意着学生要涉猎各个领域，在学习实践中满而不溢，自主探究，善于创新，积极向上，勇往直前……

鹤发银丝映日月，丹心热血沃新花

携一缕金辉，漫步新华。学校南侧的绿色小操场是百和园，"自然和则美，生命和则康，学校和则安"，在百和园的墙壁上赫然挂着一幅"百和图"，它表达了实验小学全体师生共同追求的愿景，它示意着"新华人"要以和为贵，以人为本，团结一心，同舟共济。"和"是中华文化的精髓之一。倡导"和"文化就是提倡我们要注重人与人之间的和谐、人与社会、人与自然、身体与心灵之间的和谐。

在百和园西侧的墙上挂着四幅融中国传统文化元素于其中的字画："包容——'和'之特征；厚德——'和'之品质；创新——'和'之精髓；博爱——'和'之灵魂。孔子说过："君子和而不同，小人同而不和。"而这些对"和"的诠释就是要引领全体师生博爱而不拒细流，创新而不忘古，求和而敢不同。

百和园的东侧挂着巨幅以中国风为背景的笑脸墙，这里展示了师生们最甜的微笑，它也是对"和"文化的一种诠释。一张张甜美的笑容富有感染力，营造了一种和谐的师生关系，引导我们全体师生乐观向上，笑迎每一天，笑迎自己的人生。

紧挨着笑脸墙的左侧是一排宣传栏，那里整齐地排列着一张张端庄而亲切的教师岗位照，这是一支坚强有力、精诚团结、务实能干的队伍，"敢为人先、争创一流、追求卓越"的"新华"精神在他们身上发扬光大。"桃李不言，下自成蹊"，一支支粉笔染白了他们的头发，他们却用知识的雨露为孩子们架起了智慧的桥梁，用辛勤的汗水把一棵棵破土而出的幼苗培育成参天大树，用智慧和勤奋为学校创造了一个又一个的辉煌成就。驻足观望，凝神沉思，敬佩之心油然而生……

江山代有才人出，各领风骚数百年

携一缕金辉，漫步新华。放眼望去，校园的各专栏里张贴着孩子们的科技制作、绘画、书法、小手工制作等精美作品，真是品种繁多，琳琅满目。学校每年开展的校园文化艺术节、科技节、读书节为孩子们创设了展示个性风采、培养创新精神的平台。每周五下午的39个"大艺创"社团活动成为孩子们的课程自助餐，孩子们在玩中学，学中玩。在学校搭建的这些乐园里，孩子们放飞心灵的纸鸢，点燃思维的火花,化腐朽为神奇,用小手绘童心,用童心绘丹青,创造出了一幅又一幅精美的画卷,同时,享受着学习的乐趣,让梦想起航……

"忽如一夜春风来,千树万树梨花开",漫步到学校的荣誉榜前,你的内心会被那些金灿灿的奖杯和光闪闪的奖牌激起无限的自豪感。教育点化金苹果,金苹果点化"新华人"。透过这些奖杯,我们似乎看到了一批富有强烈责任感、富有创新精神的教师正执掌着教鞭意气风发地向我们走来。是的,他们中有"福建省杰出人民教师",有"感动校园人物""师德之星""优秀班主任""优秀辅导员""教学能手""教改新秀"等,他们正把爱的雨露洒播到校园的每个角落;透过这些奖牌,我们似乎看到了一批批"魅力少年""校园十星""美德少年""阳光少年""小科学家""小发明家""小书法家""小舞蹈家""小歌唱家""小健将"等这些先进典型正把活力注入到校园的各个角落。

校园里,每一朵鲜花都绽开了希望,每一片绿叶都摇曳出生机,每一处景物犹如一扇扇门窗打开了历史的追忆……

新世纪的朝霞为校园抹上了绚丽的金辉,历史的风笛吹奏出一百一十年的辉煌,团结务实的"新华人"用自己的智慧和汗水铸就了金苹果的辉煌。百年铸一剑,明朝更辉煌,在新时代的感召下,建瓯实验小学这只浴火凤凰必将承载着一百一十年的深厚文化与历代"新华人"的宏伟梦想,披着璀璨的霞光,向着更新更高更远的目标翩舞翱翔!

携一缕金辉,漫步新华,让金苹果的金辉永驻我心房!

嫁接在"陶"树上的"金苹果"

黄文英　龙丽辉

　　为了让建瓯实验小学的"金苹果"更加芳香,学校以习近平新时代中国特色社会主义思相为指导,借鉴并融入了陶行知"生活教育""创造教育""教学做合一"的教育理念,走出了一条"多元育人、全面发展、人人成长"的特色办学之路,学校不仅成为建瓯教育乃至闽北教育的示范窗口,同时也成为蜚声省内外的品牌学校。

一、学习行知教育思想,丰富校园文化,营造和谐的育人氛围

　　陶行知先生十分注重校园文化建设和学校环境的教育作用,他是我国校园文化建设的先行者,他主张"千教万教教人求真,千学万学学做真人"。感悟行知先生思想,我们深知:"教育的核心是做人。学校教育的灵魂是教人做人,教人做主人,做自由人,做现代人,做文明人,做智慧人,做成功人。学校致力于打造人文、富有个性和生命力的校园文化,积极营造和谐的育人氛围,充分发挥校园文化引导人、教育人、塑造人的作用。

　　(一)制度文化

　　在制度文化方面,晓庄学校和育才学校都有许多成套的完整的发展规划和规章制度。借鉴陶行知的实践经验,学校建立了长效机制,以规范和保障各项工作的顺利开展,促进学校管理向精细化发展。学校各处室制定了各项规章制度,让教师做有目标,评有细则,有章可循,有据可依。学校还建立了科学合理的激励机制,如学生的文明养成评比,采取了日评、周评、月评、期评的方式,采用分层激励的办法进行评比,用寓意着"加油"的青苹果、寓意着"继续努力"的红苹果、寓意着"你真棒"的金苹果激励孩子们不断进取。大队部开展"你有优点我有亮点,阳光少年共同成长"校园十星评选活动。每一周,学校都将评出一些"金苹果"文明班级,每个学期,都将评出一批"金苹果"十佳魅力少年、美德少年、"文明班级""优秀班主任、辅导员"等,"六一"儿童节,学校为近百名品学兼优的学生颁发奖学金。通过树立典型来感动和带动更多的师生,同时,弘扬了正气,激发了活力。

　　(二)精神文化

　　精神文化是校园文化建设中最核心、最重要的组成部分。陶行知先生很注重

通过文化形式和丰富多彩的校园文化活动把自己的办学主张、办学思想淋漓尽致地反映出来，以教育人、影响人、感召人、带动人。在陶行知教育思想的引领下，学校配有规范齐全的校风、教风、学风、校歌、校训、校徽、校刊、甚至各中队的队名和队训和全家福等。在校园里，随处可以看到形态可爱的金苹果文明奖牌、"金苹果"文明值勤岗、"金苹果"文明评比栏、"金苹果"信箱、"金苹果"班牌、专栏里展示的"金苹果"十星、"金苹果"魅力少年等，处处都能洋溢着金苹果文化的浓厚气息。这些无不透露着我们新华园精神文化的内涵，也彰显了学校的办学特色。

(三)物质文化

陶行知先生认为，"一草一木皆关情"，校园物质环境不仅仅是学生学习生活的空间，还是培养学生文化素质的载体。近两年来，学校下大力不断完善硬件设施，通过校友、共建企业以及兄弟校的支持等，多方筹资，仅这一年来，就完善了求真园，更新了百和园，高标准建成了行知园，建设了拥有塑胶环形跑道的旭辉园。学校还为心理健康咨询室购买了"心理沙盘"，使三年级、四年级教室拥有全市最先进的多媒体教学设备。

这些建设都从根本上改善了学校的硬件设施。学校还将陶研工作与创建"幸福校园"相结合，在阵地文化的建设上不断创新，本着引领孩子们求真知，做真人，增添了更加翔实的内容：

一是求真园建设。由红黄蓝三元色构建的德育墙，寄寓着学校育人的使命。假山、小池、白玉兰、铁树、万年青、茶树构成一个静雅美丽的小花园，寓示着孩子们在新华园这块育人的沃土上沐浴金色的太阳，健康、快乐、幸福成长！

二是行知园建设。行知园的设计理念独具匠心，雄起的陶行知塑像如一座丰碑，"捧着一颗心来，不带半根草去"的精神激励着教师们在育人教书的粉笔生涯中以博爱和智慧为了孩子的明天而辛勤耕耘，用自己的激情去点燃学生的激情，发挥自己的光和热。在绿化创意上，以人格品性的文化象征——岁寒三友"松、竹、梅"作为植物栽种的主题布局。"人和亭"上的两副对联："伴和风一缕，拾笑语一串；携心语满筐，催春色满园"，"一亭雅聚古今贤士，满座笑拥天下哲思"通俗易懂，既富有画面感，又让人展开丰富想象。在和美的氛围中学真知，做真人，健康成长。

三是浮雕墙建设。凸显闽越古建筑风格，又涵育行知文化。行知园不能就行知而行知，而要博纳，以古今中外仁人志士的头像、最能体其个性等点的写意背景和他们的格言为内容，在文化创意和布局上要站高望远，润物无声，这样的谋篇布局意味深长，在不经意中让学生穿越历史的时空，在感受人物形象、思想、精神、智慧和能力上得到无声的熏陶与润泽。

四是建设了百和园。"自然和则美，生命和则康，学校和则安"，在学校科艺楼的墙壁上赫然地挂着一幅"百和图"，它表达了实验小学全体师生共同追求的愿景，它示意着新华人要以和为贵,以人为本,团结一心,同舟共济。由此,引领师生主动追求人与人之间的和谐、人与社会的和谐、人与自然的和谐、身体与心灵的和谐。

五是创设寓教于乐的楼道文化。学校把楼道文化建设作为陶行知思想的推广与延伸,是学校创建幸福校园亮点之一。陶行知先生认为,一个学校的教师之间只有团结协作,"共学,共事,共修养",才能培养出真善美的真人。他十分重视师生之间的共班合作,要求做到"谦逊豁达,协作合群"。如此,才能形成师生共甘苦、共生活、共造校风、共守校规的和谐气氛。让师生明白道德是做人的根本,生活就是教育。行是知之始,知是行之成。有道德的人,既要有公德和私德,而且还要明大德。根据师生特点把握文化建设中的现代与传统的关系,是认识文化发展规律必不可少的环节,是文化自觉的重要方面。这种建设实现了文化的现代元素和传统元素的有机结合。学校充分利用楼道的资源,认真选取素材,精心建设楼道文化。在行知园的"爱心篇""求真篇""奉献篇"基础上,不同楼道还专门教师设计了"创新篇""和谐篇""自律篇",为学生提供了"励志篇""养成篇""好学篇"等具有时代特点,又有教育意义的行知思想。从而把行知思想更直观、更直接、更有效的方法传递给师生们,让师生们深入感悟到行知思想的伟大真谛。两年来,学校规划完善了多个主题教育功能区,形成具有鲜明特色、统一和谐的校园文化。

二、借鉴行知教育思想,开展实践活动,培养学生的综合素质

陶行知的"生活教育"理论由"生活即教育""社会即学校""教学做合一"三部分构成,是陶行知教育思想的核心,也是我国现代教育重要的教育思潮之一。他的生活教育内容博大无比,是动态的,因生活的变化而变化,因而也是全面的。学校在开展学陶师陶活动中,注重有机结合,真正有效地将行知教育思想融入各项工作的实践中去,开展了多姿多彩的实践活动,带领孩子们深入社区,深入生活中,获得更多更好的知识。

(一)综合素质得到增强。

学校通过开展丰富多彩、富有成效的活动,为学生提供展示才华、发展个性的舞台,使学校充满生机与活力。学校坚持开展"让队旗更红,让言行更美"为主题的系列活动,力求在个性上求突破,打造特色的活动文化。我们力求使活动推陈出新,富有特色,并面向全体,寓教于乐,学校开展了"小雷锋在行动""啄木鸟在行动""做一个有道德的人""红领巾相约中国梦""我是城市美容师""拥抱平安,快乐成长"安全演练"戴圣洁红领巾,做绿色小网民""我运动,我健康"的阳光体育活动、"踏着烈士的足迹前进"祭扫烈士墓活动等。有一些活动富有特色并具有影响力,如:坚持开展十几年的"背着快乐回家"雏鹰假日小队活动。除此之外,学校连续七

年开展的"巧用压岁钱,捐息献爱心"活动得到上级领导的充分肯定,在全市进行推广。学校不定期地组织"金苹果"艺术团、"金苹果"小记者团、小科学家俱乐部等社团的成员进社区,驻基地,下农村,入企业,亲自然,通过开展送文化、送爱心、送知识、送品德、送温暖等"五送融情"活动,让孩子们在实践中历练,在历练中成长。敬老院、荣军休养院、消防大队、高速口站、根艺城、房村社会实践基地等都是孩子们眷顾的地方,在党的十八大召开之际,我们与时俱进地组织了"金苹果"记者团成员到徐墩根雕企业开展了"走近十八大——小记者采风活动"。我们开展了"美丽建瓯 美丽家园"活动,深入公园、天桥等公共场所,通过小市民带动大市民,唤醒大家爱我芝城,美我芝城的意识,为建设省级卫生城、文明城而努力。

多姿多彩的活动使学生的综合素质增强了,在许多赛事中,学生摘金夺银,分别获得省级、南平市、建瓯市一等奖。

(二)创造能力得到培养

陶行知认为"教育能启发解放儿童创造力以从事于创造之工作。"为此,要给儿童充分的营养,从小抓起,培养良好的创造习惯,实现"六大解放":"头脑、双手、眼睛、嘴、空间和时间,从而创造出健康的堡垒、艺术环境、生产园地、学问之气候和真善美人格。学校十分注重实践陶行知所提出的"六大解放"的深刻内涵,以此促进学生个性发展,快乐成长。在课堂上创设平等、民主的课堂气氛,在课外创造性地搭建金苹果文学社、小科学家俱乐部、百科讲坛等多种平台,开展丰富多彩的活动,每年举办科技节、艺术节、读书节等,"三节"活动既培养了学生的创新精神,又增强了他们的实践能力和综合素质,同时,充分展示了孩子们的个性和风采。使每一个学生都具有自己的发展空间,都有取得成功的机会,"使最大多数人之创造力发挥到最高峰",力争做到陶行知提出的"处处是创造之地,天天是创造之时,人人是创造之人。"值得一提的是,本学期学校开展了由学生主持和参与的小课题研究,通过小研究、小调查、小实验培养学生的探究意识和创新能力。学校以创造教育为核心,成立了独具特色的"小科学俱乐部",以"小实验、小制作、小发明、小考察、小论文"的"五小"为主题,开展各种各样的创新教育活动,活动参与面广,培养了学生手脑并用的能力。学校还以赛促练,促进创新,组织小选手在参加第二届全国少年儿童"科技之星"科普知识竞赛活动中,荣获全国一等奖6人,二、三等奖17人,学校获得了闽北唯一授予"中国少年科学院科普基地"奖牌,获得了领导和市民们广泛赞誉。

总之,在多项实践活动中,关注每一个孩子成长,注意培养学生对人、自然和社会的关怀,在育人教学中融合人文精神,遵循青少年的身心发展和思想道德形成的规律,创设良好的人文氛围,学生的综合素质得到了全面的发展。

三、用活行知教育思想,推动教学改革,构建教学新模式

自申报课题以来,学校掀起了一股"学陶、研陶、师陶"的风潮。我们不断重温着陶行知先生的教育理念,并以它来指引我们的教育教学实践。陶行知先生的"新教育"植根于"改革开放"的思想沃土之上,他提出的创造教育思想为我们今天的新课改指明了方向。在教育教学中,我们强调以学生为中心,强调学生手脑并用,强调在传授知识的同时培养学生的能力,强调学生参与社会实践,这些都是秉承了陶行知先生的教育思想。基于这样的思考,我们以培养学生的创新意识为准绳,创设学校教学教研氛围,重视教学改革,提高教师的教、科、研能力,提升学校金苹果教育的品味,发展金苹果教育的内涵,促进学校新发展。通过两年多的学习、探索、研究、实践,我们收获了较为显著的研究果实。

(一)自主课堂显活力

陶行知先生指出:"先生的责任不在教,而在教学,在教学生学"。"小孩子最好的先生,不是我,也不是你,是小孩子队伍里最进步的小孩子!"从他的话语中,我们不难理解的就是学生也可以做教师,每个学生都可以去参与知识信息的交流。因此,我们在研究实践中,不断探索,展开教育教学研究活动,以此有效地提高课堂教学效率。学校积极推行"自主互助,展示反馈"教学模式,实现优势互补,促进知识的建构,培养学生的合作意识,给每一个学生创造主动参与学习过程的机会,促进学生的个性发展。学校在3~6年级中推行了"自主互助"教学模式,开展小组合作学习,班班培养小老师。为了有计划、有步骤地发挥"小老师"的作用,我们把课堂教学过程转变为学生发现问题、提出问题、解决问题的"自主、合作、探究"的学习过程,我们尝试着让学生主动参与、乐于探究、勤于动手,充分自主地学习,从中领悟到有效的学习方法,同时借助于小组合作学习,提高单位时间中学生学习、交流、表达的频度和效度,使学生彼此之间优势互补,从而培养学生的探究意识和合作精神,让学生在知识、能力、情感和价值观等方面都有所收获,全面提高学生素质,以适应信息社会来自各方面的挑战。学生自学、学生讲解、学生交流、学生操作、学生练习,成了课堂的五大主旋律,学生在课堂上是主动的,依需而学,孩子们在课堂上学会了倾听,学会了表达,学会了合作,掌握学习的方法,品尝到成功的快乐,孩子们快乐地学习,课堂焕发活力,而不是一塘死水。

(二)校本课程多元化

除国家、省颁课程外,学校着力创建"五位一体"的课程生态发展模式:生态型学校、生命型课堂、智慧型教师、阳光型学生、发展型课程。在教育教学实践中,我们以培养学生的创新意识为准绳,以学生为中心,大胆创新,勇于实践,在传授知识

的同时培养学生的能力。本学期,为了适应与满足学生多样化与个性化发展的需要,加大了校本课程的力度和广度,实行了自助餐式课程,为学生提供丰富多彩、个性化的课程选择。每周五下午,打乱班级建制,开设了"大艺创"校本课程,组建了合唱、舞蹈、古筝、书法、篮球、围棋、茶艺等38个社团,红线穿珠,寓教于乐。还编写了"金苹果"校本课程教材,有旨在培养学生的审美情趣的《艺海拾贝》,有包含小制作、小发明、小研究、小论文、小考察的《科海泛舟》,有给孩子们带来无穷乐趣的《快乐大课间》,等等。

(三)立足课改提质量

学校基于"先学后教"的教研基础,在福建省率先进行了"翻转课堂"教学模式探究,在各学科进行信息技术的深度融合,为孩子们的学习提供条件和服务,增强他们自主学习、合作探究的能力,并努力实现在大班额背景下"一对一"的个性化学习。目前学校教改已取得阶段性的成果,呈现出班子先行、党员表率、骨干示范的可喜态势,课堂教学出现了新气象,学校六位教师的课例分别获得全国一、二、三等奖及"教育部优质课",有三十多位教师的课例在福建省"三优联评"中获省级一、二、三等奖,学校获"福建省三优联评活动优秀组织奖"。近三年来,有上百篇论文在公开刊物上发表。省级课题《翻转课堂——基于家校信息环境的课堂模式》的研究成果获得南平市教育教学成果二等奖,并在全国教育信息化大会上予以展播。学生在写作、书法、演讲等各赛事中摘金夺银,学校选手连续几届获得大面积丰收。作为"中国行知实验学校",鉴于学校在学陶、研陶、师陶方面取得丰硕的成果,继被评为"福建省陶研工作先进集体"后,学校又荣获"全国优秀陶研学校"称号。

(四)资源共享重辐射

学校秉持"捆绑推进、资源共享、共生共创"原则,积极推动实验小学片区内各校均衡、高效发展。作为省级示范校,我们注重实验,不忘示范,充分利用一切空间,积极参与各级研讨交流活动,充分发挥自身的教育教学资源优势,与结对学校加强交流合作,在培训师资队伍、提高教育质量等方面给予真诚的帮助和无私的奉献。本着相互促进、共同提高的原则,我们积极开展了"送教、送培下乡"和"共建联谊校"的交流活动,举办了"开放周""研讨会""课改套餐"等活动,组织骨干教师把学校最新的教研成果,以送课、支教、送讲座下乡的形式,为建瓯市小片区共建校和各乡镇小学送课,送讲座,最大限度地发挥省级陶研实验学校的辐射作用。通过一校带多校,把先进的教育理念和教育资源的半径最大化,为教育的均衡发展做了有益的尝试。有效促进老师们学科理念的提升,从而做到一校活动,全片共享,使教学研讨活动发挥效益的最大化。

(五)课题带动促成长

我们以课题实验带动,丰富的校本教研活动,促进广大教师的专业成长。学校除特邀一些省级教育专家到校指导外,还充分发挥本校这批优秀人才的示范作用,引领团队在合作中、在学习中不断成长。同时,学校承担了十多项由这些骨干教师主持的各级课题的实验。通过课题带动,增强教师的科研能力,提高教研水平。学校申请并立项了省级课题《陶行知思想引领下的"金苹果"教育》的研究实验,并承担了各级课题的汇报课、交流课、录像课的展示。实验期间,五十多篇论文在公开刊物上发表,许多青年教师在全国、省教学观摩比赛中获得一、二等奖。课题实验有效地推动了广大教师运用陶行知教育思想、理论指导自己的课改实验。学校成立的小陶子文学社《新华园》校刊,成为了学生展示自由个性和才能的舞台,学生的优秀习作在各类刊物上发表。

此外,学校的崇陶师陶活动还与家长学校、心理健康等方面相结合,做到边学边悟,领悟精髓,学以致用,用之有效,为全面推进学校素质教育工作的提升服务,为促进师生的共同成长服务。

多年来,实验小学全体教师积极践行"成人—成才—成功"的"金苹果"育人理念,群策群力打造"金苹果"育人工程,学校荣获了国家、省、地、市荣誉上百项,成为八闽大地上的教育窗口,形成了"多元育人,立体发展,人人成长"的办学特色。如今"金苹果"已深入人心,成为了全校师生共同追求的目标,孩子们把"成人—成才—成功"作为自己成长路上的指航灯,不断地追求卓越,争创先锋,"勇于拼搏、敢为人先、争创一流"的新华精神被不断地传承并发扬光大。如今建瓯实验小学的"金苹果"已香飘省内外,因为它是嫁接在"陶"树上的果实,自然更加香甜、更加芬芳。

忆昨天,我们已取得一定成果;看未来,天更阔路更宽。问渠哪得清如水,为有源头活水来。为了孩子的明天,我们要打破传统的教学坐标,洗涤陈腐的教育观念,在深入推进新课程改革这一浪潮中,去总结经验,探求规律,去开拓进取,去搏击扬帆,从而实现学生的健康成长,老师的专业化发展和学校的教育特色发展。

"活教育"赋能新课改

黄文英　曹建忠

美好的一天刚开始,福建省电教馆的一个电话犹如一颗石子在建瓯实验小学的校园激起了阵阵涟漪,让正在忙碌的老师们议论纷纷:"咱们学校的詹丽敏老师要上北京接受专家的答辩了!""是啊,听说她被中央电教馆列为全国课例一等奖候选者呢"……自建瓯实验小学推进教育信息化、推行翻转课堂实验以来,这样的场景是学校课改大潮中溅起的一朵美丽的浪花。然而,回顾建瓯实验小学过往的课改之路,真可谓是一路艰辛、一路汗水、一路欢歌……

一、"翻转"贵在"落地"

承担试点,逆境起步。建瓯实验小学是一所具有悠久历史和深厚文化积淀的百年老校。在新时期,这所百年老校将如何承载历史与现代交融、传统与时代兼容的使命呢? 伟大的人民教育家、思想家陶行知先生为我们指明了方向:"文化进步是没有止境的,世界环境和物质的变化也是没有一定的。活的教育就是要与时俱进。"建瓯实验小学是教育部确认的"教育信息化试点校"。接受了这样一个重量级的担子,学校领导不得不停下课改前行的脚步理性思考。作为信息化试点校,学校要勇于涉足教育信息化的无人区、深水区。基于这样的认识,基于学校先学后教的课改基础,学校决定把"翻转课堂"作为信息化试点工作的实验项目。然而,但凡改革都要产生阵痛,尤其是第一步的迈出举步维艰,更何况学校要推行的是"翻转课堂"这样一个与网络时代完全接轨的尖端项目。

管理发力,迎难而上。在大家踌躇不前时,校长曹建忠果断吹响了新课改的号角。在教师例会上,他从陶行知先生的教育思想,谈到建瓯实验小学人肩负着"传承中发展"的重任;从我国教育信息化发展的趋势,谈到全国教育信息化试点校的目标责任。曹建忠多角度地阐述了学校选择"翻转课堂"这个攻坚点的原因及前景,同时也阐明了实施这项工作的几个设想……听了"领头羊"的动员和鼓励,教师信心倍增,当即就有教师感叹:"教育信息化的春天要来了!

二、"翻转"重在"引擎"

建瓯实验小学人无法安逸地翘首等待"春天"的来临,展现在大家眼前的不是一片芳草地,而是一片荒野。而陶行知先生说过:"要敢探未发明之真理,敢入未开化之疆域。"于是,建瓯实验小学这一批拓荒者,带着勇气,带着责任,带着憧憬,开始了破冰之旅。

组建团队,完善设备。学校组建了核心团队,成立了以校长为组长的信息化工作小组,形成一支以学科带头人为核心、"老中青"结合的网状覆盖、多维立体的信息化研究团队,并制定了分工明确的实施方案。学校拨出经费更新和完善信息设备,请来了高校团队提供理论指导和技术支撑,并为学校引进了东方潜能在线平台,为"翻转课堂"的实验提供全新的数字教研环境。在福建省电教馆专家们的引领下,学校确定了以"翻转课堂——基于家校信息环境及认知科学的课堂模式研究"为学校教育信息化试点的实验课题。

专家引领,班子先行。专家是引航灯,班子是先行者。建瓯实验小学校长率先垂范、班子成员身先士卒地走在课改最前沿,不仅亲力亲为地录制微课程,还参与了"翻转课堂"教学模式的研究和设计,以实际行动引导教师们加入技术提升的队伍。

骨干示范,块状推进。榜样的力量是无穷的,在引导和鼓励下,语文、数学学科的一些骨干教师主动承担了"翻转课堂"尝试课。"一枝独秀不是春,万紫千红春满园"。为了软化学科边缘,学校组织各学科的教师进行听课、议课、磨课、研课、评课,每周三、周四下午,分学科集中培训和研讨,形成了互相学习、专业切磋、协调合作、彼此支持的和谐而浓厚的教研氛围。专家的引领、校领导的重视、骨干的示范成为推动实验进程的引擎,一堂又一堂以"翻转课堂"为教学模式的精彩课相继向大家亮相,信息技术在各学科进行了有效融合,实现了"点上经验,面上推广,连成一片,块状推进"的可喜态势。

三、"翻转"志在"创新"

"翻转课堂"毕竟是"舶来品",只有基于本土和本校的实际进行教育教学改革,才能走出一条切实可行、行之有效的课堂改革特色之路,建瓯实验小学人充分地认识到这一点,在课改之路上且行,且思,且歌,且乐。

从"自学书本"到"在线导学"。早在2010年,建瓯市教育局就着手进行"自主互助,展示反馈"先学后教的教学模式探索和研究。如此看来,要把原有教学模式中的"自学书本"引向"翻转课堂"教学模式的"在线导学",微课成了重要的支撑点,其价值在于知识认知化、内容可视化、课件生动化、操作可重复化,真可谓"见微知著"。建瓯实验小学请来研究中心的技术人员对教师进行培训,一个月后,学校开展了45周岁以下教师每人一微课的教学技能比赛,并从各学科中选送了13节优质微课和4节"翻转课堂"优秀课例参加了福建省"三优联评"课例比赛,有7节课分别获得省级一、二、三等奖,获奖位列南平市中小学第一,学校获"优秀组织奖"。初战告捷,建瓯实验小学的教师们士气倍增。

从"导学案"到"思维导图"。思维导图是建瓯实验小学"翻转课堂"中的一大亮点。思维导图就是将思维的过程和结果可视化,它充当着学习任务单的角色,它的优势在于问题导向明确,思维清晰,关联性强,效率高。对于思维导图的设计,建瓯实验小学的教师们经历了一个模仿到创新、改造到创造的过程。开始是参考和模仿,接着依据问题导向改造思维导图,后来在掌握要领后又对思维导图进行创新。有了思维导图,孩子们课前自主学习就有了目标,思维能力增强了,学习效率提高了。同样,通过对学生预学情况的大数据分析,教师以学定教,对教学方式进行调整,并重构学习流程。用思维导图引领学生自主学习,合作学习,打破了传统教学的旧模式,最大限度地挖掘和调动了学生的学习潜能和学习热情。

从实践探索到模式创新。实践发现,先学后教并不难,难就在于深度融合与应用创新。随着实验的深入,教师们的理念得以不断更新,信心更足了,双手放得更开,步子迈得更大了。建瓯实验小学人不断探索、创新和完善教学模式。基于学校自身实际,他们自创出了语文、数学学科"翻转课堂"的教学模式——语文课例四环节、数学课例"二四二"模式。为了便于操作、适用于各学科实验,核心团队成员不断摸索,不断实践,综合、简化、归整了语文和数学学科自创的教学环节,研究出了一套简单、好记、易操作、富有成效的翻转课堂"四学"教学模式:导图引学—合作研学—点拨助学—拓展延学。

四、"翻转"巧在"玩转"

陶行知说过:"学生有了趣味,就肯用全副精神去做事情,所以'学'和'乐'是不可分离的,所以引起学生的兴味是很要紧的。"由此可见,兴趣不仅是学生获得知识的重要因素,更是成为学生创造性学习的动力源泉,而游戏化技术可以让孩子的学习更加快乐和轻松。

"学校机房"变"欢乐赛场"。学校借助"东方潜能在线平台",组织学生在人机交互环境下开展了一系列趣味化的测试活动,以赛促练,以练促学。"潜能在线之想象作文"竞赛是一项迎合时代气息、深受孩子们喜爱的活动,它有效激发了孩子们的写作兴趣。受孩子们喜欢的还有趣味化的"24点"和"小雨滴"巧算大赛,在线的虚拟考场、新颖的竞赛方式让孩子们兴趣大增,许多孩子由此爱上了计算。除此之外,学校还开展了"网上板报设计""电脑绘画""诗朗诵DV作品比赛"等在线竞赛活动,活动诞生了许多"潜能之星"。如今,趣味化的在线测试已成为建瓯实验小学孩子们学习上的一大乐事。

"家庭手机"成"学习工具"。教法的变革带动了学法的改变,而我们的教育和学习形态将基于人们的生活实态发生变革。在建瓯实验小学"翻转课堂"教学模式的实验中,家庭智能手机发挥着不可或缺的作用。一堂翻转课,学生为了在手机里录下满意的朗诵作品,反复诵读,一些好词佳句、经典名言就得以积累,单调的练习被转化为自觉性的、趣味化的持续训练,枯燥的学习变得趣味盎然。通过智能手机为学习助力,诸如此类的教学手段在建瓯实验小学其他学科的"翻转课堂"教学中频频出现。

"被动学习"变"自主互助"。陶行知先生指出:"先生的责任不在教,而在教学,在教学生学"。"小孩子最好的先生,不是我,也不是你,是小孩子队伍里最进步的小孩子!"因此,学校有计划、有步骤地培养"小老师",同时,注重在课堂上创设平等、民主的课堂气氛,鼓励孩子们主动参与、乐于探究、勤于动手,大胆展示自己的个性和风采。通过开展小组间的合作学习,来实现优势互补,促进知识的建构,促进他们的个性发展。孩子们在课堂上学会了倾听、表达和合作,在掌握学习方法的同时,品尝到了成功的快乐。学校定期从学生中屡表彰一批"优秀小老师""学习之星""合作之星"。

五、"翻转"旨在"律动"

打造学习共同体,师生焕发新生命。教学合一是促进教师成长、学生发展的重要手段。陶行知先生把"教学相长"贯穿于他整个教育教学活动中,他主张师生"共学,共事,共修养",从而达成共识、共享、共进。建瓯实验小学的"翻转课堂"实验使一批中青年教师的专业得以快速成长。近三年,学校教师获省级以上教育信息化奖项达37人次,其中获部优课6人。教学方式的转变和教学方法的创新促进了学生能力的提升,建瓯实验小学的小选手在各类竞赛中屡获佳绩,在建瓯市语文数学的教学质量抽检中,建瓯实验小学连续七次获全市第一名的好成绩。教研是学校的软实力,教研能力的提升必然带动学校品质的提升,建瓯实验小学的教改呈现出可喜的态势,"翻转课堂"的课题研究获南平市政府颁发的教育教学成果二等奖,"翻转课堂"案例代表福建在全国教育信息化应用展览会青岛国际会展中心的展区播出,学校领导在全国中小学信息化试点工作研讨会上作试点校经验发言,学校相继被评为"福建省教育信息化示范校""福建省教育科研基地校"。

教师的生命在课堂,课堂的生命在学生,学生的生命在教师的唤醒与激发下才得以绽放。课堂中的师生是一个学习和成长的共同体,问题共振、理念共享、情感共鸣、智慧共生像一个个跳动的音符,让课堂流淌着生活的节奏、生命的律动。"翻转课堂"在建瓯市实验小学经历了从无到有、从了解到理解、从理解到坚持、从坚持到追求高效的历程。在课改的道路上,陶行知教育思想的现实教育价值就像一泓泓甘泉不断地滋养着建瓯实验小学人,"活教育"思想为我们注入活力,盘活了课改的新天地。沐浴着行知思想,建瓯实验小学人还在孜孜不倦,一路追寻。

提质增效从固本强基做起

教学质量是学校的生命线,作为省级首批示范校的建瓯实验小学,自始至终把教学质量作为立校之本。我们深知,离开了教学质量,学校将成为无本之木,而这个"本"就是基础。那么,今天我发言的题目是《固本强基,提质增效》。

首先,向各位领导和同仁汇报一组数据,据统计,近三年建瓯实验小学接受县市级以上的教学质量检测11场,其中国检1次、省检1次。在建瓯市级9次的教学质量检测中,建瓯实验小学的语文、数学成绩8次居全市榜首。尽管这样,每一次接到质量检测的通知时,教师们都是严阵以待,全力以赴。因为我们深知,在涵盖了种种因素的质量检测中没有常胜将军,唯有不负使命地辛勤耕耘,扎扎实实地抓好教学常规,培养学生的核心素养,夯实他们的学习基础,才能在各级教学质量检测中考出好成绩。笔者认为主要从以下四个方面着手:

一、顶层设计,行政参与

学校成立了以校长为组长的教育教学质量提升工程领导小组,顶层设计,精心部署,出台一系列相关措施,为提升教学质量提供有力保障。力争做好三点:

1. "蹲好一个点"——横向上,我们向教研、向课堂、向评价要质量,要求每位班子下一个年段,并参加一门学科的集备。

2. "串好一条线"——学生、教师、家长是行走在教学质量这条生命线上的重要角色,因此,纵向上,我们不仅要向班子、向教师要质量,还要向学生、向家长要质量。

3. "铺好一个面"——全员参与教学质量提升工程,借集备时间,多交流好的做法,点上经验,面上推广,连成一片,块状推进。

二、任务驱动,跨区联动

教学合一是促进教师成长、学生发展的重要手段。学校着力数字化教研体系,不断提升师生的信息技术应用能力,努力构建一个学习和成长的共同体,从而达到师生共识、共享、共进。

1. 任务驱动。学校开展了"做新一轮课改先锋"的教研活动,通过任务驱动,促进教师努力提升自身的信息素养。每周三、周四的下午第三节课分学科集中培训和研讨,各教研组形成了互相学习、专业切磋、协调合作、彼此支持的和谐而浓厚的教研氛围。

学校注重把网络研修与校本实践有机结合,通过学习、实践、反思、交流、合作,不断提升教师的信息素养和应用能力。学校领导率先垂范、身先士卒地走在课改最前沿,参与课改。学校组织各学科的教师从听课、议课、磨课、研课、评课,到承担公开课,一堂又一堂的精彩课相继向大家亮相,信息技术在各学科进行深度融合,实现了"点上经验,面上推广,连成一片,块状推进"的可喜态势。

2. 跨区联动。出色的教师才能教出优秀的学生。学校以"福建省曹建忠名校长工作室"为平台,以请进来、送出去的形式,特邀省地市一些专家到校指导,拓宽交流和学习的平台,提升教师的专业水平。学校注重实验,不忘示范,通过"一校带多校"的方式有效带动区域发展。学校举办了"开放日""研讨会""课改套餐"等校际交流活动,并组织骨干教师把学校最新的教研成果,以"送教送培下乡"和"共建联谊校"的交流活动,为建瓯市以及周边县市的各学校传经送宝,最大限度地发挥着试点校的辐射作用。 同时,在学校管理、专业建设、师资培训、学生培养、信息共享等方面与多校开展合作,实现跨区联动、优势互补、资源共享。

三、准确诊断,精准发力

为切实保障每一堂课扎实高效,学校要求教师要准确诊断每堂课的重点、难点、知识点、能力点,做到精备、精选、精讲、精练,以求精准发力。要求教师做好六方面的诊断:

1. 方向诊断。纵观当前的教育形势,分析这几年来的国检和省质检的出题方向,我们不难发现,国家正在致力于推进基于核心素养的教育改革,培养学生核心素养已然成为我们教育教学的风向标,因此,提升教学质量,要从学生的核心素养出发,要注重学生的知识、技能、情感、态度、价值观等多方面的培养,关注他们在培养过程中的体悟,为他们能成为一个适应终生发展和社会发展需要的人奠定基础。由此可见,我们的教育教学活动要紧紧围绕这一宗旨来开展。

2. 学科诊断。核心素养是学生的必备品格和关键能力,核心素养是学生成长的基础,也是我们这些为师者从教的目标参照,我们要以各学科的学生核心素养为培养目标。所谓的学科核心素养就是学生在学科学习过程中,形成的与学科特性相关的核心素养。比如语文学科就提出了语文的素养,包括语言的建构和应用、思维的发展、文化传承与理解这样的核心素养。又比如数学学科应培养学生的核心

素养是:用数学观点、数学思维方式和数学方法观察、分析、解决问题的能力及其倾向性,包括数学意识、数学行为、数学思维习惯、兴趣、可能性、品质,等等。我们明确了学科核心素养,就能制定相应的策略和方法指导。

3. 教材诊断。教材是教学工作的直接依据,我们全部的教学活动都离不开它。学校要求教师要遵循知识与能力并重、学习与创造并重、智力因素与非智力因素并重的原则,带着问题、带着思考、带着方法去备课,做到脑中有课标,胸中有教材,心中有学生,手中有方法。除了备课标、备教材、备教法、备学法之外,还要着力备训练、备考纲,要了解每一课甚至每一单元的立足点,明确每个单元在整册教材中的地位和作用,搞清前后单元教材之间知识的内在联系。

4. 学情诊断。学生是学校的主体和学习的主体,教学质量的高低最终要在他们的身上体现,所以学生积极性的调动非常重要。教师要根据学生的知识结构、心理特点、学习能力、学习习惯等情况,有的放矢地引导他们自我管理、自主学习,提高学习效率。要做到"目中有人、手中有法、心中有爱",要鼓励学困生,信任中等生,赏识优等生。尤其要注意个体差异,关注学困生,疏导他们的心理障碍,关心他们的学习生活,了解他们的思想动态和学习需求,增强自信心,激发学习动机,努力提升转化率。适时进行补差,缩小差距,力争不放弃每一个孩子。

5. 课程诊断。课堂是提高教学质量的主阵地,所以,教师要强化课堂的效率意识,要用心研究教法和学法,在教师的"教"和学生的"学"上下功夫,扎扎实实上好每一堂课,切实提高课堂教学效率,提升学生核心素养,力争做到目标明确,有效施教,有效训练,注重对学生进行重点、难点、知识点、能力点的训练。以任务为驱动,引导学生围绕学习任务单自主学习。同时要加强学法指导,训练学生举一反三的能力。

6. 作业诊断。教师要在作业上精心设计,讲求实效,要体现基础性、梯度性、思维性、实践性、多样性,既要有统一要求,又要照顾各类学生的需要。要以培养能力为目的,精选例题和习题,以基础性练习为主,适当布置拓展性、开放性的习题,引导学生应用所学知识解决日常生活的实际问题,提高他们解决实际问题的能力。尤其是语文学科,平时要布置一些弹性作业,如读写一体化的作业,拓展了阅读面,学生厚积而薄发,写作能力就自然会提高。教师要发挥巩固、反馈、纠正、补漏、提高与激励等功能,对学生的作业及时、认真地批改,将学生在作业过程出现的问题作出分类总结,进行透彻的评讲,并针对有关情况及时改进教学方法,做到有的放矢。

四、有效检测,有效激励

1. 有效检测。从国检试卷和省检试卷看,题型比较开放,灵活度高,所以,我们要注重从"知识的形成过程"来命题,即以知识为基础,检测学生应用知识的技能。

命题要多样化、灵活化,要注重思维的深度和广度,要加强学生对知识的运用与迁移。以过关测试为形式,对重要知识点要做到日日清、周周结。考试方法可采用多种形式,做到知识和能力的考查有机结合,特别要注重考查学生灵活运用知识、分析问题、解决问题的能力,引导他们学会观察、比较与分析,学会判断与推理,学会概括、归纳与总结。考试后,教师要对存在的共性问题及个性问题进行梳理,有针对性地进行补教、补学、补练。

2. 在线测试。兴趣不仅是学生获得知识的重要因素,更是成为学生创造性学习的动力源泉,而信息化时代,游戏化技术可以让孩子的学习更加快乐和轻松。学校借助"东方潜能在线平台",组织学生开展了一系列趣味化的、迎合时代气息的人机交互环境下的测试活动,以赛促练,以练促学。在线的虚拟考场、新颖的竞赛方式让学生们兴趣大增。如今,趣味化的在线测试已成为建瓯实验小学学生们学习上的一大乐事。

3. 有效激励。对于学生的每次小测验要及时总结,表扬先进,激励后进。对小测验取得优异成绩的学生和上升幅度较大的学生进行表扬,可精神鼓励,也可物质奖励,让他们对后续的学习有动力。当然,教师是教学工作的主导者,学校要激励教师不断提高自己的教学效果,要实行对免费补差给予相应的补贴。总之,只有调动师生的积极性,才能为"提高教育教学质量"奠定了坚实的基础。

五、家校互动,形成合力

苏霍姆林斯基说:"没有家庭教育的学校和没有学校教育的家庭,不可能造就社会全面发展的人"。家庭是孩子成长的摇篮,我们要努力争取影响学生成长中的关键力量——家长的支持。把教育的责任适当转移与分担,多与家长沟通、互动,如此,家长、学生、老师共同拧成一股绳,形成合力,促教育教学质量的提升。

当然,我们在固本培元、固本强基的基础上,不要忽略了学生个性的发展。正是基于这样的认识,建瓯实验小学的"金苹果"教育才会享誉省内外。

各位同仁,提升教育教学质量是教育工作的永恒主题,相信在南平市领导的引领下,大家集思广益,群策群力,定会摸索出更多有效的路子。让我们齐发奋,力争为南平市教育教学质量提升工程添砖加瓦!

提升校园内涵，唱响幸福之歌

为了构建和谐的发展体系，形成全校凝心聚力的精神力量，为了给这所百年老校注入丰富的人文资源，建瓯实验小学坚持实践"德育为首，育人为本，五育并举"的育人方略，以儒家思想为本源，以行知思想为导向，以"金苹果"教育思想为抓手，通过"四大工程"——红色工程、金色工程、创新工程、希望工程的实施予以实践探索，积极推进义务教育管理标准化学校建设，走出了一条"多元育人，全面发展，人人成长"的特色办学之路，使学校的内涵逐渐深厚而又充满活力。

一、以"和"为贵，抓合力，促和谐

"自然和则美，生命和则康，学校和则安"，在学校科艺楼的墙壁上赫然地挂着一幅"百和图"，它表达了实验小学全体师生共同追求的愿景，它示意着新华人要以和为贵，以人为本，团结一心，同舟共济。本着这个宗旨，学校积极营造和谐的育人氛围，努力创建富有特色的校园文化，从四个方面来着力打造凝心聚力的场能：

（一）在精细上求实效，构建科学、人文的制度文化

1. 推动精细化管理。学校成立了由校长任组长的创建"幸福校园"工作领导小组，并把这项工作纳入学校工作的议事日程，狠抓落实。为了使管理更加精细化，学校各处室以人为本，分别制定并汇编了集十几项规章制度和评比细则为一册的工作读本，如《建瓯实验小学教务工作细则》《建瓯实验小学德育工作各项制度和考评方案》《建瓯实验小学安全工作制度和重大型活动的安全预案》等，制度健全、细致，让教师们全方位、多角度地学习和遵守相关制度，同时，也让教师的工作有章可循，有据可依。

2. 建立激励性机制。学校根据自身的实际，建立了科学、合理、长效的激励机制。本着"跳一跳就能摘到果子"的原则，学校对学生的文明养成进行日评、周评、月评、期评，并采用分层激励的办法进行评比，分别用青苹果、红苹果、金苹果来寓意着"加油""继续努力""你真棒"，以此激励孩子们不断进取。

3. 明确责任制目标。（1）对学校安全、德育工作推行"首遇制"。学校与全体教师签订了安全责任状。按照"事事皆育人，人人皆育人，处处皆育人，时时皆育人"的原则，对学生发生违纪违规事件以及安全问题，实行首遇负责制：即无论在什么

时间什么地点，无论哪位教师遇到以上相关问题，都要进行制止教育和及时处理。

(2)对学校的工作目标实行"责任制"。为了把育人工作落到实处，我们结合学校实际，制定了翔实的工作台账，坚持一月一重点，一周一主题。各处室对成员进行分工细化，以"红头文件"的形式下发通知，目标层层分解，工作层层落实，责任层层到人。

(二)在规范上下功夫，创设绿色、温馨的环境文化

一年来，学校下大力不断完善硬件设施，通过校友、共建企业以及兄弟校的支持，多方筹资，完善了求真园，更新了百和园，高标准建成了行知园，三园的交集就是为了抒写一个大写的人、一个幸福的人。除了着力改善学校的硬件设施外，学校还精心设计，合理布局，创新了楼道文化，规划完善了多个主题教育功能区，形成具有鲜明特色、统一和谐的校园文化。

学校有规范齐全的校风、教风、学风、校歌、校训、校徽、校刊、甚至各中队的队名和队训和全家福等，这些无不透露着学校新华园精神文化的内涵，也彰显了学校的办学特色。最值得骄傲的是，经过多年的实践，学校的"金苹果"育人工程逐步形成体系，构成系列，并在省级的重要会议上多次得以推广。

二、以"新"而立，练真功，促活力

我们以提高教师职业道德为突破口，以提升业务能力为重点，以创新教学方法为目标，通过课题带动，促进团队在合作中不断成长；通过城乡互动，促进教育均衡；通过自身驱动，提升自身的素养；通过干群联动，营造和谐的氛围；通过跨区联动，拓宽教育途径。为了把理论知识落到实处，学校努力为教师创设浓郁的教科研氛围，提供学习和实践的机会。

(一)岗位练兵促提升

学校开展了以"让生命课堂绽放异彩"为题的新课标培训，还相继开展了"学习党的二十大精神，做新一轮创业先锋"，"践行党的二十大精神，做新一轮课改先锋"的教研活动，每周三、周四的下午第三节课分学科集中培训，学习新课标精神和新的教育理念，探索教育规律。教师以争当"科研型、学习型、智慧型"的教师为荣，以岗位自培自练为主，积极参加学校组织的大练基本功活动，各年级段开展了板书、朗诵、硬笔书法等基本功比赛，全校开展了演讲比赛、教学论文和教学案例比赛，以赛促练，练好基本功。

(二)跨区联动促发展

作为省级示范校，建瓯实验小学注重实验，不忘示范，通过"一校带多校(名校带薄弱校)，把先进的教育理念和教育资源的半径最大化，为教育的均衡发展做了

有益的尝试。在做好自身建设的同时,学校立足全局,发挥示范、引领、辐射作用,创新工作思路,扎实开展小片区、薄弱学校的管理和交流工作。学校秉持"捆绑推进、资源共享、共生共创"原则,相继与通济中心小学、建安中心小学开展了小片区管理工作,以"一校带多校"的方式,充分发挥自身的教育教学资源优势,与结对学校加强交流与合作,在培训师资队伍、提高教育质量等方面给予真诚的帮助和无私的奉献,最大限度地发挥省级示范小学的辐射作用,把学校最新的教研成果送到了共建校和薄弱校。本着相互促进、共同提高的原则,在求同存异的基础上共同探讨"特色立校"的基本理念,形成小片区内三所学校"一校一品、一校一貌"共同提升的办学格局(通济小学:水文化——善、恒、韧、灵,做最好的自己;建州小学:金拇指教育——阳光向上、向善;一中小:金水杉——立根,明理,乐行等)。

(三)名师引领促成长

学校现有省学科带头人及省优秀青年教师十人,除了特邀省级一些教育专家到校指导外,学校还充分发挥本校这批优秀人才的示范作用,引领团队在合作中、在学习中不断成长。同时,学校承担了十多项由这些骨干教师主持的国家、省、地(市)的重点课题的实验,过去一年,有四个省级课题获得了结题。通过课题带动,增强教师的科研能力,提高教研水平。学校承担了各级课题的汇报课、交流课、录像课数十节,受到高度评价,许多课在地级以上的赛课中获奖。

此外,学校把依法治教和以德治教、把师德师风建设活动与创先争优活动有机地结合起来,着力打造特色的文化活动,开展了丰富多彩、富有成效的精神文明活动:

1. 党员层面。学校开展了以"让党旗更红,让步伐更坚定"为主题的系列活动,让党员成为师德的标杆,成为课改的领头雁。要求党员教师必须在"立德""立言""立行"六字上下功夫,开展了"五讲"——讲学习、讲正气、讲师德、讲政治、讲奉献活动。我们开展了以"落实八项规定,转变工作作风"为题的党员民主生活会,通过批评与自我批评,在工作上、思想上、政治上进行自我剖析,寻找自身的不足和整改办法。通过活动,班子成员率先垂范,转变工作作风,坚持走群众路线;党员教师强化了党性修养,提高了整体素养,大家积极为学校的发展献计献策。在党员的影响和带动下,广大教师积极投入到新一轮的课程改革中,课改氛围良好,呈现出比、学、赶、帮、超的热潮。

2. 教师层面。学校开展了"让师德更高尚,让师风更美丽"为主题的系列活动,努力营造人文、民主的气息,我们以"教工之家"为大家,以各社团为小家,成立了广场舞协会、太极拳协会、篮球、羽毛球协会等各种社团,并拨专款不定期开展丰富多彩的活动,充实教师们的课余生活,让大家感受到集体的温暖,拥有一个宽松、愉悦的工作环境和心理环境。元旦和中秋节,学校以各社团为单位分别开展了迎新年

"幸福校园"教工红歌赛、"我健康我快乐"跳长绳比赛和"举杯邀明月,千里共婵娟"赏月晚会等。在课改方面,我们以提升教师的专业素养举办了许多相应的活动。

3.学生层面。我们开展了"让队旗更红,让言行更美丽"为主题的系列活动,力求在个性上求突破,打造特色的活动文化。(1)安全教育活动常态化。为了让学生切实掌握安全知识,牢固树立"安全第一"的思想意识,学校通过不同形式、不同渠道对学生进行安全教育,经常性通过致家长的一封信、发放安全宣传册、校内短信、放假时间安排通知书等形式,将安全教育落到实处,落到细处,确保了各项工作安全有序地进行。学校还开展了"校园安全教育周"系列活动,有"拥抱平安,快乐成长"安全演练、"为生命保驾航"安全知识图片展、"安全教育主题班队会活动""安全教育黑板报评比活动"等,使安全教育常态化。(2)班队活动规范化。我们以人为本,有针对性地分年段、分时段、分层次地利用班队课对学生进行三项教育(品德教育、安全教育、养成教育)、爱国主义教育、民族精神教育、理想信念教育、感恩教育、公民道德规范教育等,做到有主题,有计划,有落实,有检查,有评比,使班队活动更加规范化,主题活动特色化。我们力求使活动推陈出新,富有特色,并面向全体,寓教于乐,我们开展了"小雷锋在行动""啄木鸟在行动""做一个有道德的人""我是城市美容师""戴圣洁红领巾,做绿色小网民"等活动。每到寒暑假,学校开展了"背着快乐回家"雏鹰假日小队活动,引导学生以小队为单位在假期里开展社会实践活动,这项活动坚持开展了十几年,参与面广(有许多家长也参与),实践性强,富有成效。(3)社团活动多样化。学校通过组织学生开展送文化、送爱心、送知识、送品德、送温暖等"五送融情"活动,不定期地组织"金苹果"小记者团、小科学家俱乐部等社团的成员们进社区,入企业,让孩子们在实践中历练,在历练中成长。为了突显学校"多元育人,立体发展,人人成长"的办学特色,我们还开展了校园"三节"活动,每年四月举办读书节、五月举办科技节、六月举办文化艺术节。"三节"活动既培养了学生的创新精神,又增强了他们的实践能力和综合素质,同时,充分展示了孩子们的个性和风采。

三、以"爱"为魂,塑形象,促感动

学校引导教师内练真功,外塑形象,以高尚的人格和品德去教育、影响学生,努力成为学生的表率和楷模,使精神文明建设于"润物细无声"中。引导教师优化"三品"——品质、品味、品行,提升"三养"——学养、涵养、修养,并力争在文学、艺术、法制方面提升自身的素养。

(一)宣传引导

每学期组织全体教师以论坛、讲堂、演讲比赛等形式培养教师的职业光荣感、

历史使命感、社会责任感,交流分享教师育人的新思想和新理念。开展了"志愿者在行动""让青春在爱心中飞扬"演讲比赛等活动,还成功举办了"唱响校园幸福之歌"讲座和"金苹果"教育论坛以及"道德讲堂",通过宣讲活动,树立典型,弘扬高尚的师德。

(二)奉献爱心

托尔斯泰说过:"做好事的乐趣乃是人生唯一可靠的幸福。"为了培养孩子们关爱他人、助人为乐的精神,"金苹果"画室的成员充分发挥自身的优势开展"爱心小天使在行动"春联义卖活动。这项活动让校内外许多贫困生受益,他们收获了温暖、收获了爱心,同时,更多的孩子们在帮助别人、奉献爱心的过程中体验到了快乐和幸福。学校还开展了"五五创优工程"活动,运用多种形式开展了教师与特困生结对子、与后进生交朋友、与留守儿童手拉手的活动,努力为学生排忧解难,在温馨的人文关怀中建立起平等、和谐、教学相长的师生关系,鼓励和引导学生全面发展、健康成长,同时,也塑造教师以人为本、爱生如子的崇高形象。

(三)廉洁自律

学校主动接受家长、社会的监督,注重阳光收费,严禁老师向学生乱收费和推销教辅,要求教师切实尊重和维护每位学生的人格尊严,不体罚和变相体罚学生,严禁有偿补课,要求全体教师树立服务意识,坚守教育净土,切实维护教师良好的声誉和形象。学校与全体教师签订了行风建设责任状,并直接与评职评优相挂钩,对违纪教师实行一票否决制度,一旦发现有不好的苗头,就及时查找原因,认真整改,使其扼制在萌芽状态。学校定期召开家长委员会以及"保民生 促发展 请群众面对面评议"政风行风工作专题会,主动请检查并监督教师的德行,倡导文明执教,弘扬正气。

(四)榜样引领

学校注重在师生中树立典型,在校园中发掘艰苦奋斗、自强不息、奋发进取、无私奉献的感动人物,每年教师节,每个学期末,学校都将评出一批感动校园"师德之星"、感动校园"优秀班主任、辅导员"等,并颁发证书和相应的奖教金。每学期,学校都要评出一批感动校园"金苹果"十佳魅力少年、感动校园校园十星、感动校园美德少年、感动校园阳光少年等。"六一"儿童节,为近百名品学兼优的学生颁发奖学金。充分发挥榜样"感染人、激励人、引导人"的作用,以先进人物来感动和带动更多的师生,弘扬正气,激发活力。

学校的金苹果育人文化得到了上级部门和各界人士的赞誉,多次在省内外重要会议上得到推广。校园里涌现出一批以"福建省杰出人民教师"曹建忠同志为代表的爱岗敬业、无私奉献、精通业务的优秀典型。在先进典型的带动下,全校教职工呈现出争一流业绩、树行业新风的良好局面。学校教改呈现出班子先行、党员表率、骨干示范的可喜态势。福建省委、省政府领导一行人视察校园后对学校予以了高度的评价,大家一致认为:"这所学校虽不大,但很精致,内涵丰富,有文化底蕴。学校的办学理念明确,思路明晰,效果明显。"

"亲善产生幸福,文明带来和谐。"我们将一如既往地把"品德立人、文化立魂、精神立骨"作为我们打造幸福校园的核心指向,进一步凝聚人心,促进和谐,深化改革,矢志进取,不断提高全校师生的幸福指数,不断创建与社会共进、富有特色的校园文化,力争使新华园开遍文明之花,结满幸福之果。

第三部分
躬身实践篇

第一节　教坛精耕

《风俗就在我身边》教学实录与评析
——统编版道德与法治四年级下册第10课

时间:2021年12月23日

地点:福州市洪山小学

活动:国培计划(2021)——宁夏回族自治区小学优秀教师深度研修(人文素养)培训班示范课

执教:黄文英

备注:本课于2022年9月荣获福建省教育厅2022年中小学思想政治理论课示范课

评析:周强(正高级教师)

一、激趣引学,印象风俗

师:"上课,同学们好!"

生:"老师好!"

师:"请坐! 同学们,这堂课,我们请来了一位尊贵的客人,他就是朱熹爷爷!来吧,和朱熹爷爷打个招呼吧!"

【播放课件】朱爷爷:"小朋友好! 我是朱爷爷。"

生:"朱爷爷好!"

师:"朱熹爷爷是一位了不起的人物,我们来看看他的简介。"

【播放课件】朱熹简介

师:"同学们,我们都知道孔子、孟子、庄子、墨子、老子等圣人,大家发现了没?人们称呼他们时都带有什么字?"

生:"子。"

师:"那么这个'子'表示什么意思呢?"

生:"在古代,这个'子'表示对人的尊称,称老师或者称有道德、有学问的人都会带上'子'。"

师:"所以,朱熹被人们尊称为什么?"

生:"朱子。"

师:"是的,朱子爷爷一生中经历的趣事儿可多了。现在,他要和我们分享的是他记忆中的第一个趣事,请听!"

【播放课件】朱子爷爷的回忆

师:"同学们,朱子爷爷分享了什么趣事?"

生:"分红蛋、剃胎发。"

师:"那老师想知道,分红蛋、剃胎发是朱子爷爷家独有的吗?"

生:"不是。"

师:"那你小时候有吗?你呢?"

生:"有。"

师:"对,这样看来,你家有的,他家有的,流传下来的,大家都会去做的礼节、风气、习惯就叫作风俗。风俗就在我们的身边。今天,咱们就一起来聊聊我们当地的风俗吧。"

板书:《风俗就在我身边》

二、活动体验,触摸风俗

活动一:当地风俗交流会

师:"课前,老师通过'问卷星'让同学们完成了一个小调查,请看大屏幕,这是最终的调查结果。"

师:"从这个结果,你们发现了什么?"

生:"风俗就在我们身边。"

师:"是的。从小调查中,老师还发现,同学们对我们家乡的风俗了解得比较多,不信,我现场问问。"

师:"请问,你能说出几个家乡的风俗?谁愿意接受挑战?"

生1:"吃长寿面。"

生2:"喊山祭。"

……

师:"说得真不错!同学们,朱子爷爷七岁时,随他父母从出生地三明的尤溪来到了建州府(就是咱们现在的建瓯)。一来到这里,就有一个很具特色的风俗表演吸引了他。是什么呢?我一起来看看。"

【播放课件】建瓯挑幡

师:"这是建瓯的一个民间艺术——挑幡。谁能介绍一下挑幡这个习俗是怎么来的？谁收集了相关资料？来分享一下吧!"

生:"建瓯挑幡被人们称为'华夏绝艺'。相传明朝将领郑成功当时在闽组织'复明'大军抗清,收复台湾战役结束后,凯旋返乡的将士把带回的战旗高挂竹竿竖在村头,以示纪念阵亡的弟兄和表达抗清的决心。后来,清兵进村砍倒旗杆,撕毁战旗,但大洲造船工人毫不畏惧,过后又将大旗挂起,前赴后继,人倒旗在。久而久之逐演化成'挑幡'活动,流传至今,建瓯人每逢正月二十四、逢年过节或开展重大庆典活动,都要进行挑幡表演。"

师:"感谢你的分享! 我发现啊,同学们在听介绍时都掩饰不住心里的自豪感。"

师:"是的,作为新建瓯人,老师也感到自豪。知道吗？挑幡还是国家级非物质文化遗产之一,它是建瓯一代代人传承下来的民俗文化瑰宝。"

师:"除了挑幡,建瓯还有哪些风俗呢？课前老师有让大家去搜集相关资料,哪一组同学愿意来分享一下?"

生:"……唱曲子。"

师:"对啊,唱曲子这个风俗进到校园来了,我们一起去看看吧。"

【播放课件】唱曲子视频

师:"老师想知道,咱们班有没有福州人？你能说说现在你家人在建瓯还延续着福州的一个与尊老有关的什么习俗?"

生:"……拗九节"

师:"从这位同学的介绍中,我们知道了拗九节告诉了人们要崇尚什么美德啊?"

生:"要尊敬老人。"

师:"同学们,风俗就在我们身边,刚才咱们说的都是我们当地的风俗,现在,老师很想知道,在你十周岁的小人生中,有哪些伴随你成长的风俗？它寄托了长辈的什么美好祝愿？ 谁来说说看?"

生:"挂长命锁、吃长寿面……"

师:"原来呀,很多的风俗都与我们的成长密切相关,而且还寄托了长辈们满满的祝福,体现了我们中华民族'爱幼'的传统美德。"

板书:《寄托美好祝愿》

活动二:十二生肖故事会

师:"我们都知道朱子爷爷是一个大文豪,可你知道吗？ 在他众多的诗里,有一首妙趣横生的《读十二辰诗卷掇其余作此聊素一笑》(后简称《十二生肖诗》),我们来听听。"

方案一

【播放课件】朱熹的《十二生肖诗》

师："朱子爷爷的这首《十二生肖诗》有些深奥是吧？不过,请大家认真观察一下,你发现了什么？是的,每一句诗都隐含一种动物(也就是生肖),真巧妙,就像是文字游戏。这首诗也反映出了朱子爷爷的生活情趣。"

师："老师想知道,咱们班同学是哪一年出生的呀？哦,那大家知道自己的生肖吗？也就是自己的属相。"

生："我属龙。"

生："我属兔。"

师："哦,看来,有两个生肖。那么,什么是生肖呢？关于这个问题,我们来看看课本里是怎样说的,请打开书本第73页快速浏览一下。"

师："谁来说说生肖的周期是多少？"

生："是十二。"

师："谁能把十二生肖背下来？来,我们用开火车的方式背一个。"

师(指向第三组同学)："来,请你们把火车头开起来。"

生："鼠、牛、虎、兔……"

师："真不错！希望大家课后还可以互相背一背。"

方案二

师："同学们,中华文化博大精深,民俗文化来源已久。知道吗？关于生肖,朱子爷爷也写过一首妙趣横生的《十二生肖诗》,我们来听听,一边听一边看,这首有趣的生肖诗都说了些什么。"

【播放课件】朱熹的《十二生肖诗》

师："大家可以跟着读。"

师："朱子爷爷的这首《十二生肖诗》有些深奥是吧？不过,请大家认真观察一下,你发现了什么？"

生："每一句诗都隐含一个动物(也就是生肖)。"

师："是啊,真巧妙,就像是文字游戏。这首诗也反映出了朱子爷爷的生活情趣。"

师："从这首诗我们可以感受到:'中华文化博大精深,民俗文化来源已久。'那么,什么是生肖呢？"

【播放课件】播放小视频《十二生肖》

师："也就是说每个人都有一个自己的生肖,诶,那么朱子爷爷的生肖是什么呢？谁知道？"

生："是狗。"

师:"请问,你是怎么知道的?"

生:"上网查的。"

师:"你真是一个好学的孩子,为你点赞!"

师:"你知道的还真不少,为你点赞!"

师:"那么,老师就为大家分享一个生肖狗的故事吧。"

【播放课件】生肖狗的故事。

师:"故事好听吧?"

生:"好听!"

师:"课前,老师让大家去搜集你感兴趣的生肖故事,谁愿意来分享一下呀? 先来分享一个关于你的生肖的故事吧。"

生1:"……"

师:"同学们,关于十二生肖的来历还有许多动听的传说,大家想听一个吗?"

生:"想!"

师:"好的,请看小视频。"

【播放课件】十二生肖故事

师:"小小的生肖里藏着不少故事和学问。不仅仅是十二生肖,其实咱们身边的很多风俗都有值得挖掘的内涵,蕴藏着不少有趣的故事和传说。"

板书:《藏着的有趣故事》

活动三:尊老敬老介绍会

师:"《朱熹家训》中有这样一句话:'见老者,敬之;见幼者,爱之。'这句话是什么意思呢? 谁来说说?"

生:"遇见老人要尊敬,遇见小孩要爱护。"

师:"是的,尊老爱幼是我们中华民族的传统美德,接下来,让我们一起进入活动三,尊老敬老介绍会。"

师:"前面我们提到了朱熹爷爷出生于1130年9月15日。一转眼,今年,我们将迎来朱子爷爷892岁的生日。一起来看一个庆祝朱子诞辰的视频。"

【播放课件】朱祭典礼视频

师:"同学们,借今天这堂课,让我们用身边的风俗、以我们的方式提前来给朱子爷爷办一场祝寿会吧!"

师:"在祝寿之前,首先由老师先向大家介绍一种风俗,请看视频。"

【播放课件】作揖礼视频

师:"同学们,为了给朱子爷爷祝寿,我们也来学一学!"

师:"请全体起立,男生左手在前,女生右手在前,双手像抱鼓一样,双脚分开一个脚的位置,身子向前倾45度。"

师:"大家都学会了吗?"

生:"学会了!"

师:"很好,待会儿会派上用场哦!"

师:"同学们,我们家乡都有哪些祝寿礼节呢?"

生1:"吃生日宴。"

生2:"送祝寿礼。"

生3:"吃长寿面。"

……

师:"课前,老师让大家收集了给老人祝寿的照片,接下来,是小组合作分享交流的时间,给大家的时间是3分钟,请看交流清单——"。

【播放课件】议一议

任务清单:

●分享并介绍自己收集的祝寿照片。

●小组商议一句祝寿语,并选派一名代表用一种食品或礼节给朱子爷爷祝寿,并能说出这些风俗表达的祝愿或寓意。

●祝寿语格式:"我们献上的是_____,它表达了_____的意思,祝朱子爷爷_____!

师:"准备好了吗?"

生:"准备好了!"

师:"好的,小组合作交流现在开始。"

(教师巡视,并指导。)

师:"好,时间到! 请各小组选出的代表上来排成一队。"

师:"这场祝寿会由老师我来做司仪,我宣布,祝寿吉时已到(鞭炮声),请晚辈们给朱子爷爷祝寿!"

(音乐起)

师:"第一个议程,请各小组代表献寿礼,并介绍寿礼的寓意。"

师:"第二个议程,请全班小朋友给朱子爷爷拜寿。同学们,把刚才学的作揖礼用上吧! 请全体起立,作揖,看着屏幕一起大声说——"。

生:"祝朱子爷爷生日快乐! 福如东海,寿比南山!"

师:"好,请坐! 一场热热闹闹的祝寿仪式结束了,朱子爷爷可开心了!"

师:"除了祝寿风俗和我们前面提到的拗九节,还有哪些风俗与尊老有关呢?一个什么节日?"

生:"重阳节。"

师：“这些尊老风俗都体现了我们中华民族的传统美德。”

板书：《体现传统美德》

三、拓展升华，赓续风俗

师：“那么，怎样才能把这些传统美德落实到自己的现实生活中去呢？关于这个问题，朱子爷爷教给我们一个好办法，我们来听听。”

【播放课件】学贵时习。须是心心念念在上，无一事不学，无一时不学，无一处不学。

师：“这句话告诉我们什么道理呢？”

生1：“我们要时时刻刻学习。”

生2：“每件事情都可以让我们学习到东西。”

生3：“学知识要做到每件事情、每个时刻、每个地方都在学习。”

师：“说得真好！只要你心里装着这个美好的品德，并时时处处地去做，就能成为一个品德高尚的人。这节课后，老师希望每位同学都能为父母、爷爷奶奶或外公外婆做一件孝敬他们的事儿，然后用手机拍下照片，并配上文字，制作成尊老敬老的画报。下节课，我们再来分享。”

师：“同学们，通过这堂课的学习，我们知道了风俗就在我们的身边。无论是哪一种风俗，都寄托着人们美好的祝愿，表达了人们多样的感情。我们要争当良好风俗的传播者，把尊老爱幼的美德时时落到平时的生活中，落在我们的行动上。”

师：“为了感谢大家，朱子爷爷送给同学们一首风俗小儿歌，来吧，大家和着音乐一边拍手一边读，让我们在欢快的儿歌声中结束这堂课吧！”

生：“中华风俗故事多，礼节习惯伴成长。敬老爱幼是美德，中华文明代代传，代——代——传！

师：“好，下课！”

生：“起立，老师您辛苦了，再见！”

师：“谢谢同学们，再见！”

【评析】

本课在朱子爷爷的回忆中，以时间为轴，引出身边的风俗。用朱子文化红线穿珠，注重课堂与生活的巧妙对接，通过风俗交流会、生肖故事会、尊老介绍会等体验活动，借助生动的情境创设和有趣的互动，引导学生从自己身边可触可感的资源出发，在交流分享、合作探究中了解和学习风俗的相关知识，感受风俗背后所寄托的美好祝愿。同时，提取朱子文化中与风俗相关的素材为教学资源，在聚焦风俗的同时创造性转化朱子文化,培养学生对中华优秀传统文化的热爱之情。

学生对自己出生、满月的记忆较为久远,"风俗"对于他们既熟悉又陌生,很多风俗他们都经历过,但是他们没有意识到这些是风俗。通过朱子爷爷的回忆,唤醒学生的记忆,并明白什么是风俗。教学中,黄老师注重课堂教学与生活场景的有机转换,同时利用朱子文化中与风俗相关的素材,设计了当地风俗交流会、十二生肖故事会、尊老敬老介绍会等体验活动,在印象风俗、触摸风俗、赓续风俗中,通过回忆、观察、分析、交流、体验,用学生喜闻乐见的形式引导他们感受风俗就在我们身边,并了解身边的风俗,感受朱子文化的魅力,同时引导学生感受和思考风俗中寄托的美好祝愿,体会中华民族"爱幼"的传统美德,培养对中华优秀传统文化的热爱之情。

我特别欣赏的是,课前黄文英老师让学生收集祝寿礼的照片,课上在小组内分享、交流、讨论。接着组织学生理论与实践相结合,把所知所学的尊老风俗运用到祝寿会中,在有趣的生活情境中学习风俗知识,并感受尊老风俗中所寄托的对长辈的美好祝愿,体会中华优秀传统文化的内涵。最后的拓展升华环节注重知行合一,借助《朱子家训》和朱熹名言,寄希望于学生,引导他们争当良好风俗的传播者,把尊老爱幼的习俗落在行动上。课末设计的朗朗上口的风俗小儿歌既符合四年级学生的年龄和喜好,又对全课进行了总结升华。

《汉字的创造与发展》教学实录与评析

时间:2018年6月13日

地点:福州市宁化小学

执教:黄文英

活动:福建省思品名师黄雅芳工作室成员"送培送教"活动

评析:曹建忠(正高、福建省特级教师)

备注:该课于2018年9月获福建省"三优联评"课例比赛二等奖、2020年8月获中国教育学会举办的全国优质课比赛二等奖。

【背景】

本课采用"五学"教学法授课:"智慧引学、反馈议学、合作研学、点拨助学、延展拓学。旨在以发展学生的核心素养为载体,在培养学习能力的同时,构建学、教、评一体化的教学设计与实施原则,创设一个数字化、实证化的课堂。

【"五学"内涵】

智慧引学。课前,教师向学生提供优质的学习资源——导学卡和微课。以带有学习任务单的导学卡引导学生预学,为不同程度的学生指明方向。借助导学卡,确定学生课前自主学习的目标,明晰学习思路,增强思维能力,提高学习效率。教师课前收集学生的导学卡,根据大数据的统计与分析,有针对性地设计教学内容,并重构教学流程。

反馈议学。课中,教师用多媒体展示学生的导学卡,反馈学生课前的预学情况,展示他们的思维结果。让学生根据展示反馈的作业进行点评,从而挖掘出"对"的精彩、"错"的价值,让学生知其然,更知其所以然,做到举一反三。反馈形式可以书面,也可以口头;可以是集中反馈,也可以是个别反馈;可以是老师反馈抽查结果,也可以是小组讨论后让学生反馈。

合作研学。以学习小组为基本单位,结合学习内容自由选择合作方式,进行探究性学习。针对学生学习中遇到的典型问题,以小组为单位进行合作探究,也可进行全班性的研究性学习。同时,运用信息技术手段突破课堂时空界限,拓展学习渠道,有效解决合作学习中学生参与度低的问题。教师创建小组合作学习的激励性评价机制,调动各小组成员的学习能动性。

点拨助学。教师努力营造良好的学习氛围,形成平等、民主、和谐的师生关系,以生为本,突显学生的主体地位,成为孩子们的指导者、引路者。课堂上,教师对学生课前导学卡的学习情况进行统计与分析,梳理他们的学习困惑。及时抓住时机,适时点拨,使学生积极思考探究、合作交流、自我管理,助推学生能力的提升。

延展拓学。在课前任务引学的环节中,教师根据教学重、难点设计一些有利于学生理解知识的拓展训练;教师根据课前采集的数据信息,对学生已有的学习状况进行分析,有针对性地设计一些能加深学生对知识理解的文本之外的教学内容;以多元的学习方式,巩固学生已学的知识,并引导学生运用所学知识解决实际问题。条件允许的情况下,学校开展一系列趣味化的人机交互环境下的测试活动,以固化学生所学的知识。

【课堂实践】

一、任务驱动,导图引学

思维导图引学。课前,让学生进入"东方潜能在线平台"完成思维导图中的预学任务。

二、激趣引学,导入新课

师:"上课! 同学们好!"
生:"老师好!"
师:"请坐!"
【播放课件】百"和"图
师:"同学们,从这张图片中你看到了什么?"
生:"有很多'和'字,是百'和'图。"
师:"是的,这一百个'和'字既有甲骨文,又有行书啊、楷书啊,等等。它静态地向我们展示了'和'字的演变。"
【播放课件】2008奥运会开幕式片段
师:"接下来,老师请大家看一段视频,它以动态的形式向我们展示了'和'字的演变,请看。"
师:"看,这是激动人心的一刻,在2008年北京奥运会的开幕式上,我们中国向全世界展示了汉字的魅力,也是这个蕴含了无数韵味的'和'字,让全世界从它的身上看到了中华文化的博大精深。"

师:"同学们,汉字经历了3000多年的演变,你想更深处地了解汉字吗? 想了解我们的祖先是怎样把汉字创造出来的吗?"

生:"想!"

师:"那么,这节课就让我们穿越历史的时空,共同走近汉字,一起来探寻汉字的创造与发展。"

板书:《汉字的创造与发展》

二、展示成果,反馈议学

师:"老师很欣喜地看到,学习方式的变革使同学们的学习态度发生了改变。课前,同学们都能积极地投入到预学中去。你做了吗?"

生:"我做了,有的问题我还和陈婷婷讨论怎么做了。"

师:"你呢?"

生:"我也做了,为了找资料,我上网搜索相关信息了。"

师:"还有你,做了吗?"

生:"我完成了,我和吴思航同学互评了。"

师:"耕耘与收获相伴,成果汇聚于导航图,现在是展示与反馈的时刻,让我们一起来分享同学们精彩纷呈的预学成果。"

师:"首先,我们一起来回顾《造字的传说》。课前,老师让大家通过'潜能在线'平台观看了视频《仓颉造字的传说》,大家知道了汉字的起源,感知中国人在文字上的创造力。那么,问题来了,请问:传说中的仓颉造的是什么字?"

生:"是象形字。"

师:"仓颉是根据什么图形来创造的?"

生:"鸟兽图形。"

师:"老师从后台里查看到同学们课前预学时对这个问题的回答正确率很高。"

师:"那么,我们来看第二个问题:汉字真的是仓颉造的吗? 如果不是,那是谁呢? 现在,我们一起进入平台,看同学们是怎样回答的。"

生:"我是这么回答的,我认为是劳动人民用智慧创造了汉字。"

师:"听了刘思晗同学的回答,大家同意她的说法吗?"

生:"同意。"

师:"由此得出的结论是:汉字是广大劳动人民在千百年的生产与生活实践中共同创造出来的。"

师:"同学们,知道吗? 有一个事实是不容置疑的,那就是早在3000多年前,我们的祖先已经创造出了文字。那么,谁知道,最早的汉字是怎样的呢?"

生:"甲骨文。"

师:"对,是甲骨文。请看大屏幕。为什么叫甲骨文呢?"

生:"因为是刻在龟甲或者兽骨上的文字。"

师:"知道吗? 我们正是借助这些甲骨文,了解到了远古时期人们的生活,所以,甲骨文是非常珍贵的考古文物。课前让同学们去收集了甲骨文的资料,来,我们来分享一下吧。"

【播放课件】学生作业(随机抽取,指名朗读)

生读。

师:"请注意,经过3000多年的时间,甲骨文中还有1250个字被活用到今天,甲骨文的价值非同一般。"

师:"同学们,我们来对比一下,同一个'马'字,这几个国家是怎么写的?"

【播放课件】展示英文、德文、日文、中文表示"马"含义的文字。

师:"通过观察和对比,你们发现了什么?"

生:"大多数国家是用拼音文字,中文是用方块字。"

师:"你发现了中文有什么特征吗?"

生:"中文的其中一个特征就是方块字。"

板书:《方块字》

师:"看,老师也收集了一些简单的甲骨文,我们一起来认一认吧。这是什么字呢?"

生:"木。"

师:"请问,你们是怎么认出来的?"

生:"很像一根树木。"

师:"那么两棵'木'在一起自然就成什么字呢?"

生:"林。"

师:"那三棵'木'呢?"

生:"森。"

师:"刚才同学们说了很像树木,也就是说,甲骨文很像事物的形状。那我们来看一看,比一比,究竟像不像。"

【播放课件】展示实物图:木、林、森

师:"再看看这一组图片,像不像?"

生:"像。"

师:"像! 所以汉字是象形文字。"

师:"请看大屏幕,以'挂'为例,把'扌''主'组成一个什么字?"

生:"挂。"

师:"它表示什么意思?"

生："'拄'拐杖,我们要用什么去拄?"

生："手。"

师："所以,这个'扌'表示与手有关,叫形旁。右边怎么读?"

生："主。"

师："'主'与'拄'读声一样,右边就叫声旁,所以'拄'字叫做形声字。由此可见,汉字有怎样的特点? 既有形又有声。"

板书:《有形有声》

师："由此可见,透过每一个汉字,你们看到了什么?"

生："每一个汉字的创造都不容易,凝结着我们祖先的聪明才智。"

师："说得真好! 课前,老师制作了微课《汉字的演变》让大家在平台里学习。通过'马'字的演变,我们知道了汉字的发展有着怎样的规律呢? 来,我们再次随机抽取同学们的作业,看看是怎样回答的。"

【播放课件】学生作业

师："这是谁的作业呢? 我们请他来朗读。"

生："汉字经历了从图画到笔画、由繁到简、由难到易的过程。"

师："是啊,这是一段古老而又漫长的演变过程。汉字在演变过程中充分展示出了它的神奇。那么它究竟有哪些神奇之处呢? 我们来看看同伴们是怎样回答的。"

【播放课件】学生作业

师："请看平台里的资料。这是哪位同学的作业? 请他来朗读一下。"

生读。

师："从这个小资料中,你们发现汉字的神奇表现在哪里?"

生："最简短。"

师："对,同一文件,用汉字装订出来的文本最薄,说明汉字很简洁、很准确。"

板书:《简洁、准确》

师："除了中国人喜爱汉字,外国人也喜欢我们的汉字吗? 请看事例。"

【播放课件】学生作业

师："这是哪位同学收集的? 从这个小资料中,你感受到汉字的神奇表现在什么地方?"

生："汉字容易学、容易读、很形象。"

师："是啊,看到'落英缤纷'这几个字,脑海中就会浮现一幅美丽的图画,可见,汉字真的很形象。"

板书:《易懂、形象》

师："由此看来,汉字是世界上最简洁、准确、易懂、形象的文字。"

三、聚焦问题,合作研学

师:"学贵有疑,大疑则大进。从导航图的作业梳理中可以看出,简单的问题已经在线上的预学中、在同伴的互助中得到解决啦！但还有一些困惑需要在课堂上我们共同来解决的。课前,老师观察了导航图,根据一些数据,了解同学们的困惑,最终梳理出有价值的两个问题,我们来看看。"

【播放课件】平台:我的困惑

问题1:汉字并不是随着人类的出现就产生的,那在没有汉字之前,我们的祖先具体是怎样记事的呢?

问题2:汉字太神奇了,我想了解更多汉字神奇的地方。

师:"接下来,就让我们通过活动一起来解决它们。"

活动一:模拟体验,感知汉字的起源

师:"首先,我们来解决第一个问题,汉字并不是随着人类的出现就产生的,那在没有汉字之前,我们的祖先具体是怎样记事的呢? 记事的方法有哪三种?"

生:"结绳记事、刻木记事、画图记事。"

师:"同学们,为了让你们获得更深刻的体会,我请大家和我一起穿越时光的隧道,去感受一下祖先使用过的这三种记事法。"

师:"来,跟着我一起进入一个原始部落。此刻,我就是这个原始部落的族长,我要向大家宣布,今天,我们部落发生了几件值得庆贺的大喜事儿。但是,暂且保密。我想请在座的族人们分别用结绳记事、刻木记事、画图记事的办法记下这些大喜事儿。"

(分发工具)

师:"这项活动由三人一小组合作完成,记事工具在信封里,请你们用现有的工具记下这件事情。记住了,时间是两分钟,好,开始行动吧！"

(学生合作记事)

师:"时间到,来展示一下各组的记事情况吧。族长我要考考大家,你们来猜猜,记事员都记下了什么事儿? 首先请结绳记事以外的其他组来猜猜。谁来?"

生1:"我猜是族里的人生了两个小孩。"

(全班大笑)

生2:"我猜族人逮住了两只兔子。"

师:"请问结绳记事小组的同学,他们猜得对吗?"

全组同学:"不对。"

师:"那么请你们公布一下答案吧。"

师:"现在,我们来看看刻木记事小组的记录,也请其他小组同学来猜猜。"

生1:"现在应该是逮住了两只兔子。对吗?"

刻木记事小组:"不是。"

生2:"应该是抓到了两只羊。"

刻木记事小组:"不是。"

师:"啊,也没猜对。那么,画图记事法更先进了,我们也来猜一猜。"

生1:"抓到了两只牛和一只兔。"

师:"对吗? 还是让族长我来揭开这个谜底吧,他们记录的喜事是,请看大屏幕——"

结绳记事:"今天,族人造了两艘小船。"

刻木记事:"今天,母牛生了两头小牛。"

画图记事:"今天,族人捕获了两只鹿和一只野兔。"

师:"现在,让我来采访一位记事员,请问这位同学,刚才你用的是什么方法记事?"

生:"刻木。"

师:"那么,如果让你用结绳方法来记事,你认为自己有办法把事情记清楚吗?为什么?"

生:"没办法,我们小组用刻木记事法都很难准确记录了,更不用说结绳记事法了。"

师:"好的,接下来,让我再来采访一位记事员。请问这位记事员,你肩负着记录我们族里一些大事情的重任,那么,在使用你的方法记录这件事情的时候,你有怎样的体会?"

生1:"我觉得古人记事法效率太低了,而且记不清楚。"

生2:"不好记录,而且不容易把事情表达清楚,别人也很难看懂。"

生3:"我觉得用古老的记事法很难记下这些事情,时间长了就会忘记了以前记下的是什么。"

师:"是啊,这些记事法只能起到提醒记忆的作用,随着时间的推移,随着记录的事情越来越多,就会想不起来当时记录的是什么事了。这些记事方法方便吗?准确吗?"

生:"不方便,不准确。"

师:"这三种记事方法不是同一时期发生的。人类在发展的进程中一直在不断地探索创造,所以,才会从结绳记事,到刻木记事,再到画图记事,三种记事方法对比之下有什么特点?"

生:"一个比一个进步。"

师:"是的,但结绳、刻木能不能对事情的本身作记录?"

生:"不能。两只鹿就有可能记成两只绵羊。"

师:"而画图记事虽然更直观一些,但它也存在哪些不足呢?"

生:"同一件事物每个人的画法不一样,那么别人的理解也就有可能不一样了。"

师:"可想而知,这三种记事方法都跟不上人们生活的需求了,有需要就会有创造,就会有发展。为了能够清楚准确地把事情表达出来,我们聪明的祖先就开始动脑筋,尝试着用更简捷、又能让所有人一看就明白的符号来表情达意,这就是什么?"

生:"字。"

师:"是的,他们根据世间万物的形象创造出了各种各样的字。"

四、精导妙引,点拨助学

师:"同学们,'一次体验胜过十次说教',现在,大家都明白了我们的祖先是怎样记事的吗?"

生:"明白了。"

师:"好咧,在我们的共同努力下,我们已经圆满地解决了第一个问题。接下来,我们共同来面对第二个问题——我很喜欢我们的汉字,我想了解更多汉字神奇的地方。"

活动二:分享趣事,感受汉字的神奇

师:"好的,我们将从音、形、意三方面来充分体会汉字的神奇与魅力。"

师:"首先,让我们一起有感情、有韵味地吟诵这首耳熟能详的《静夜思》。"

(师生共同吟诵)

师:"咱们暂且不谈这首诗的内容美和意境美,现在,就这首诗读起来的感觉美吗? 美在哪儿? 谁来说说?"

生1:"节奏很美,五言诗句大多按'二三'式来读,七言诗句大多按'二二三'式来读。"

生2:"有韵律美,光、霜、乡,很押韵。"

师:"是啊,这种韵律美是世界上任何一个国家的语言都无法达到的。"

师:"同学们,认识刘谦吗? 是做什么的?"

生:"是魔术大师。"

师:"今天我们也来学学他,变一变魔术。"

师:"请看大屏幕,这是一个'日'字,如果在这个字的基础上添加一笔,又可以组成哪些新的字？小组合作,看看哪一组同学完成的再造字最多。"

师:"谁来说说? 魔术大师的小火车开起来"

生:"旧、由、旦、申、目、白、甲。"

师:"大家看'日'加一横变旦,表示什么?"

生:"表示太阳从地平线升起,新的一天来了。"

师:"说得好! 再看,'日'字加一竖变田,多像一块块的田地啊。"

师:"孩子们,一个简单的独体字,加上一笔,就创造出了那么多的新字。说明我们的祖先是怎样的?"

生1:"说明我们的祖先很聪明。"

生2:"富有创造力。"

师:"多么神奇呀,形变了意思也变了。世界上只有我们的汉字才有这样形义结合的特征。"

师:"中国相似的汉字有很多,一不小心就会认错了,不信你看!"

【播放课件】视频"双胞胎汉字的对话"

师:"接下来,我们从'义'方面来领略汉字的神奇。知道吗? 汉字是世界上唯一能表意的文字,也就是根据字形知其意。请看,这张图片展示的是一个什么字?"

【播放课件】依次出现汉字图片

师:"从这一个个艺术字中,我们一同感受到了汉字神奇的美。"

师:"我们再来变个魔术,请几位同学拿着老师给的纸片,按要求排好队。谁能帮他们调几个顺序,让句子的意思变了。"

【播放课件】展示:小、羊、上、山、吃、草

生1:"小羊上山吃草。"

生2:"羊上小山吃草。"

生3:"羊上山吃小草。"

生4:"小山上羊吃草。"

生5:"羊山上吃小草。"

生6:"山上羊吃小草。"

师:"从这个游戏中,你发现了汉字还有什么神奇之处?"

生:"灵活多变。"

师:"同学们,汉字的音、形、义都具有独特的魅力,足以让每个接近它的人浑然忘我。"

【播放课件】展示碑帖

师:"在书法家的笔下,汉字又呈现出怎样的魅力呢? 同学们收集了一些书法家的碑帖。谁能认出这是谁的大作吗?"

生1："是王羲之的《兰亭序》。"

生2："是颜真卿的《勤礼碑》。"

生3："这是柳公权的《玄秘塔碑》。"

师："看来,我们班级有不少懂书法的同学,而且我知道还有几个小书法家,更让人欣喜的是他们上传了自己的书法作品,我们快来欣赏一下。"

【播放课件】小书法家作品

师："同学们,让我们用掌声为他们点赞!汉字不仅是我们交流的工具,它还是美的化身。汉字的形美在这些书法家的手中被充分展示出来了,感谢他们的分享!"

五、激情总结,延展拓学

师："中央电视台有一档节目吸引了很多青少年,那就是'汉字听写大赛',在写对写错之间,参赛选手对汉字是既爱又恨哪!现在,就让我们也来体会一下这种感受吧!"

师："快乐的动手时刻来了,请大家进入'潜能在线'平台,咱们来一次汉字组词比赛。"

师："哈,平台已为大家评出了冠、亚、季军,老师很高兴地为优胜者颁发奖品。"

师："同学们,一个汉字就是一幅画、一首诗,一个汉字就能带给我们无尽的遐思,这一个个风韵独特的小精灵怎能不让人喜爱呢?我们听听中华儿女的心声。"

【播放课件】歌曲《中国娃》

师："听了这首歌,你们想对我们的祖先说些什么?"

生1："我想对我们的祖先说,感谢你们为我们留下了宝贵的财富,有了汉字我们的社会才进步得更快。"

生2："我想对我们的祖先说,是你们创造了神奇的汉字,才使我们的中华文化博大精深,你们真了不起!"

生3："作为一名中国人,我感到很自豪,我们更应该爱汉字,从小学好汉字。"

师："是的,不仅要写好汉字,还要写好汉字、用好汉字。"

板书:《学好 写好 用好》

师："同学们,汉字真是有形有声,有情有趣,有义有理。通过这一课的学习,我们感受到了它的历史温度和生命气息。汉字的创造与发展充分体现了中国人的聪明才智和无穷的创造力,汉字为社会的发展和人类的进步做出了巨大的贡献!作为一个中国人,我们有足够的文化自信,去为祖国和世界创出更多的奇迹!"

板书设计:

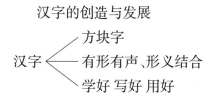

配套微课

微课《汉字的演变》

汉字的发展有它悠久的历史,在世界文字史上独具一格,它是世界上唯一的形声表意方块字。

【播放课件】汉字的起源跟实物有关,最初的汉字是对实物的描摹,早期,人们是用画图的形式来造字的。随着历史的变迁和社会的发展,汉字也在不断地发生变化。想知道它经历了些什么吗? 告诉你吧,经过了几千年的发展,汉字是这样演变过来的:

【播放课件】甲骨文→金文→到小篆→隶书→楷书→行书→草书。

为了让同学们对汉字的演变过程有一个更直观、更深刻的认识,在这里,我就以"马"字为例,向大家展示一下汉字的演变过程。

【播放课件】百马图

1. 甲骨文:人们最早是画一匹马的图形来表示马字,【播放课件】请看,现在呈现在你面前的这个字,特别像一匹仰天长啸的骏马,这就是最初的"马"字,也是我们课本上常介绍的甲骨文时期的"马"字。甲骨文距今已经有3600多年的历史了,它是汉字的书体之一。从单字来看,它已经具备了汉字的造字方法,也就是它已经具备了"象形、会意、形声、指示、转注、假借"这些造字法。甲骨文的很多字都是汉字的雏形,所以说,甲骨文是中国现存的最古老的一种成熟文字。

2. 金文:经历过甲骨文的文字特征,【播放课件】金文的"马"字没有根本上的改变,形状上简洁而且相似,显示了古老的文字面貌,生动逼真,浑厚自然。大家可以看它的形状,比甲骨文的"马"字更清晰了。

3. 篆文:从甲骨文到金文,再到篆文,【播放课件】"马"字的演变更具体了,已经有了繁体"马"字的模样,这一点从左边的第四个"马"字上就能看出来。篆文可分为大篆和小篆:大篆【播放课件】使得早期粗细不匀的线条变得均匀而柔和,简练而生动。字形结构趋向整齐,逐渐离开了图画的原形,奠定了方块字的基础;后来的小篆几乎脱离了图画文字,整齐、和谐、美观,成为长方形的方块字体。请同学们看【播放课件】,这古代小篆的"马"字,是一匹欢快跳跃的马,充分体现了形态的美。

第三部分 躬身实践篇

4. 隶书:"马"字从篆文继续发展下去,经历了隶书【播放课件】。因为生产发展了,交往频繁了,人们没工夫画那么细致的画。同学们,仔细观察隶书的"马"字后,你会发现,方形、圆形的团块被线条所取代,曲折的线条被拉平了,象形程度逐渐降低,不规则的线条变成了有规则的笔画,书写的速度更快了。隶书是古代文字与书法的一大变革,它在汉代得到了很大发展,它奠定了现代汉字字形的结构。

5. 楷书:随着社会的发展,这样的马越来越少了,人们画马的尾巴都嫌麻烦,就将线条进一步简化,终于创造了"马"的简化字【播放课件】,也就是楷书。请大家观察一下楷书的"马"字,马脚和马尾都被省略了,成了一只规规矩矩的"马"。楷书笔画平直,字形方正,书写简便。请看,现在的楷书"马"字笔画也只有三划,更方便书写了。直到今天,楷书仍是汉字的标准字体。楷书的出现,使汉字由自然美转变成了工整美。

6. 草书和行书:后来,古人还创造出了两种可以快速书写的字体【播放课件】,那就是草书和行书。由此,汉字变成了一种记录的简约符号,也从侧面反映出人们的生活节奏由慢变快了。

小结:【播放课件】从甲骨文、金文、到小篆、隶书、楷书、行书、草书,3600多年来,汉字的演变经历了漫长而又曲折的过程。无论是哪种书体的"马"字,都基本保留了马的形象,即使不识字的人都可以猜出个大概,这就是中国汉字的魅力所在。

同学们,以上就是"马"字的演变过程。"马"字只是一个小小的例子,它只是汉字演变过程的一个缩影,其他的汉字都是这样进化过来的。通过刚才的学习,你能发现汉字的演变有什么规律吗?

同学们,从"马"字的演变过程,我们不难发现,汉字经历了:【播放课件】从图画到笔画、由繁到简、由难到易的过程。从"马"字的演变过程,你一定能感受到每个汉字都是有温度的,因为它们承担并记载着我们中华文明的进展过程,这是一个古老而又漫长的演变过程!

【播放课件】好的,接下来,到了"知识小闯关"的环节了,请听下列选择题:
(1)中国现存的最早的一种成熟文字是_____。

    A. 篆书　　　　　　B. 金文　　　　　　C. 甲骨文

(2)最初,人们是用_____来造字的。

    A. 画图　　　　　　B. 笔画　　　　　　C. 其他方法

(3)相对早期来说,后期汉字的书写_____。

    A. 更简便　　　　　B. 没变化　　　　　C. 更麻烦

同学们,思考好了吗?啊,到了公布答案的时间,请看:

第一题:中国现存的最早的一种成熟文字应该选择C甲骨文。

第二题:最初,人们是用A画图来造字的。

第三题:相对早期来说,后期汉字的书写应该选择A更简便。

同学们,这三个知识点,你都闯关成功了吗?

【评析】

本课以培养学生的核心素养为落脚点,立足于信息技术与学科教学的深度融合,通过"五学"教学法,构建学、教、评一体化的教学设计与实施原则,有效提升学生自主合作学习的能力,增强学生创新意识和实践能力,打造"学生快乐学习、教师轻松教学"的高效课堂。

教学知识和情感一样,都需要纽带的沟通与延续。本课,教师用趣味化、信息化的学习点燃了学生的学习热情,激发学生探索的兴趣。首先,教师通过学生课前在线预学情况的大数据分析,以学定教,对教学方式进行调整,重构学习流程。"智慧引学"通过预学给学生留出了探究和思考的空间,让学生体验学习探究历史的各种方法。引导学生通过观察、比较、自主探究了解到了汉字的创造、演变的过程。在学习和归纳中,总结出了汉字的发展规律及其特点,同时,领悟到中国人的智慧和无穷的创造力。再次,教师的"导"立足于学生的"学",以学法为重心,放手让学生自主探索学习,主动参与到知识形成的整个思维过程,使学生在积极、愉快的课堂氛围中提高自己的认识水平,从而达到预期的教学效果。

"一次体验胜过十次说教"。通过实践操作、比较的方法对三种记事方法进行分析,让学生体验古人记事的利和弊,体验这三种记事法的局限性,充分感受到汉字出现的必然性,在不知不觉中探寻到了汉字的源头,体会到了汉字是智慧的创造,增进对汉字的喜爱之情。学生在有趣的活动中进行知识的建构、能力开发和道德的陶冶。最后,教师设计了加一笔组字、单字造句游戏,英汉对比、诵读古诗、欣赏生活中常见的"花鸟字"艺术字和书法作品。层层深入地将教材内容与现实事物联系起来,使学生感受汉字文化的无穷魅力和中国人在文字上的创造力,既加深了学生对汉字的印象,又通过内心的体验,使每一个孩子都自然地对汉字产生兴趣,有效地培养学生对汉字的喜爱和欣赏的情感,进而产生对中华文化的认同感和对祖先的钦佩感,激发他们的民族自豪感。

《各具特色的民族风情》教学实录及评析

——人教版《品德与社会》五年级上册第12课

时间：2013年3月26日

地点：建瓯市第一小学

活动：福建省思品名师、学科带头人培养对象研讨活动

执教：黄文英

备注：该课于2016年获得南平市"学科教学渗透心理健康教育"教学设计一等奖

评析：林藩（福建教育学院教授）

一、谈话导入，激趣引学

师："同学们，在上新课之前，黄老师想与你们谈谈心。知道吗？黄老师在建瓯生活、工作已有二十多个年头了，你们知道建瓯最让我感兴趣的是什么吗？"

生1："是美食！"

生2："是美景吧。"

师："知道吗？我最感兴趣的是，除汉族外，这里还生活着一部分少数民族的同胞。那么，我想问问大家："你们能知道这是哪个少数民族吗？"

生："是畲族。"

师："回答正确！那么谁能介绍一下建瓯畲族的风土人情吗？"

生："我们建瓯房道镇吴大元村是一个畲寨，这里的畲民说的是客家话，他们有两个重大的节日，一个是正月十四夜晚，畲民会开一个'竹龙灯会'，大家燃起篝火，围着巨龙，敲锣打鼓，边歌边舞，欢乐到通宵；另一个就是每年农历三月初三的'乌饭节'，乌饭节也是个风情节，这一天热闹极了，畲族村民要舂糍粑、做乌饭，畲族的男女都穿上最漂亮的畲族服装，到翠绿的竹林边对唱山歌。"

师："请坐。你介绍得真好！透过你简单的介绍，我们已经能感受到畲族文化的独特魅力。同学们，一个畲族就让我们感受到了多彩的民族风情，那么，在我们这个幅员辽阔的大中国，五十六个民族的文化，像一颗颗闪亮的明珠，镶嵌在中华民族五彩缤纷的文化宝库。今天，让我们一起走进各民族，去领略他们各具特色的

风情。"

板书:《各具特色的民族风情》

二、活动体验,感知风情

活动一:游览民族风情大观园

师:"孩子们,接下来,黄老师要与你们一块儿去游览'民族风情大观园',大家准备好了吗?"

生:"准备好了!"

师:"好的,我们出发吧!"

师:"首先,让我们进入第一站,瞧,这里正在举办民族服装展示会呢。听说,每到一站,都得闯关成功才能领取入场券呢,同学们你们有信心吗?"

生:"有!"

师:"嗯,老师相信你们!"

【播放课件】苗族服饰图

师:"请问,这是哪个民族的服饰? 你是怎样看出来的?"

生:"这是苗族服饰,因为她服饰上佩戴的都是银饰。"

师:"是的,苗族百褶裙图案丰富,银饰工艺高,素有'花衣银装赛天仙'的美称。好! 咱们闯关成功! 你真棒,为我们领取了一张入场券。好,让我们进入民族服装展示会吧。"

板书:《服装》

【播放课件】各民族服饰图

师:"哇,这么多的民族服装,让人看了眼花缭乱。这样吧,待会儿,当民族服装一件一件出现时,请你们以抢答的方式说出这件服装相应的民族,看一看谁认得多。"

师:"这是什么民族的服装?"

生:"白族!"

师:"你知道它有什么特点吗?"

生1:"白族人喜欢白色,衣物和民居都爱用白色,再配上其他鲜艳的颜色。"

师:"这件呢?"

生2:"维吾尔族。"

师:"你是怎么看出来的?"

生:"因为她扎了好多长辫子。"

师:"正确,你真是一个善于观察的孩子!"

师:"再看这件呢? 它有什么特点?"

师:"这张图是什么民族的? 这个小朋友穿的服装是用什么材料制成的?"

生:"鄂伦春族,他们穿的是兽皮,因为他们的祖先以打猎为生。"

师:"他为什么要穿得这么厚? 这与当地的环境有关系吗?"

生:"因为他们生活的地方很冷,说明当地的气温很低。"

生:"这是藏族服饰,他脱了一边的袖子。"

师:"你知道他为什么要这么做吗?"

生:"因为夜间降温了,肥大的服装可以当被子。白天气温上升可脱出一个臂膀,方便散热。"

师:"为你的见多识广点赞! 是的,西藏早晚的温差很大,有一种说法叫作'一天有四季,十里不同天',所以,脱一袖的装束成了藏族服装特有的风格。"

师:"可见,很多民族的服饰都与当地的环境有关系。"

师:"孩子们,现在是民族服装秀时间,我想告诉大家,课前黄老师收集了一些民族服装,我想请一些小模特穿上它们,过一会儿到台上来秀一秀,谁愿意当小模特呢?"

(选出三组小模特)

师:"请小模特们抓紧时间去换装,其他的同学借他们换装的时间一起来欣赏'大观园'里的民族时装秀。"

【播放课件】视频:民族时装秀

师:"看,我们的小模特准备好了(强调表演顺序)。"

师:"在民族服装秀表演开始之前,老师交给在座的同学们一个任务,边欣赏边认一认小模特穿的是哪个民族的服装,看谁认得多。"

师:"好,现在,我宣布,建瓯市第一小学五年级二班民族时装秀正式开始! 有请小模特们闪亮登场。"

(结束后)师:"请小模特们站成一排,看看你们所穿的服装是哪个民族的,答案贴在衣襟的后面,看完后,请保密哦。下面,请问在座的同学,你认出了上面哪位同学穿的服装?"

(学生回答,教师表扬并奖励答对的学生)

师:"请讲台上部分学生介绍自己穿的是哪个民族的服装。"

师:"小模特们,你们的表演真精彩! 请入座。"

师:"同学们,服饰是一种文化,刚才我们所看到的民族服饰不仅反映出当地自然环境的特点,更映射出处于不同人文环境中各民族特有的精神风貌。"

活动二:参观民居部落群

师:"孩子们,接下来,我们将去参观民居部落群。"

板书:《民居》

师:"来,先去领取入场券。"

【播放课件】蒙古包图片

师:"猜一猜,这是哪个民族的民居? 它有什么特点?"

生:"是蒙古族蒙古包。蒙古族过的是游牧生活,他们住的蒙古包是为了方便移动。"

师:"答对了,你真棒! 闯关成功,看,我们到了民居部落群。"

【播放课件】民居图

师:"看看这些民居,你对哪个感兴趣? 你知道这个民居大体是用什么材料建成的? 或者说这个民居有什么功能?"

生1:"第二张图是傣家竹楼。傣族同胞生活在西双版纳,因为那里属于热带地区,长夏无冬,所以他们住的竹楼可以起到避热避湿的作用。"

生2:"第三张是布依族石板房。因为当地石材多,就地取材方便,所以布依族人就用石头盖房子。"

师:"是的,正所谓'靠山吃山,靠水吃水'啊!"

师:"同学们,除了课本上提到的民居,你还知道哪些少数民族的民居与他们生活的环境有着密切的关系? 你能举例说明吗? 这可不是一个简单的问题哦,需要大家合作探究。请大家把课前搜集相关的图片在本小组进行分享,说说你的发现。时间是两分钟。"

师:"好的,小组合作学习结束,请各小组派代表上台分享你的发现。"

生介绍(略)

师:"听了刚才这几位同学的介绍,你们有什么新发现?"

生:"我发现,许多少数民族的民居与当地的自然环境有密切的关系。"

师:"你真是一个爱思考的好孩子!"

活动三:民族歌舞表演会

师:"孩子们,参观了民居部落群,我们收获真不少啊! 接下来,让我们一起去看看赏心悦目的民族歌舞表演会吧。"

板书:《歌舞》

师:"来,我们快去领取入场券。"

【播放课件】视频:傣族孔雀舞

师:"这是哪个民族的舞蹈? 你能说出舞蹈的名称吗?"

生:"这是傣族的孔雀舞。"

师:"是的,每逢重大节日,傣族人民的传统节目就是打起像脚鼓,跳起孔雀舞。"

【播放课件】傣族舞蹈图片

师:"根据傣族人民歌舞的内容,你能大致想象出他们生活的环境是怎样的吗?"

生:"傣族被称为'水一样的民族',傣族人民勤劳勇敢,温柔善良,他们的性格正如水一样,有时像涓涓细流,温柔而细腻;有时像大江洪流,迅涌而澎湃。"

师:"你介绍得很到位! 是的,傣族的舞蹈充分反映了他们外柔内刚、丰富多彩的民族性格。"

师:"祝贺! 小闯关又获得了成功! 让我们领取入场券,一起走进民族歌舞表演会。"

【播放课件】民族歌舞表演会

师:"嘘——听,哪里传来了美妙的歌声? 请大家静静地闭上眼睛,用心地聆听。心里猜一猜这是哪个民族的歌曲,等音乐停了就告诉我哦。"

【播放课件】视频:美丽的草原我的家

师:"好,请睁开眼睛,谁来说说这么优美动听的歌曲是出自哪个民族的?"

生:"这是一首蒙古族歌曲。"

师:"对的,听说蒙古族人还喜欢演奏一种乐器,知道是什么乐器吗?"

生:"是马头琴!"

师:"是的,你真聪明! 蒙古族被称为'马背上的民族',生活中离不开马,就连演奏的琴都是用马骨做成的马头琴。"

【播放课件】壮族对歌图

师:"咦,请看屏幕,这里怎么聚集了这么多的人? 他们在做什么?"

师:"听说我们班有几个'小百灵'和'小舞蹈家',听说他们擅长表演是民族歌舞,那我们就请他们来露一手吧? 请在座的同学猜一猜他们表演的是哪个民族的舞蹈。"

(请几位同学表演,请其他同学猜)

【播放课件】视频:藏族锅庄舞

师:"看啊,这里可真热闹,原来是藏族同胞在跳锅庄舞啊,让我们来欣赏一下吧。"

师:"从他们的表演中,你感觉藏族人民性格有什么特点?"

生:"热情奔放。"

师:"藏族的锅庄舞很有特色,藏族同胞的热情也感染了我们,黄老师教你们学几招锅庄舞,大家想学吗?"

生:"想!"

师:"好,请全体起立!"

(学跳藏族锅庄舞)

师:"大家学得真快啊,那么,现在就让我们燃烧一次,奔放一回,尽情地来体验民族歌舞的魅力吧。"

（师生和着歌曲《最炫民族风》跳锅庄舞）

三、拓展延伸，总结升华

师："学了这么多民族文化的知识，谁愿意来当一回小导游？简单地介绍一个你最感兴趣的民族风情。"

生1："游客们，我来自辽阔的大草原，住的是蒙古包。我们民族有一个特点，就是离不开马。我们爱骑马，弹的是马头琴，行路离不开马，就连吃、住、娱乐都离不开马，所以，被称为'马背上的民族'。"

生2："各位游客，大家好！我要介绍的是壮族的对歌，它是用猜谜的形式，壮族的歌曲大部分来自于生活，很自然随意就编成歌曲，听到这里，你一定感受到壮族人民很智慧、很有创造能力了吧！"

师："感谢两位出色的小导游。同学们，正是这些多姿多彩的民族服饰和这些千姿百态的民居，以及那么多动听优美的歌舞，才创造出了我们中华民族各具特色的民族文化，所以，我们要怎样对待这些民族文化呢？"

生1："要会欣赏。"

生2："要学会尊重它们。"

生3："要热爱它们。"

板书:《欣赏　尊重》

师："孩子们，欢乐的时光总显得特别短暂，旅游观光活动即将结束。因为时间有限，今天，我们只游览了几个具有代表性的民族风情，还有许多民族的美丽风光和独特的文化我们无法一一去领略，这些就留给你们慢慢地去发掘，去探知。转眼到了我们该说再见的时候，不管我们身居祖国的哪个角落，不管我们身穿哪个民族的服装，我们永远都是心心相连的兄弟姐妹，永远都是相亲相爱的一家人，祖国永远都是我们共同的家！再见！"

【板书设计】

各具特色的民族风情

服饰　　民居　　歌舞

欣赏　　尊重

【评析】

《各具特色的民族风情》是一节综合性很强的课，融地理、社会、文化、品德教育于一体。我们已经感受到了本课内容涉及面广，信息量大。那么，怎样才能上好这种类型的课呢？我认为，教师要关注主题目标，关注学科特点，关注学生的主体作用，关注课内外的联系，这些就是上好这节课的关键，而黄老师做到了。

黄老师首先立足当地实际，让学生初步感知身边的少数民族的风土人情，激发学生对其他少数民族的探知欲，为后面的教学环节做铺垫。接着，以活动为载体，以游览民族风情大观园这种学生喜闻乐见的形式为主线，设计了"民族服装展示会""民居部落群""民族歌舞会"三个活动。最能引起学生学习兴趣的是每个版块都借"民族知识小闯关"，由此引出了三个关于民族服饰、民居、民族歌舞的重要知识点，同时也增强了学习的趣味性。学生聪明活泼，表现欲和表现力都比较强，所以，黄老师在"民族服装展示会"版块中设计了"民族时装秀"这个环节，让学生当小模特上台秀一秀民族服装。在"民族歌舞会"版块中，让有文艺特长的学生上台展示民族歌舞，呈现了学习形式的多样性，有搜一搜、猜一猜、看一看、秀一秀、唱一唱、跳一跳等小活动，引导学生运用讨论、分析、综合归纳等形式来寻求解决问题的途径。小组合作探究让学生全员参与，自主分工，培养了学生的合作精神和实践探究能力。

在教学中，黄老师注意突出活动的层次性，步步紧扣主题，让民族文化教育由浅入深，层层递进。我们还看到，黄老师打破传统教学的我教你学、我讲你听的教学模式，注重以人为本，以学生的发展为本，培养学生自主学习，自己发现，使学生主动地参与到学习中来。学生在自主发现问题、探究问题、解决问题的过程中获得亲身的体验和感情。在学习中，学生初步感受中国各民族的奇特和美，激发对各民族的喜爱之情和探究欲望，在活动中感受品德，增长民族知识，发展心智。

《请帮我一下吧》教学实录与评析

——统编版道德与法治一年级下册第14课

时间:2018年4月26日

地点:福鼎市实验小学

执教:黄文英

活动:福建省思品名师黄雅芳工作室成员"送培送教"活动

评析:周强(正高级教师)

一、寓言导入,激趣引学

师:"上课!"

生:"起立,老师好!"

师:"同学们好!小朋友们,上课之前,我想向大家介绍一位既有学识又很睿智的老爷爷,他就是智慧老人。大家想认识他吗?来,和老爷爷打个招呼吧。"

【播放课件】智慧老人问好

师:"智慧老人为小朋友们送来了一个见面礼,那是一个好听的故事,大家想听吗?"

生:"想!"

师:"好的,大家可要认真听哦,待会儿,老师有问题要请小朋友回答。凡是问题回答得好的同学,老师将给他所在的小组奖励一颗智多星。咱们比一比,赛一赛,看看哪组跑得快。不多说了,咱们快快来听故事吧,请看屏幕!"

【播放课件】小马过河

师:"小朋友们,听完了故事,问题来了,小马在去磨坊的路上遇到了什么困难?"

生1:"小马要过一条河,河上没有桥。"

生2:"小马要自己在河水里走,不知道河水有多深。"

师:"你俩真是认真观察的好孩子(奖励智多星)。"

师:"那么,最终小马把困难解决了吗?它是怎么解决的呢?"

生1:"解决了。"

生2:"它向老牛伯伯、松鼠、妈妈请教。"

师:"真棒!说明你们刚才看得很认真(奖励智多星)。"

师："小朋友们,在生活中,大家也会像小马一样遇到困难,如果得到别人的帮助,一些困难就能得到解决了,所以,学会求助是一种智慧。今天我们就来向小马学习,遇到困难,学会求助。需要帮助时,学会这样说,请读——"。

板贴:《请帮我一下吧》

二、创设情境,探究新知

活动一:大家都会有困难

师："小朋友们,为了使大家变得更聪明、更优秀,智慧老人会在我们成长的道路上设置一些困难来考验我们。所以呀,困难找过你,找过我,找过他,找过我们每个人,不信,你看——"。

【播放课件】小小调查员——大家都会有困难

师："课前,老师请大家当了一回'小小调查员',通过'问卷星'调查了自己的亲友一天中遇到的困难有多少。现在,让我公布一下大家调查的结果吧。"

【播放课件】饼状统计图

师："通过调查统计,亲人在一天中遇到的困难数达到1个的有×人;一天中遇到的困难数达到2个的有×人;一天中遇到的困难数达到3个的有×人;一天中遇到的困难数达到3个以上的有×人。"

师："看了这个结果,你有什么话想说呢?"

生:"说明每个人都会遇到困难。"

师："你真是一个小小智多星(奖励智多星)。"

【播放课件】各种困难的图片

师："是的,不仅是我们的亲友会遇到困难,每个小朋友在学习和生活中也会遇到困难的。我们来看看课本55页的小朋友遇到了哪些困难。咱们请第一排前四位的小朋友开火车来说说图中小朋友遇到的困难。"

生1:"哎呀,水彩笔没水了!"

生2:"咦,这个字我不认识。"

生3:"跳绳好难啊!"

生4:"鞋带总是系不好怎么办?"

师："除了他们说的这些困难,现在,我想请我们班的小朋友也来聊一聊你们平时都遇到哪些困难。请小朋友'开火车'回答。"

生1:"我经常忘记带学习用具。"

生2:"我会忘记写作业。"

生3:"放学时,我经常忘记戴小黄帽,都是同学提醒我。"

......

师:"听到了吧,困难还真不少啊。老人会遇到困难,年轻人会遇到困难,爸爸妈妈会遇到困难,小朋友们也会遇到困难。大家都会有困难,所以,遇到困难不要慌。"

板贴:《大家都会有困难》

师:"关于这一点,智慧老人有话要说,我们来听听。"

【播放课件】智慧老人有话说(语音):"小朋友们,大家都会有困难,重要的是遇到困难不慌张,冷静下来想办法。可以自己解决的困难就想办法解决,自己不能解决的困难就请求别人帮助。"

活动二:我要求助吗

师:"大家都会有困难,那么,是不是所有的困难都要寻求别人帮助呢?"

生:"不是。"

师:"为了帮助大家搞明白这个问题,智慧老人送给大家的第二份礼物是——微课,请看视频。"

【播放课件】微课《勤自理,懂求助》

师:"小朋友,学习了微课,你明白了什么道理?"

生:"有的困难可以自己解决,有的困难需要向别人求助。"

师:"说得真好! 可是,有个小咕噜,他就是搞不清楚:什么困难该求助,什么困难不该求助。同学们,让我们一起来帮帮他,好吗?"

生:"好!"

【播放课件】文本的情境:我要求助吗

师:"在大家的帮助下,小咕噜的困惑已经得到解决了。接下来,老师想考考大家,看看大家是不是真的学会分辨了。"

师:"来,我们采用六人一小组合作完成。待会儿,请大家按照'自理'归一类、'求助'归一类,并且讨论一下,为什么这么分? 请看,这是合作学习任务单。"

【播放课件】学习任务单

1. 小组长拿出信封里的卡片。

2. 辨一辨:"认真观察图,哪些应该属于自理,哪些应该属于求助。

3. 分一分:"把应该自理的图片分一类、应该求助的图片分一类。

4. 议一议:"讨论一下,为什么这么分?

师:"合作学习时间是3分钟,各小组开始讨论吧!"

师:"小朋友们,时间到。刚才老师巡视了一下,发现有的同学对不同的观点能主动说出自己的看法,这样会促进小组成员共同进步。我还发现有的小组合作学习的秩序好,当有人表达观点时,其他同学都很认真地聆听。"

师："集体的力量是强大的,通过合作学习,每个小组都有了自己的分类结果。现在,我们请第二小组同学上来展示,每位同学拿一张图片,咱们分两拨站位,'自理'的站左边,'求助'的站右边。请其他小组的同学注意听,看看你们的分类和他们小组一样吗。"

师："现在请第二小组的同学来展示一下你们的学习成果。"

(第二小组同学展示并说明理由)

师："小朋友们,看,第二小组把'有人跟踪'归为'自理'类,把'摔倒了磨破了一点儿皮'归为'求助'类,对照一下,你对他们的分类有不同看法的吗?"

生："我们小组和他们分类不一样。"

师："好,那就请第三小组的同学上台来展示一下。"

(第三小组同学展示并说明理由)

师："你们小组请一位代表来说说为什么和第二小组分的不一样。"

生："第一幅图'有人跟踪',我们认为应该求助,因为我们年纪还小,斗不过坏人。第五幅图是'摔倒了磨破了一点儿皮',这个自己处理就行,不需要求助。"

师："那么,第二小组和第三小组究竟谁分类正确呢? 我们一起来看看。"

【播放课件】展示正确分类

师："这样看来,第三小组分对了。祝贺你们! 还有哪些小组也是这样分类的? 请举手。"

师："看来,咱们班的智多星还真不少啊!(颁发智多星)"

师："小朋友们,如果把所有的困难就归为两类:一类是小困难,另一类是大麻烦,请看——"。

板贴:《小困难 大麻烦》

师："那么,请看大屏幕,我们一起来观察一下这些图片,你们有什么新发现呢?"

生："凡是'自理'类的都是小困难。凡是'求助'类的都是大麻烦。"

师："呀,你有一双善于观察的眼睛,为你点赞!(颁发智多星)"

师："小朋友们,小困难该如何处理呢?"

生："自己解决。"

师："对,自己解决不依赖,那么,大麻烦该如何处理啊?"

生："求助别人。"

板贴:《小困难,不依赖 大麻烦,求助人》

师："说到这一点,智慧老人有很好的建议要分享给大家,我们来听听。"

【播放课件】智慧老人有话说(语音):"有的小困难自己想想办法就可以解决的,不要总是依赖别人。平时,勤于锻炼自己,主动去解决问题,这样,你就会变得越来越强大。"

三、拓展延伸,总结升华

师:"小朋友,智慧老人的话记住了吗?"

生:"记住了!"

师:"遇到困难需要求助,方法有很多,谁愿意分享一下你的求助'金点子'?"

生1:"可以打电话、打手机求助。"

生2:"可以面对面求助。"

生3:"用微信求助、微信视频求助。"

生4:"有的不能打电话求助的,就可以在微信留语音求助。"

生5:"还可以发邮件求助。"

师:"求助的方法有多样,小朋友要根据遇到的情况来选择合适的方法哦。为了让大家记得更牢,智慧老人又送给大家一份礼物《求助小儿歌》,我们一起来读读好吗?"

师:"好!"

师:"请大家一边读一边拍手打节奏。孩子们,准备好了吗?"

生:"准备好了!"

【播放课件】

求助小儿歌

小朋友,要牢记,遇到困难不着急。

静下心,想办法,合理求助没关系。

小困难,不依赖,大麻烦,求助人,

勤自理,懂求助,智慧伴我成长路。

师:"小朋友们,求助是一门学问。通过今天的学习,大家不仅知道了小困难不依赖、大麻烦求助人这个道理,同时,还能分辨出什么困难可以自理、什么困难可以求助。相信,今后小朋友在困难面前一定会变得更主动、更智慧!"

板书设计

请帮我一下吧

大家都会有困难

小困难,不依赖

大麻烦,求助人

微课《勤自理 懂求助》

小朋友,每个人一生中都会遇到困难,有的困难不是靠我们一个人的力量就可以解决的,而是要借助别人的帮助才能渡过难关,所以,遇到困难不要慌,要学会向别人求助。可是,有的小朋友搞不明白:遇到困难时,在什么情况下可以靠自己来解决? 什么情况下可以求助别人呢? 今天,我们一起来学习微课《勤自理,懂求助》。

放学了,明明和华华来到一个小操场练习打羽毛球,他俩练得可欢了。一不小心,羽毛球窜到花圃上去了,明明和华华围着花圃又是蹦又是跳的,可就是够不着。他俩开动脑筋想办法,噢,对了,用球拍! 明明拿着球拍,手一伸就把羽毛球给挑回来了。两个小伙伴可开心了,他们继续练起了球。练着练着,没一会儿工夫,羽毛球又蹿到树上去了。显然,这一次,他俩够不着了,这附近既没有梯子又没有椅子。这可怎么办呢? 正在他们犯愁时,不远处走来了一位个子高高的大哥哥。明明和华华两人琢磨着:可不可以求助他呢? 小朋友,你说可以求助吗? 当然可以了! 于是,明明和华华懂礼貌地去求助高个子哥哥。大哥哥轻松地把羽毛球给拿下来了。明明和华华谢过大哥哥,开心地练球去了。

小朋友,现在,我们来说说,什么是自理? 遇到问题和困难,什么情况下可以自理? 自理就是学会自己处理、依靠自己的力量去解决问题。故事中,羽毛球第一次窜到花圃上时,明明和华华积极、主动地想办法,凭借他们的力量就可以解决这个小麻烦。在这种情况下,他们可以自理。

智慧囊:"有的小困难自己想想办法就可以解决的,这种情况下,我们就不要依赖别人。平时,勤于锻炼自己,主动去解决问题,这样,你就会变得越来越强大。"

那么,什么是求助? 遇到问题和困难时,什么情况下可以求助呢? 求助就是当一个人遇到自己没办法解决的问题和困难时,请求别人帮助。故事中,羽毛球第二次蹿到树上去了,明明和华华明显就够不着,他们也想了办法,可还是没办法解决,正巧来了一位高个子哥哥,在这种情况下,他们可以求助于大哥哥。

智慧囊:"遇到自己无法解决的困难时,可以求助你的小伙伴、你的父母、你的亲友,还可以求助于陌生而友善的叔叔阿姨、哥哥姐姐们。"

亲爱的小朋友,"遇到困难在什么情况下可以自理、什么情况下可以求助他人",相信现在你一定弄明白了吧。啊,你变得更聪明了! 祝贺你!

【评析】

教师立足于学生立场,创设了一个贴近学生生活、具有一定情绪色彩的形象化的生动场景,从而引发学生的情感共鸣和同步思考,使他们更好地理解知识,促进学习迁移,体现了本课程贴近学生、贴近生活、贴近实际的理念。

本课以智慧老人为学习的引领者,通过"小小调查员"活动,让学生课前调查亲人们每天遇到困难的次数,并通过聊一聊、听一听的方式,了解小伙伴们平时遇到的困难,由此明白大家都会有困难,从而淡化对困难的恐慌。童话是低年级学生非常喜欢的故事形式,教学伊始通过童话,一来可以很好地吸引学生的注意力,二来用故事中的小马的经历来引出教学内容,学生更有学习的兴趣。由此,理解学会求助是生活的智慧,从而为本节课的学习奠定良好的情感基调。小组合作进行辨析的学习方式为课堂教学注入了活力,让学生由被动学习变为主动学习。教师还创设了一些贴近学生实际的困难情境,把学生引向生活,通过学一学、辨一辨、分一分等学习方式,让学生明白,遇到困难时什么情况下可以自理,什么情况下可以求助,从而增强学生辨析和解决问题的能力,同时引导学生领悟"帮助"的价值与意义,激发学生的助人动机。最后在儿歌中融入本课的知识要点,让学生在朗朗上口的儿歌中巩固所学知识,喜闻乐见的学习方式使学生乐学、爱学,教师适机对全课进行总结提升。

全课教学以学生的主动探索为主,做到把时间留给学生,把空间留给学生,把自由留给学生,充分突显了学生的主体地位。教师从学生实际出发,把教学的触角伸向学生日常生活和社会生活,充分体现了教育的人文质量。

《吃穿住话古今(一)》教学实录及评析

——统编版道德与法治五年级下册第5课

时间:2019年5月6日

地点:建瓯市建安中心小学

执教:黄文英

活动:福建省道德与法治名师张华工作室"南平名师培养对象送教"活动

评析:吴娟

"五学"之一:学案引学,任务驱动

课前,通过导学案引导学生自主预学,完成导学卡的任务清单。教师汇总、分析学生预学情况,以学定教,对教学方式进行调整,重构教学流程。

导学卡

班级		姓名	
所在小组		小组长评价	优□　良□　差□
课题	吃穿住话古今(一)		
学贵自主	我的预学任务清单		
	第1组:古人类是怎样发明和使用火的? 请收集钻木取火的资料。 第2组:古人类生活(住)在什么地方? 请收集相关的资料。 第3组:远古时期,人们怎样制作和使用石器? 第4组:用一些旧牛皮纸或者报纸等做远古人类穿的衣服。 第1至第4组共同完成的作业: 1.收集关于我们的祖先创造了农耕和饲养技术的资料。 2.我能说出的农作物有几种。		
学贵有疑	我的学习困惑		
学贵自得	我的学习心得		
	我想对我们的祖先说:		

一、激趣引学

师:"同学们,人类是如何产生的? 先别急着回答,我这里有一个美丽的传说,大家想听吗?"

生:"想!"

师:"好的,请看大屏幕。"

【播放课件】女娲造人

师:"女娲造人的神话故事充满了神奇的色彩。同学们,无论人是由女娲创造的或是从猿人进化来的,人类都要面对一个现实的问题,那就是衣食住行,因为这些是生活的基本需求。那么,远古时代,我们的祖先吃什么? 穿什么? 住在哪儿呢? 这节课,就让我们穿越时光的隧道,一起去探知我们祖先的生活。"

板书:《吃穿住话古今(一)》

二、探究新知

"五学"之二:反馈议学,追根寻祖

活动一:走进远古时代

师:"现在,请大家打开课本26页,让我们来开启活动模式,进入活动一,走进远古时代。"

板书:《远古时代》

师:"首先,让我们追根溯源,去寻找我们的祖先。昨天老师布置大家回去预学课文,完成导学卡,并搜集相关的资料。现在,是检验大家预学成果的时刻。先来考验考验大家,请同学们以全班作战的方式来闯关,大家有没有信心啊?"

生:"有!"

师:"请听题,'知识小闯关',我们是从哪里来的?"

生:"从古猿进化来的。"

师:"古猿距今约多少年到多少年?"

生:"距今约70万年至20万年。"

师:"在北京周口店生活着一群古人类,我们称为什么人?"

生:"北京人。"

【播放课件】北京人图片

师:"据考证,北京人已经能制造工具和使用火了。在发现北京人之前,没有人相信人类的历史有那么长,一般都认为人类的历史只有10多万年。北京人的发现很有价值,因为他使人们认识到了什么?"

生:"认识到北京人是我们的祖先。"

师:"好啊,同学们真棒!为你们点赞!好的,在大家的共同努力下,我们顺利地找到了自己的祖先。"

师:"接下来,就让我们跟随着我们的祖先一起进入远古时代吧。先来解决一下住的问题,我们的祖先住哪里呢?"

【播放课件】住哪里?山洞

师:"请看导学卡,哪个小组负责收集这方面的资料?是第二小组,我们请一个代表来分享一下。"

生:"那时候的人类还不会建造房屋,而以自然洞穴为栖身之所,借以避免寒风侵袭及防止野兽侵扰。这就是穴居,后来产生了巢居,巢居是指原始人类利用树木和杂草搭在树冠上形成的一种原始建筑,形似鸟巢。"

师:"哦,原来我们的祖先找到了一个洞穴或一个巢穴就会住下来,虽然条件简陋,但是至少可以遮风避雨。"

【播放课件】吃什么

师:"都说'民以食为天',虽然住的问题解决了,可眼前我们还得解决吃的问题,找些什么东西来填饱肚子呢?咦,那里有动静,咱们去看看吧。"

【播放课件】动画片:远古人类的生活

师旁白:"太好了,有吃的,我们赶快去抢一些来吧!要赶跑它们才能抢到吃的啊!啊,总算抢到一块了!小心!我们手上的武器不够强大,还是先撤吧。啊,现在可以美餐一顿了!别抢啊,就这么一点儿,我已经几天没吃东西啦!这骨头里还有可吃的东西啊,我怎么把它给弄出来呢?诶,有了,就用这个硬邦邦的东西砸开它吧。哈,还别说,这个东西真好用啊!"

师:"同学们,你们看到我们的祖先当时吃什么呀?"

生:"当时我们的祖先都是吃生的东西,包括野兽也是生吃。"

师:"是啊,就是吃到生的东西都是不容易的。看,只是填了一下肚子,可刚才隐约听到很远的地方似乎传来了笑声,哦,一定是在笑我们全身光溜溜的,没有东西遮体。可别说,我们也时常感到害羞呢,对,得想一个办法遮遮羞。"

【播放课件】穿什么

师:"同学们,你们说说,在当时的环境下,我们的祖先可以用什么东西来遮体啊?"

生1:"用树叶。"

生2:"用野兽的皮毛。"

师:"对,树叶,或者兽皮。请看——。"

【播放课件】祖先用树叶遮体的图片

师:"课前,老师安排第四组的同学用古老的办法试着做了远古人类穿的衣服,我们请他们穿上来秀一秀,好吗?"

(全班鼓掌)

(第四组学生表演远古服装秀)

师:"这衣服如果是在远古时代,那应该算得上是时尚的,不过,这么薄,不能御寒的。而且……来吧,我们请这几位同学表演几个捕猎的动作,为了显示你们的勇敢,你们尽管把动作的幅度做大一点儿!"

(教师轻手扯了一件衣服……)

师:"呀,裂了! 唉,不经穿啊! 好,谢谢你们的表演!"

"五学"之三:合作研学,聚焦问题

师:"同学们,祖先们虽然获取了吃、穿、住的办法,但是,他们现在就可以高枕无忧了吗?"

生:"不可以。"

师:"为什么呀?"

生:"在当时的自然条件下,要生存下来,还会遇到很多困难。"

师:"是的,当然不可以,我们班级大部分同学都考虑到了这一点,请大家看导学卡。"

【播放课件】导学卡

师:"都说:学贵有疑,大疑则大进。在导学卡'我的学习困惑'中,很多同学提出了同样的疑问,在当时的自然条件下,祖先们在获取食物的过程中会遇到哪些困难和危险? 如果我们生活在远古时代,会用什么办法来解决呢?"

师:"接下来,我们就针对这个问题用3分钟的时间进行四人一小组的讨论,待会儿,请个别小组派代表来说说。好的,讨论开始。"

【播放课件】小组探究:结合情境展开联想

(音乐)

师:"时间到,接下来,请小组代表分享你们的学习成果。"

【播放课件】困难、危险和对策

师:"同学们罗列出来的困难都有哪些呢? 请一位同学读一读。"

生:"主要的困难是:饥饿、寒冷、伤病,还有火山、地震、山洪、雷电、干旱等自然灾害……"。

师:"面对这些困难,你们有什么对策?"

生:"老师,我们小组想了很多办法,不过感觉都解决不了多少问题。"

师:"也就是说,有效的办法多吗?"

生:"不多。"

师:"是的,用一个字来说,那就是'少'!"

师:"想要获取更多吃的东西,比如野兽之类的,该怎么办呢?"

生:"要有石器。"

师:"那么在远古时期,人们怎样制作和使用石器? 第三小组的同学,请为大家分享一下你们收集的资料?"

生1:"原始社会时期,人类的生产活动受到自然条件的极大限制,制造石器一般都是就地取材,从附近的河滩上或者从熟悉的岩石区拣拾石块,打制成合适的工具,旧石器时代中期以前都是这种情况。"

生2:"到了旧石器时代晚期,随着生活环境的变迁和生产经验的积累,这种拣拾的方法有时不能满足生产和生活上的要求,在有条件时,便从适宜制造石器的原生岩层开采石料,制造石器。"

【播放课件】野果图

师:"谢谢你们的分享! 由此可见,我们的祖先生活得真不容易啊! 除此之外,瞧,这满山的野果,你们敢都摘来吃吗?"

生:"不敢。"

师:"为什么呀?"

生:"不知道究竟哪种是有毒的。哪种是没有毒的。"

师:"是啊,可是,肚子实在饿,只能冒险了。"

【播放课件】祖先捕兽图

师:"再看这幅图。你们认为祖先们能很顺利地捕到这些猎物吗?"

生:"不能。因为他们没有捕猎的工具。"

师:"是的,同学们,远古时代,人类在从自然界获取食物的过程中,有可能会中毒,有可能会遭受毒蛇猛兽的袭击,特别是生吃野兽等有可能威胁到他们身体的健康,甚至他们的生命。"

"五学"之三:反馈议学——了解火的发明

活动二:告别饮血茹毛的生活

师:"所以,我们的祖先得想办法告别这饮血茹毛的生活,什么是饮血茹毛啊?"

生:"茹就是吃。饮血茹毛是用来描绘原始人不会用火,过着连毛带血生吃禽兽的生活。"

师:"啊,这个问题很严重! 于是,我们的祖先们决定改变这种现状。孩子们,如果你处在那个环境下,会用什么办法来解决呢?"

生:"取火。"

师:"对的,在长期的生产实践中,他们学会了取火,并使用火。他们是怎样做到的呢？好的。我们又回到导学卡，我们请第一小组的同学为我们分享一下你们收集的这方面的资料。"

生1："在远古时，河南商丘一带是一片森林。在森林中居住的燧人氏，经常捕食野兽，当击打野兽的石块与山石相碰时往往产生火花。燧人氏从这里受到启发，就以石击石，用产生的火花引燃火绒，生出火来。这种取火法在三十年前的商丘农村还有人在使用。"

生2："当时，有一位圣人从鸟啄燧木出现火花而受到启示，就折下燧木枝，钻木取火。他把这种方法教给了人们，人类从此学会了人工取火，用火烤制食物、照明、取暖、冶炼等，人类的生活进入了一个新的阶段。人们称这位圣人为燧人氏，奉他为'三皇之首'。"

师："谢谢你们的分享！你们这一组有没有同学愿意上来为我们表演一下钻木取火？"
（生表演钻木取火）

师："从你们的表演，我们能大致知道你们是想借助钻木头造成的摩擦来取火，除了木头，还有什么东西也会摩擦起火啊？"

生："石头也会摩擦起火。"

师："是的，请看一段视频。"

【播放视频】视频：火的发明

师："火可以给人类带来光明，带来温暖，还可以驱逐猛兽。火的制造，是人类历史的开始。"

【播放视频】视频：石头摩擦取火

师："有了火，人类的饮食方式发生了什么改变？"

生："从吃生食转变为吃熟食。"

【播放课件】视频：熟食的故事

"五学"之四：点拨助学——神农的传说

师："吃生食有危险，可以用火煮，可是吃野果有可能会中毒，捕野兽有可能危及到生命啊，那该怎么办？"

生："种植、养殖。"

师："就这样，我们的祖先获取食物的方式也发生了改变。在漫长的生活、生产实践中，他们把一些野生植物培育成了农作物，把野生动物驯化成了家畜。这就有了什么？"

生："种植和养殖。"

师："在中国的历史传说中，有一个皇帝被称为'农业的发明者'，知道他是谁吗？"

生："是神农，也就是炎帝，远古传说中的太阳神。"

师:"他发明了什么?"

生:"农耕技术。"

师:"请看课本27页。谁愿意来读一读这个传说。"

(生读)

师:"据考古学家发现,早在七八千年前我国就种植了两种农作物? 知道叫什么吗?"

生:"粟、稻。"

师:"是的,中国是最早种粟、稻的国家之一。当然,这可不是空口说出来的哦,考古学家是在什么地方发现了最早的稻粒? 在什么地方发现了最早的粟?"

【播放课件】考古图片

师:"还有早在一千七百多年前,人们已经学会驾牛做什么?"

生:"犁地和耙地。"

师:"知道吗? 就犁地的方式也是一步一步地在发展。请看图片。"

【播放课件】图片:机械犁、牛拉犁、人拉犁、刀耕火种

师:"火的使用、养殖和种植技术的发展对人类的生活产生了什么影响? 这个问题请同桌讨论。"

(同桌讨论)

师:"哪位同学来说说你的看法?"

生1:"火的使用、养殖和种植技术的发展改变了远古时代人类的生产和生活方式,使我们的祖先告别了饮血茹毛的生活。"

生2:"因为有了火,人类农业和畜牧业也从此开始了。"

师:"你们都是爱思考的孩子,为你们点赞!"

师:"种植技术的发展推动我国农业的生产和发展,知道世界上哪个国家培育的农作物最多吗?"

生:"是中国!"(满脸自豪)

师:"不错,是中国! 老师从你的脸上读到了满满的自豪。"

【播放课件】农作物最多的国家

师:"在全世界667种主要栽培植物中,起源于我国的有136种,占20%以上。中华民族在种植、养殖技术方面对世界做出了巨大的贡献。"

【播放课件】比一比:谁知道的农作物多

师:"谁愿意来试一试? 报几个农作物的名称,咱们比一比谁报得多。"

生1:"大豆、水稻、小麦、玉米。"

生2:"白菜、香菇、茶叶。"

生3:"荔枝、龙眼、苹果、香蕉。"

生4："枣树、桑树……。"

三、拓展升华

"五学"之五：延展拓学，升华总结

师："同学们，我发现，这一课有许多历史故事和传说，那么，请问：最初的人类还不能把自己的历史记载下来，人们是怎样知道他们当时的生活的？请看大屏幕——"。

【播放课件】知识小链接

师："请一位同学来读一读。"

生："……随着文字的发明，历史就被记载了下来。现在的人们是通过考察古遗迹、史书，了解我们祖先的生产和生活情况的。"

师："同学们，关于古人的记事法，在后面的课文中将深入学习。通过刚才的这段资料，我们可以掌握一项本领，是什么？"

生："运用传说、文物资料等来推测和再现历史。"

师："同学们，这节课，我们用了40分钟的时间，就感受到了远古时代我们祖先生活的不易。这样的岁月是漫长而艰辛的，面对这样的艰苦条件，我们的祖先运用自己的聪明智慧，不断地摸索、开拓，一步步从野蛮走向了文明。"

板书：《野蛮——文明》

师："此时此刻，请你对我们的祖先说一句话，你想说什么？"

【播放课件】写一写，说一说

生1："祖先，我想说，你们太不容易了，感谢你们将我们带入文明社会。"

生2："祖先，我想对你们说，是你们为一代代人留下了宝贵的生产和生活的经验，我们现在才可以过上这美好的生活，你们真伟大！"

生3："祖先，我想对你们说，你们用聪明才智为今天的我们创造了先进的生活，我们感谢你们！"

师："大家都说得很好！最后，让我们把心中的感激和骄傲化作一句话，请大家大声说。"

【播放课件】我自豪，我是华夏子孙！

板书设计

吃穿住话古今（一）

远古时代　　　告别饮血茹毛

野蛮 ⟶ 文明

【评析】

本课的教育目的是让学生通过历史学习,生成民族归属感、自豪感、使命感。由于时空的距离,学生对感受凝结在吃、穿、住中的祖先们的智慧会有一定的困难,不容易体会到其中的文明发展。本课,教师在新的教育理念指引下,创新教学手段,以"五学"教学法,通过线下导学卡和小组合作探究等学习方式,激发学生想象力,成功地把学生带回到远古时代,去感受人类最初的生活。

教学中,教师合理借助现代化教学手段,引导学生从远古人类在获取食物过程中所遇到的困难和危险,及其祖先们对火的使用和吃熟食的故事中,感知人类的智慧,突破教学难点。在一个个历史事件中,学生了解农业的产生和发展,以及中华民族在种植、养殖技术方面对世界做出的贡献,感受人类的进步与发展,培养民族自豪感。同时,学生掌握了运用传说、文物资料等推测和再现历史的方法,感受到人类从野蛮走向文明的艰辛与漫长以及我国历史的源远流长。

整个学习活动由浅到深,循序渐进,潜移默化,润物无声,在自然而然中实现了情感、态度、价值观的教学目标,彰显了无痕教育的魅力,体现了本课程源于生活、高于生活、指导生活的理念。

《党今年百岁我十岁》
少先队活动课案例与评析

时间：2021年10月9日

地点：建瓯市实验小学

辅导员：黄文英、许梦霞

活动：参加2021年全国优质少先队活动课展示交流活动选拔、南平市少先队活动优质课比赛

评析：许梦霞

备注：该课例获2021年南平市少先队活动课优质队课奖

【活动目标】

1. 以中国共产党成立100周年和四年级少先队员10岁成长礼为契机，通过今昔对比，引导少先队员感受生活的变化和生命的精彩。

2. 通过学习来自福建省的"3个100杰出人物"的感人事迹，回顾少先队员一年来参加学校组织的党建带队建活动的足迹，引导少先队员以小见大，感知党的恩情，培养爱党的朴素情感。

3. 盘点少先队员在争章活动中取得的成果，引导少先队员将爱党的情怀融入到实际行动中，自觉听党话跟党走，树立远大理想，传承红色基因，争做新时代的好少先队员。

【背景分析】

本中队有少先队员48人，这是一个团结奋进的集体，队员们积极上进、活泼可爱。中队先后获得校"优秀中队"、建瓯市"优秀中队"的荣誉称号。四年级的少先队员受年龄的限制，认识事情有一定的局限性，对党的认识较浅显。今年是中国共产党成立100周年，又恰逢四年级的少先队员迎来了10岁成长礼。本主题队课旨在以"党今年百岁我十岁"这个特殊日子为契机，通过形式多样的活动，引导少先队员们在感受成长的快乐和生命精彩的同时，体会党的关怀，感知党的恩情，从而向党靠近，厚植爱党情怀。

【活动准备】

1. 辅导员：组织中队委、小队长及积极分子召开联席会，拟定主题，讨论相关事

宜,并进行分工。指导中队骨干制作课件。

2.队员:收集有关建党百年来生活发生变化的故事和资料;各小队收集一个出自福建省的"3个100杰出人物"的事迹和相关资料;收集参与学校党建带队建活动的资料。少先队员对所收集的资料进行筛选和整理。

【设计思路】

遵循少先队员们的成长规律,结合他们的生活实际,把建党百年和少先队员的十岁成长礼有机结合,以"党今年百岁我十岁"为主题,通过寓教于乐、形式多样的活动,引导少先队员知党恩,听党话,跟党走,争做新时代的好少先队员。设计了四个主要活动:

活动一:"比比今昔变化"通过对比手法,精心选取了生活条件方面的几个变化,引导少先队员感受中国共产党成立100周年以来人民生活发生的变化。

活动二:"颂颂党的恩情"活动设计了两个环节:(1)追星记:各小队分别介绍一位来自福建省的"3个100杰出人物"的感人事迹,以小见大,感知来自各领域的党恩,同时树立正确的价值观,追捧真正的明星。(2)成长迹:通过回顾一年来参加学校开展的党建带队建活动,聚焦学校成立少工委、下农田割稻谷、到基地采春茶、进企业制建盏等四个镜头,感知身边的党恩。

活动三:"晒晒争章成果"回顾少先队员们在争章活动中取得的成果,结合了学校开展的雏鹰争章行动,少先队员们盘点自己在争章活动中取得的成果,以同伴教育、自我反思的方式互相促进,激发少先队员增强素质,培养能力,发展个性,把爱党的情怀融入到今后的争章行动中,促进少先队员们在知行合一中快乐成长。

活动四:"表表美好心愿"通过心愿卡和诗朗诵来表心愿和表敬意,引导少先队员厚植爱党情怀,树立远大理想,争做新时代的好少先队员。

【活动课过程】

主持人甲:"敬爱的辅导员老师!"

主持人乙:"亲爱的少先队员们!"

合:"大家好!"

主持人甲:"又是一个金色的年轮。"

主持人乙:"又是一个丰收的季节。"

主持人甲:"今年,我们党迎来了百岁华诞。"

主持人乙:"今年,我们恰逢自己十岁生日。"

主持人甲:"在这特殊的日子里,我们一起来感受党的关怀,一起来感受生命的精彩。"

主持人乙:"在这特殊的日子里,我们向亲爱的党表决心,不忘党恩,紧跟党走!"

主持人甲:"我们宣布。"

合:"建瓯实验小学四(1)中队"党今年百岁我十岁"中队活动现在开始!"

一、活动一:比比今昔变化

主持人甲:"建党百年,风云变化。"

主持人乙:"十岁成长,憧憬无边。"

主持人甲:"党今年百岁我十岁,说说百年来祖国的新变化。"

主持人乙:"党今年百岁我十岁,看看十年来我们的不一样。"

主持人甲:"首先,让我们进入'比比今昔变化'环节。课前,辅导员老师让我们采访了一些长辈,了解一下建党百年来我们的生活有什么变化。请各小队派代表上来分享一下。"

第一小队代表展示自家的相册。

队员1:"这是我家的相册,这张是我爸爸小时候在他就读的学校拍的照片,而这张是我在我们实验小学拍的照片。对比一下照片中的学校,我们能感受到我们现在的学习环境和学习条件越来越好。"

队员2:"我展示的是一组着装照片,这张是我的生活照,而这张照片是小时候的爸爸,对比一下我和爸爸穿的衣服,就能感受到我们的生活过得越来越好。"

第二小队代表:"我展示的是一组手机,这是旧款手机,这是最新款的智能手机。以前的手机只有通话功能,现在的智能手机功能十分强大。"

第三小队代表:我展示的是一组住房的照片。看,奶奶小时候住的是这种土坯+木头建造的房子,遇到大雨的天气害怕房子会漏雨,遇到干燥的天气害怕发生火灾。爸爸小时候正值社会主义新农村建设,村里出钱帮助家里盖了新房子,新房子很漂亮。我现在住进了小区里的商品房,小区环境优美,还有很多供人锻炼的体育设施和玩耍的娱乐设施。

第四小队代表:"我要讲述的是关于过生日的故事。我爸爸过十岁生日的时候,奶奶为他准备了一碗长寿面,煮了几个好菜,买了一个简易的生日蛋糕,叫几个亲戚坐在一起吃一顿饭,这就是过十岁生日了。而我今年过十岁生日,我邀请了好多同学,妈妈在酒店给我准备了一个生日晚会,酒店布置得十分漂亮,展示台上摆满了各式各样的小蛋糕和饮品,舅舅还为我准备了一个多层蛋糕,我开心极了。

二、活动二:颂颂党的恩情

(一)追星记

主持人甲:"是的,今天我们能过上这样幸福的生活离不开无数革命先辈的浴血奋战和英勇牺牲,离不开新时代各行各业劳动者辛勤的付出。"

主持人乙:"亲爱的队员,你追过星吗?哪些人物才是我们最应该追捧的明星呢?课前,各小队指定了一个来自福建省的"3个100杰出人物"作为他们追捧的明星。"

主持人甲:"接下来,让我们一起进入活动二"颂颂党的恩情"的第一个环节,'追星记'。请各小队代表上台隆重推出你们追的明星。"

主持人乙:"小星探们,准备好了吗?好,我们按照第一小队到第四小队的顺序依次上台介绍,有请第一小队!"

1. 第一小队追星人物:林祥谦。

小队代表:"我们小队要推出的明星是来自福建省的"3个100杰出人物"中的杰出革命英雄——林祥谦。现在,我来介绍一下他的英雄故事:那是1892年,林祥谦出生在闽侯的一个贫农家庭。1922年,他光荣地加入了中国共产党。1923年2月4日,他领导京汉铁路2万多工人举行大罢工。2月7日,林祥谦不幸被捕,在屠刀面前,林祥谦坚贞不屈、视死如归,断然拒绝复工,献出了年仅31岁的生命。"

2. 第二小队追星人物:谷文昌。

小队代表:我们小队追捧的明星也是出自福建省的"3个100杰出人物"中的杰出建设楷模——谷文昌。

【播放《寸心千古谷文昌》片段】

谷文昌(1915—1981年),他带领东山县军民与恶劣的自然环境作斗争,经过艰苦努力,成功治理了风沙灾害,绿化了全县400多座山头、3万多亩沙滩,筑起了30多千米长的沿海"绿色长城",使东山县变为现在的"国家级生态示范县"。谷文昌爷爷一生践行党的宗旨,展现了共产党人的光辉形象。

3. 第三小队追星人物:钟南山。

小队代表:"我们第三小队隆重推出的明星是'3个100杰出人物'中的杰出时代先锋——钟南山,福建厦门人,中共党员,中国工程院院士。2003年,"非典"时期,将近70岁的钟南山连续工作38个小时没有休息,因为疲劳发烧了。2020年新冠病毒发生后,钟南山院士临危受命,迅速带秘书乘高铁前往武汉。从非典到新冠病毒,钟南山爷爷一直站在抗疫一线,成为稳定民心的科学家代表,成为全国人民心中的明星。"

4. 第四小队追星人物:廖俊波。

小队代表:"我们第四小队追的明星也是"3个100杰出人物"中的杰出时代先锋,他就是廖俊波。"

【播放电视剧《廖俊波》片段】

在我们南平,有一位人民的好公仆,他名叫廖俊波。廖叔叔自毕业后,人生绝大部分的时间都交给了工作。他周末几乎没有休息,曾经3天跑了4个省份,会见6

批客商。他把忙碌的工作当成乐趣,几乎每天只睡四五个小时,从不叫苦叫累。2017年3月18日晚上20:30分,廖叔叔乘坐的汽车发生了侧滑,廖叔叔被甩出了车外,当场不省人事,最终没能醒来。中共中央追授廖俊波叔叔为"全国优秀共产党员"称号。

主持人甲:"追星族们,你们从这些'明星'身上学到了什么?听了他们的事迹,你有什么感受?"

队员谈感想。

(二)成长迹

主持人乙:"现在进入活动二'颂颂党的恩情'的第二个环节'成长迹'。在这个环节中,各小队将介绍自己一年来参与的学校党建带队建的活动。首先,我们请第一小队代表为我们展示。"

1. 镜头一:学校成立少工委。

第一小队代表:"上个学期开学不久,中国少年先锋队建瓯市实验小学第一次代表大会在建瓯市队校举行。我作为少先队小骨干代表参加了本次会议。这次大会成立了学校少工委,并对代表们提出的70多条小提议进行汇总、答复。参加本次会议后我感受颇多,我为我是中国共产党领导下的一名少先队员感到自豪,我为我是祖国的小主人感到自豪,我为祖国的强大感到自豪。"

2. 镜头二:下农田割稻谷。

第二小队代表:"这是2020年11月3日,建瓯市实验小学党支部组织党员教师和二十多名少先队员代表前往小松湖头村开展'孕育稻香,收获希望'的党建带队建活动,我作为少先队员代表参加了本次活动。在活动中,我们下农田学习了割稻谷、打谷子的知识,我体会到了劳动人民的辛苦。党员老师们给我们做了很好的示范,并鼓励我们积极参加劳动。我很感谢学校和老师的良苦用心!"

3. 镜头三:到基地采春茶。

第三小队代表:"今年春天,在学校党员教师的带领下,二十几名少先队员代表来到东峰劳动实践基地采春茶。我作为少先队员的代表参加了本次活动。在这次党建带队建活动中,我了解了许多茶的品种,并观看了制茶的工序,知道了许多茶的文化知识,我体会到了中国茶文化的魅力。活动培养了我们的动手能力,开拓了我们的眼界,感谢学校党支部为我们提供了一次学习的机会!"

4. 镜头四:进企业制作建盏。

第四小队代表:"今年5月,党员老师们组织我们二十几名少先队员到川石的建盏园参观,我作为少先队员代表参加了本次活动。参观建盏园的过程中,我知道了建盏的制作过程,了解了建盏的历史,并亲自体验了制作建盏的过程。我知道了一个工艺品从泥土到成品有多复杂,体会到了工艺人的不容易。我们收获了,老师辛苦了!"

主持人甲:"队员们,听了各小队的介绍,你们有什么感受?"

队员们谈感受。

主持人乙:"听了你们的介绍,辅导员黄老师有话要说,我们来听听。"

辅导员小结:"队员们讲述的案例非常生动!老师听了深有感触。正是因为有了党的正确领导,中国人民才能吃得好,穿得好,住得舒服,过得开心,而十岁的你们才能沐浴着党的阳光雨露茁壮成长。所以,我们要感谢我们伟大的党!"

三、活动三:"晒晒争章成果

主持人甲:"党今年百岁我十岁,党的恩情在身边"

主持人乙:"党今年百岁我十岁,党的恩情在心中。"

主持人甲:"感知党恩,我们心潮澎湃。"

主持人乙:"回报党恩,我们不忘初心再出发。"

主持人甲:"在学校的红领巾争章活动中,你是如何用实际行动来回报党恩的?"

主持人乙:"让我们快来"晒晒争章成果"。哪位队员先上来分享一下?好的,我们有请少先队员×××上来。"

(一)少先队员代表展示建党百年党史朗诵比赛作品

少先队员代表1:"我手上这枚特色章是青苹果章,这是我参加'童心永向党'朗诵比赛获得的。"

主持人乙:"你真棒,队员们,我们把掌声送给她!还有谁愿意展示一下?"

(二)少先队员代表展示自己画的建党百年的小报

少先队员代表2:"今年初,我参加学校举办的建党百年小报比赛,获得了一枚特色章——青苹果章。瞧,这是我的参赛作品(展示作品)。"

主持人乙:"建党百年的历史在同学们的笔下熠熠生辉,永远留在我们的心中。还有谁?有请……"。

(三)少先队员展示参加体育比赛的照片

少先队员代表3:"这是我参加南平市乒乓球比赛,并且获得第一名的照片。通过本次比赛,我收获了一枚健体章。"

主持人甲:"队员们努力拼搏、积极上进,这就是对党最好的回报。我们为她点赞!"

(四)少先队员展示获得个人一星章的奖状

主持人甲:"队员们,我们中队不仅有三位少先队员获得了个人一星章,我们的集体也获得了一星章(展示),让我们为自己喝彩!"

主持人乙:"知道吗?这些奖章既是我们送给自己十岁的生日礼物,更是送给党百岁生日的礼物。"

主持人甲:"我们要把爱党的情怀融入到今后的实际行动中,争取获得更多的奖章。"

主持人乙:"谁来说说,在今后的争章活动中,我们可以怎样做得更好?"

少先队员回答。(略)

四、活动四:表表美好心愿(延伸活动)

(一)表心愿

主持人甲:"党带领我们站起来、富起来、强起来。"

主持人乙:"党带领我们携手奋进新征程。"

主持人甲:"党今年百岁我十岁,让我们向伟大的党送祝福。"

主持人乙:"党今年百岁我十岁,让我们向美好的未来表心愿。"

主持人甲:"队员们,你十岁的心愿是什么? 来吧,让我们动动手,把它写在卡片上吧。"

主持人乙:"让我们表达对党的热爱、对报答党恩的未来设想。"

1.少先队员制作心愿卡。

2.请少先队员代表分享自己的心愿。

3.全体少先队员把自己的卡片粘贴到心愿树上。

(二)表敬意

主持人甲:"党今年百岁我十岁,让我们把颂歌献给党。"

主持人乙:"党今年百岁我十岁,让我们用心声表敬意。"

主持人甲:"请全体队员朗诵诗歌《党今年百岁我十岁》。"

诗朗诵

党今年百岁我十岁

甲:党今年百岁我十岁,

这是个特别的日子。

乙:七一您的生日,我的生日,

是我们党的生日,

是我们四年级少先队员共同的生日。

女合:十岁的我们真幸福,校园生活真精彩。

男合:十岁的我们真快乐,创造性的活动促成长。

女合:十岁的我们享受着爸爸妈妈的疼,爷爷奶奶的爱。

男合:十岁的我们感受到了党的关怀和祖国的强大。

全体合:十年的成长融汇了同一句话,

那就是七一爱,那就是七一爱!

甲:比大海更宽,

比白云更纯洁。

乙:比高山更博大的爱!

在这个特殊的日子里,让我们用心声表敬意。

合:爸爸,妈妈,我们爱您,

爷爷,奶奶,我们爱您,

亲爱的党,我们爱您!

五、辅导员讲话

主持人甲:"现在,有请辅导员黄老师讲话。"

辅导员:"今天的少先队活动课'党今年百岁我十岁'举办得非常成功。队员们对比了建党百年来我们生活的变化,回顾了自己成长的点滴,从中感受到在党的关怀下生命更精彩。从杰出人物的感人事迹中,少先队员们明白了中国共产党人的初心和使命是为中国人民谋幸福,为中华民族谋复兴。队员们,希望你们感党恩,听党话,跟党走,将爱党的情怀融入到今后的实际行动中,树立远大的理想,争做新时代的优秀少先队员。"

六、中队长宣布活动结束

中队长:"现在,我宣布:'建瓯实验小学四(1)中队'党今年百岁我十岁'少先队活动课到此结束。"

【活动激励】

本课以党百岁我十岁的特殊日子为切入点,以感知党恩为切入口,活动寓教于乐,由点及面,由浅入深,营造了具有感染性、催人上进的育人氛围。在活动过程中,少先队员们感受到了生活条件的变化和生命的精彩,感受到了党的关怀,明白了今天的幸福生活是因为有党的正确领导,从而培养了爱党的朴素情感,并自觉将爱党的情怀融入到争章活动的实际行动中,从而听党话,跟党走,争做新时代的优秀少先队员。

【活动反思】

活动前,为了引导少先队员明白党的关怀体现在方方面面,从而增强爱党的情感,课前引导少先队员在故事的选择、活动的设计和编排上,要尽量以通俗易懂的语言来表达鲜活的人物形象,让共产党人的形象在他们心中落于实处。显然这是本课的核心目标,所以,在活动前还要组织队员们积极参与各项活动。只有真正参与了,才有发言权,才有真情实感。事实证明,这种思路是正确的。活动课上,每位少先队员都成为了主体,这种自我教育、同伴教育的体验是真切、有价值的。通过具体的、直接的、真实情感的投入,少先队员在活动中对历史处境、人物情感、品德行为的体验和感悟就更加深刻了。值得欣慰的是,课后还发现队员们对争章活动的热情也更高了。

【评析】

2021年是中国共产党成立100周年,又恰逢四年级的少先队员迎来了10岁的成长礼。本次少先队活动课以"党今年百岁我十岁"这个特殊日子为契机,通过形式多样的活动,引导少先队员们在感受成长的快乐和生命精彩的同时,体会党的关怀,感知党的恩情,从而向党靠近,厚植爱党情怀。

首先,开展了"比比今昔变化"活动,通过对比手法,精心选取了生活条件方面的几个变化来引导少先队员感受改革开放以来人民生活发生的巨大变化。接着,开展"颂颂党的恩情"活动,通过"追星记"环节学习先锋人物的感人事迹,通过"成长迹"环节聚焦学校成立少工委、下农田割稻谷、到基地采春茶、进企业作制建盏等四项活动,引导少先队员感知党恩。在这个活动中,少先队员以小见大,感知来自各个领域的党的关怀,感知党的恩情就在自己身边,同时树立了正确的价值观。然后,开展"晒晒争章成果"活动,盘点少先队员们在争章活动中取得的成果,引导少先队员增强素质,培养能力,发展个性,把爱党的情怀融入到今后的争章行动中,从而实现知行合一。最后是活动"表表美好心愿",通过表心愿和表敬意,引导少先队员靠近党,培养爱党情怀,从而自觉听党话跟党走。

最值得肯定的是,活动前,辅导员引导少先队员在故事的选择、活动的设计和编排上,要尽量以通俗易懂的语言来表达鲜活的人物形象,让共产党人的形象在他们心中落于实处。显然这是本课的核心目标,因此在活动前动员少先队员们积极参与各项活动,只有真正参与了,才有发言权,才有真情实感。事实证明,这种思路是正确的。活动中,每位少先队员都成为了主体,这种自我教育、同伴教育的体验是真切、有价值的。通过具体的、直接的、真实情感的投入,少先队员在活动中对历史处境、人物情感、品德行为的体验和感悟就更加深刻了。

最让人欣慰的是,整个活动注重与丰富多样的实践体验相结合,并延伸到学校开展的雏鹰争章行动中,有艺术类的,有体育竞赛类,有小报比赛类,有个人的,有集体的,以同伴教育、自我反思的方式互相促进,激发少先队员把爱党的情怀融入到今后的争章行动中,促进少先队员在知行合一中快乐成长。据悉,课后少先队员们对争章活动的热情也更高了。

《美丽的冬天》作业设计及分析
——统编版道德与法治一年级上册第13课

时间:2018年1月

形式:辅助教材

设计与分析:黄文英

活动:受福建省普教室邀请参与编写《道德与法治·随堂练习》

课题名称	第13课 美丽的冬天
活动目标	1. 学生能结合观察到的冬天的景象,解释冬天是怎样的;能结合自己的生活经历,说明一年四个季节的规律;体验冬天的变化,概括冬天与其他季节不同的特征,以及冬天的到来对动植物与人类生活的影响,大致解释动物的冬眠现象;能说明该如何积极面对冬天。 2. 学生能结合自己的生活经历,感受冬天的美好,举例说明冬天带来的乐趣,概括性地表达冬天的美,鉴赏冬天的美。 3. 学生能辨别南方和北方不同的冬季特征;结合冬天的常识,能辨别一些小动物的冬眠行为;能运用冬天的常识辨别出冬天的一些活动是否安全。 4. 学生能运用冬天的常识适应环境,依据季节变化的规律调整自己的生活;能创造性地享受冬天,增加冬天的乐趣
栏目名称1	【时事链接】——走进快乐童谣
活动目标	通过朗朗上口的童谣,引导学生观察冬天的变化,感受冬天的季节特征;培养学生观察自然、探索自然的兴趣
栏目名称2	【时事链接】——走进童话世界
活动目标	通过童话故事,发现冬天的乐趣,感受冬天的美好
栏目名称3	【时事链接】——走进动物王国
活动目标	能初步感知动物的冬眠现象
栏目名称4	【动手动脑】——选一选
活动目标	1. 结合自己的生活经历,能知道一年四个季节的规律。 2. 能运用冬天的常识适应环境,依据季节变化的规律调整自己的生活。 3. 能创造性地享受冬天,增加冬天的乐趣。 4. 能运用冬天的常识辨别出冬天的一些活动是否安全

课题名称	第13课 美丽的冬天
栏目名称5	【动手动脑】——填一填
活动目标	以"填一填"的方式,让学生自我评价。引导学生观察冬天的变化,乐于体验冬天的乐趣,感受大自然的美;能积极面对冬天,主动适应环境,调整自己的生活
栏目名称6	【动手动脑】——猜一猜
活动目标	观察四张独具地域特征的冬景图片和文字的详细描述,能辨别南方和北方不同的冬季特征
栏目名称7	【动手动脑】——画一画
活动目标	通过画画"时事链接"中的童谣《雪花飞》,感受冬天的美好和乐趣
栏目名称8	【动手动脑】——听故事,答问题
活动目标	结合时事链接部分的内容,以一年级学生喜爱的童话故事来激发他们学知识,增强答题的趣味性: 1.听童话故事《小河不见了》,能明白冬天给环境带来的变化。 2.听童话故事《小熊去哪儿了》,能辨别一些小动物的冬眠行为。 3.听童话故事《快乐的时光》,感受冬天的美好和乐趣,同时,能知道如何创造性地享受冬天,增加冬天的乐趣

shí shì liàn jiē
一、时事链接

zǒu jìn kuài lè tóng yáo
【走进快乐童谣】

xuě huā fēi
雪花飞

qiān duǒ fēi　　wàn duǒ fēi
千朵飞,万朵飞,

xuě huā hǎo xiàng bái dié fēi
雪花好像白蝶飞。

nǐ yě fēi　　tā yě fēi
你也飞,她也飞,

wá wá hǎo xiàng huā dié fēi
娃娃好像花蝶飞。

xuě huā fēi　　wá wá fēi
雪花飞,娃娃飞,

huā dié zhuī zhe bái dié fēi
花蝶追着白蝶飞。

【走进童话世界】

雪地里的小画家

冬姑娘给我们带来了银色的世界，也给小动物们带来了许多欢乐。

小鸭嘎嘎发现自己的脚印踩在雪地上像枫叶，于是它告诉了小伙伴。小狗汪汪发现自己的脚印像梅花，小马拉拉的脚印像月牙，

麻雀喳喳的脚印像小草。它们在雪地上跳来跳去，它们的脚印在雪地上构成了一幅美丽的图画。

【走进动物王国】

动物过冬的方式

松鼠在快入冬时把找好的食物分散挖洞埋起来，然后到了冬天，在树洞里睡觉，饿了就起来把埋好的吃的挖出来吃。企鹅围成一团，体弱的、小的就在中间，大的、体质好的在外圈。在南极的冬天里，企鹅依偎着团结在一起度过冬天。

储粮

二、动手动脑
dòng shǒu dòng nǎo

（一）选一选
xuǎn yī xuǎn

1. 一年有四季，这四个季节不断变化，秋天去了，（　　）来了。
yī nián yǒu sì jì   zhè sì gè jì jié bú duàn biàn huà   qiū tiān qù le   lái le

A. 春天　　　　B. 秋天　　　　C. 冬天　　　　D. 夏天
　chūn tiān　　　　qiū tiān　　　　　dōng tiān　　　　xià tiān

2. 冬天来了，雪花满天飘，小朋友都穿上了（　　）。
dōng tiān lái le   xuě huā mǎn tiān piāo   xiǎo péng yǒu dōu chuān shàng le

A. 短袖　B. 棉袄　　　　C. 短裤　　　　D. 衬衫
　duǎn xiù　mián ǎo　　　　duǎn kù　　　　chèn shān

3. 没有下雪的冬天，课间，我们可以用（　　）方式来取暖。
méi yǒu xià xuě de dōng tiān   kè jiān   wǒ men kě yǐ yòng   fāng shì lái qǔ nuǎn

（可多选）
kě duō xuǎn

A. 跳绳　　　　B. 跳牛筋绳　　　C. 坐教室里　　　D. 跑步
　tiào shéng　　　tiào niú jīn shéng　　zuò jiào shì lǐ　　　pǎo bù

4. 冬天到了，小朋友都玩起了自己喜爱的游戏，你认为以下
dōng tiān dào le   xiǎo péng yǒu dōu wán qǐ le zì jǐ xǐ ài de yóu xì   nǐ rèn wéi yǐ xià

哪幅图的小朋友玩耍的游戏不安全。（　　）
nǎ fú tú de xiǎo péng yǒu wán shuǎ de yóu xì bù ān quán

A. 　　B. 　　C. 　　D.

（二）填一填
tián yī tián

下列描述与你的实际情况相符合吗？请根据你的实际情
xià liè miáo shù yǔ nǐ de shí jì qíng kuàng xiāng fú hé ma   qǐng gēn jù nǐ de shí jì qíng

况在每一道题后做出选择（画"√"）。
kuàng zài měi yí dào tí hòu zuò chū xuǎn zé   huà

题目 tí mù	不符合 bù fú hé	比较符合 bǐ jiào fú hé	很符合 hěn fú hé
①我愿意观察冬天的变化 wǒ yuàn yì guān chá dōng tiān de biàn huà			
②我愿意体验冬天的乐趣，感受大 wǒ yuàn yì tǐ yàn dōng tiān de lè qù gǎn shòu dà 自然的美 zì rán de měi			
③冬天来了，我愿意适应环境，调整 dōng tiān lái le wǒ yuàn yì shì yìng huán jìng tiáo zhěng 自己的生活 zì jǐ de shēng huó			

第三部分　躬身实践篇

173

（三）猜一猜 cāi yī cāi

图1 tú   图2 tú   图3 tú   图4 tú

图1：白雪皑皑，房屋披上了厚厚的绒装，这美丽的景色来自祖国（　　）。

图2：白雪为断桥铺上一层薄薄的银装，构成一幅"断桥残雪"的美丽画面，这景色来自祖国（　　）。

图3：阳光明媚，海水清澈，与沙滩相衔接，构成了一幅天然画卷。这美丽的景色来自祖国（　　）。

图4：乘坐马儿，拉着爬犁，奔驰在银光闪闪的雪原上，犹如置身在一个童话般的世界。这种景象来自祖国（　　）。

A. 东南方的杭州   B. 最北方的黑龙江漠河县

C. 西北部的新疆   D. 最南端的海南

（四）画一画 huà yī huà

我来动动手，我要把快乐童谣《雪花飞》描述的景象画下来。

tīng gù shi dá wèn tí
(五)听故事,答问题

xiǎo hé bú jiàn le
小河不见了

kōng zhōng piāo zhe é máo dà xuě xiǎo yā gā gā zài
空 中 飘着鹅毛大雪,小鸭嘎嘎在

jiā lǐ mèn dé fā huāng tā xiǎng chū qù tòu tou qì xiǎo
家里闷得发慌,它想出去透透气。小

yā xiǎng ā hǎo jiǔ méi qù yóu yǒng le zhè kě shì wǒ
鸭想:"啊,好久没去游泳了,这可是我

zuì xǐ huan de yùn dòng shuō zǒu jiù zǒu xiǎo yā chuān
最喜欢的运动。"说走就走,小鸭穿

guò shù lín zǒu guò yī gè xiǎo shān pō kě shì méi jiàn dào yuán lái de nà tiáo xiǎo hé xiǎo yā
过树林,走过一个小山坡,可是,没见到原来的那条小河,小鸭

xīn li dí gu zhe yí wèi shén me xiǎo hé bú jiàn le
心里嘀咕着:咦,为什么小河不见了?

xiǎo péng yǒu qǐng nǐ gào sù xiǎo yā yīn wéi   suǒ yǐ xiǎo hé bú jiàn le
小朋友,请你告诉小鸭:因为( ),所以小河不见了。

xiǎo hé de shuǐ gān hé le
A. 小河的水干涸了

xiǎo hé bèi yí zǒu le
B. 小河被移走了

xiǎo hé de shuǐ biàn chéng bīng le
C. 小河的水变成冰了

xiǎo yā zǒu cuò lù le
D. 小鸭走错路了

xiǎo xióng qù nǎ er le
小熊去哪儿了

běi fēng hū hū dì chuī zhe dōng tiān dào le xiǎo tù lián zhe jǐ tiān qiāo xiǎo xióng jiā de
北风呼呼地吹着,冬天到了。小兔连着几天敲小熊家的

mén kě shì dōu méi jiàn xiǎo xióng lái kāi mén xiǎo tù xīn xiǎng xiǎo xióng wèi shén me bù gěi
门,可是都没见小熊来开门。小兔心想:小熊为什么不给

wǒ kāi mén ne
我开门呢?

xiǎo xióng bù hé wǒ zuò péng yǒu le ma kě shì xiǎo tù yòu xiǎng xiǎo xióng shì bu shì
小熊不和我做朋友了吗?可是,小兔又想:小熊是不是

méi zài jiā nà tā qù nǎ er le
没在家?那它去哪儿了?

xiǎo péng yǒu xiǎo xióng qù nǎ er qǐng nǐ bāng bāng xiǎo tù gào sù tā xiǎo xióng
小朋友,小熊去哪儿?请你帮帮小兔,告诉它:小熊

( )。

chū mén qù zhǎo chī de dōng xī le
A. 出门去找吃的东西了

dai zài tā de wū zǐ lǐ dōng mián
B. 待在它的屋子里冬眠

chū qù kàn xuě jǐng le
C. 出去看雪景了

chū yuǎn mén qù lǚ xíng le
D. 出远门去旅行了

kuài lè de shí guāng
快乐的时光

dōng tiān shì dà jiā kuài lè de shí guāng
冬天是大家快乐的时光。

qīng wā shuō   wǒ yào zài shù dòng lǐ měi měi dì shuì shàng yī jiào
青蛙说:"我要在树洞里美美地睡上一觉。"

dà yàn shuō   wǒ yào fēi dào wēn nuǎn de nán fāng   dù guò yī gè shū shì de dōng tiān
大雁说:"我要飞到温暖的南方,度过一个舒适的冬天。"

xiǎo mǎ yǐ shuō   dòng lǐ yǒu qiū tiān bān huí de hǎo duō shí wù   wǒ kě yǐ měi měi dì
小蚂蚁说:"洞里有秋天搬回的好多食物,我可以美美地

chī
吃……"

xiǎo péng yǒu shuō   dōng tiān wán de yóu xì kě duō le   wǒ kě yǐ wán
小朋友说:"冬天玩的游戏可多了,我可以玩(   )"。

kě yǐ duō xuǎn
(可以多选)

dǎ xuě zhàng   duī xuě rén   zhuō yíng huǒ chóng   zuò xuě qiāo
A. 打雪仗   B. 堆雪人   C. 捉萤火虫   D. 坐雪橇

一、知识维度分析

健康、安全的生活	事实性知识	
	概念性知识	
	程序性知识	能辨别冬天的一些活动是否安全
	元认知知识	
愉快、积极地生活	事实性知识	学生能结合观察到的冬天的景象,解释冬天是怎样的;能大致解释动物的冬眠现象
	概念性知识	学生能结合自己的生活经历,说明一年四个季节的规律;体验冬天的变化,概括冬天与其他季节不同的特征,以及冬天的到来对动植物与人类生活的影响,说明该如何积极面对冬天
愉快、积极地生活	程序性知识	学生能辨别南方和北方不同的冬季特征;结合冬天的常识,能辨别一些小动物的冬眠行为
	元认知知识	运用冬天的常识适应环境,依据季节变化的规律调整自己的生活
动手动脑、有创意地生活	事实性知识	
	概念性知识	学生能结合自己的生活经历,感受冬天的美好,举例说明冬天带来的乐趣,概括性地表达冬天的美
	程序性知识	能鉴赏冬天的美
	元认知知识	学生能创造性地享受冬天,增加冬天的乐趣

二、命题双向细目表

能力维度 知识维度		识记	理解	应用	分析	评价
健康、安全的生活	事实性知识					
	概念性知识					
	程序性知识	√		能辨别冬天的一些活动是否安全		
	元认知知识					
愉快、积极地生活	事实性知识	√ 学生能结合观察到的冬天的景象,解释冬天是怎样的	能大致解释动物的冬眠现象			能观察冬天的变化
	概念性知识	√ 学生能结合自己的生活经历,说明一年四个季节的规律		学生能结合自己的生活经历,感受冬天的美好,举例说明冬天带来的乐趣,概括性地表达冬天的美	学生能结合自己的生活经历,体验冬天的变化,概括冬天与其他季节不同的特征,以及冬天的到来对动植物与人类生活的影响,说明该如何积极面对冬天	
	程序性知识	√ 学生能辨别南方和北方不同的冬季特征		结合冬天的常识,能辨别一些小动物的冬眠行为		
愉快、积极地生活	元认知知识	√		运用冬天的常识适应环境,依据季节变化的规律调整自己的生活;能创造性地享受冬天,增加冬天的乐趣		能乐于体验冬天的乐趣,感受大自然的美;运用冬天的常识主动适应环境,积极面对冬天,调整自己的生活

续表续表

能力维度 知识维度		识记	理解	应用	分析	评价
动手动脑、有创意地生活	事实性知识					
	概念性知识	√			学生能结合自己的生活经历,感受冬天的美好,举例说明冬天带来的乐趣,概括性地表达冬天的美	
	程序性知识	√	能鉴赏冬天的美			
	元认知知识	√		学生能创造性地享受冬天,增加冬天的乐趣		
说明	1. 知识维度部分需要在表格中相应的地方填写内容 2. 能力维度部分只要在表格中对应的地方画"√"					

三、题目分析

题号	第一题:"选一选"第1小题				
答案	C.冬天				
难度	难度系数较低				
知识维度	①健康、安全的生活				
	②愉快、积极地生活	结合自己的生活经历,能知道一年四个季节的规律			
知识维度	③负责任、有爱心地生活				
	④动手动脑、有创意地生活				
涉及知识点	一年四季运转的规律				
认知维度(选1-2项,画"√")	识记	理解	应用	分析	评价
	√	√			
考察子技能(自选)					

续表

题干特征	题干与本课文本中出现的《三字经》"曰春夏,曰秋冬。此四时,运不穷"的主旨相吻合
答案特征	答案简洁
备注	

题号	第二题:"选一选"第2小题				
答案	B. 棉袄 ^{mián ǎo}				
难度	难度系数低				
知识维度	①健康、安全的生活				
	②愉快、积极地生活	能运用冬天的常识适应环境,依据季节变化的规律调整自己的生活			
	③负责任、有爱心地生活				
	④动手动脑、有创意地生活				
涉及知识点	冬天的气温低				
认知维度(选1~2项,画"√")	识记	理解	应用	分析	评价
			√		
考察子技能(自选)					
题干特征	题干接近学生的生活,选项的设置对比鲜明,学生容易找到正确答案				
答案特征	正确答案显而易见				
备注					

第三部分 躬身实践篇

179

《干点家务活》教学设计
——部编版道德与法治一年级下册第三单元第四课

时间：2020年4月

活动：南平市学校心理健康教育教学设计比赛活动

设计：黄文英

备注：本设计获南平市教学设计一等奖

【设计理念】

以皮亚杰的认知发展阶段理论和埃里克森的心理社会发展理论为导向，以活动为载体，抓住小学生的心理特点，用趣味化的学习培养学生对家务劳动的兴趣，引导他们巧干、能干、乐干，从而成为干家务的小能人。

【教学主目标】

1. 初步学习做好一些简单家务劳动的方法和技能，学会解决在参与家务劳动时经常遇到的问题。

2. 认识到主动参与家务劳动是分担家庭责任、爱家人的表现。

3. 有主动参与到家务劳动中的愿望，通过做家务活产生参与感、担当感，从小树立劳动光荣的意识，并从中体验成长和进步的乐趣。

【教学副目标】

1. 依据皮亚杰的认知发展阶段理论，引导学生理解并认同参与家务劳动的意义。

2. 以埃里克森的心理社会发展理论为导向，关注小学生在勤奋对自卑阶段中的特殊心理，用激励性的学习帮助他们树立干家务活的自信心和劳动光荣的自豪感。

3. 根据一年级学生对新生事物感到新鲜、好奇、喜欢模仿的心理特点，用趣味化的学习培养学生对家务劳动的兴趣，从而主动参与家务劳动。

【学情分析】

一年级学生年龄虽小，但也可以分担一些力所能及的家务，这关乎他们的独立成长。他们对家务活的热情高出我们的想象，但在实际生活中，家长的不放心、不放手成了学生接触家务活的阻碍,造成学生缺乏更多锻炼的机会和正确的指导,遇到家务过程的困难容易畏难和退缩,因此,在教学中,教师可以利用一年级学生心理特点,循循善诱,以趣味性的学习增强学生学习家务技能的兴趣和参与家务劳动的自信心。

【教学重、难点】

重点:培养学生的家庭责任感,增强学生做家务的实践能力。

难点:学习解决做家务劳动过程中遇到的困难。

【教学课时】

两课时

【教学过程】

一、导入新课,激趣引学

反馈课前家务小调查,指名学生贴苹果(同类的不重复)。

师:"同学们可真棒啊!看来,我们班做家务活的小能手还真多!那么,今天咱们就聊聊《干点家务活》这个话题。"

板书:《干点家务活》

师:"说到家务活,爱劳动的佩奇将和我们一起学习,学得好的同学还有机会获得佩奇勋章哦!看,这就是佩奇勋章,想要吗?啊,那得靠实力说话哦!我们一起努力,把苹果树上的苹果一个个摘下来吧,加油!"

【设计意图】基于学生已有生活认知的教学才是符合学生学情的教学,视频交流和苹果树的教学方式生动活泼,分享交流又使对做家务劳动的指导走向深入。

二、学习新课,明理导行

活动一:巧干篇——海选家务小明星

播放佩奇录音(游戏规则)

(一)进入海选第一场——叠衣小能手

1.叠衣服比赛(摘苹果)。(教师巡视)

2.请做得好的学生说经验。(奖励你佩奇勋章)

3.总结叠衣办法。师:"来,咱们把他这种叠衣服的方法总结一下吧,第一步伸伸手;第二步是抱一抱;第三步是弯弯腰。"

4.叠衣新创意。用纸片自制的工具叠衣。小口诀:第一步伸伸手;第二步是瘦瘦身;第三步是抱一抱;第四步是弯弯腰。

请学生上台试一试。请在座的所有同学做他的亲友团读口诀。

第三部分　躬身实践篇

(二)海选第二场——家务小妙招

1. 小组交流家务小妙招

2. 小组代表分享。

3. 评选家务活小明星。

【设计意图】本环节根据一年级学生喜欢游戏的特点,通过趣味化的学习来激发学生对家务劳动的兴趣。身边的小伙伴分享适用有效的做家务的方法,会增强学生的认同感,由此在小伙伴的帮助下学会更多做家务的好方法,达到巧干的目的。

活动二:能干篇——争做家务小达人

(一)系鞋带大比拼

1. 学学系鞋带。师(摘苹果):"大比拼之前,我们先来学习怎样系鞋带。"(播放微课视频)

2. 系鞋带大比拼。

3. 评出系鞋带小达人,奖励佩奇勋章。

(二)我们一起帮帮他

师:"做家务可不是都很顺利的哦,不信,你听'我的苦恼'。"(课本35页)

1. 依次播放文本的三张图片(相应配上3个音频:"我的苦恼")

师:"家长为什么不让他做呢? 那他是怎么回应的? 这个场景你有没有遇到过吗? 该怎么办? 请大家快来帮帮他吧。"

小结:"孩子们,当家长不支持我们做家务时,我们更应该主动去做,并且要坚持去做,因为分担家务也是爱。"

2. 播放做家务活被水烫到的图片。(配上音频)

师:"老师还要提醒同学们,做家务活时要注意安全,尽量选择适合自己的家务活,有些危险的家务,例如有可能会引起烫伤、摔伤、刀伤、触电等家务活,不能单独行动,需要让家长一起参与指导。"

【设计意图】以竞赛式的学习激励学生接受或参加家务劳动任务时,由于各人思想基础不同,常常会产生不同想法,从而影响到家务劳动积极性的进一步调动。不正确的想法或家长错误的观点则会对认识不清与抱怀疑态度的小学生产生负面影响。因此,本环节的教学旨在让学生接受正面的引导,如此,在遇到类似问题时,他们就不易动摇,不易迷惑,从而主动自觉地参与家务劳动。

活动三:乐干篇——做点家务好处多

接下来,佩奇要奖励机灵好学的你们一个故事,请大家一起进入佩奇的故事乐园。来,咱们坐直身体听故事吧!

(一)《朱家故事》

听故事,议故事。播放讨论:

1. 听了这个故事,你有什么想说的?

2. 孩子们,做家务不是一个人的事情,家务活应该是谁的事啊?

3. 做家务活蛮辛苦的,那为什么一家人都要主动去分担呢?

板书:《爱家人》

(二)联系实际谈好处

1. 瞧,悠悠小朋友扫地有什么收获?(播放视频)

板书:《动脑筋》

2. (播放视频)芊芊小朋友第一次洗碗时发生了什么事呢?采访这位同学:你把衣服弄湿了,为什么却很开心呢?

3. 全家人合作做家务活。(播放视频)涵涵同学,说说你当时劳动时的感受(很快乐)

板书:《长本领 很快乐》

【设计意图】通过家务劳动的教育和实践,可以培养家务劳动的观念,养成家务劳动习惯。本环节展现了做家务的过程,既有成功也有困难,旨在引导学生了解做家务的意义,鼓励学生结合课内信息及自己平时的生活经验来讨论干点家务活的好处,教师再予以补充、总结与提升,激发学生乐于做家务的愿望。

三、总结升华,拓展延学

师:"同学们,看,我们摘下了这棵树上的好多个苹果,收获可真大呀! 做家务活好处真不少,老师希望同学们每天坚持做家务,养成做家务的好习惯。会做的家务活咱们可以经常做,不会做的家务活咱们可以学着做。"

板书:《经常做 学着做》

同桌之间互相交换苹果卡。

师:"同桌苹果卡里的家务活你也会做的话,那你就经常做;同桌苹果卡里的家务活你不会做的话就学着做吧。"

全班拍手唱《劳动最光荣》。

【设计意图】小学生知识的学习基本上是按照理解、保持、应用的顺序进行的。为了巩固学习效果,促进学生全面发展,本环节有意识地引导学生把已经理解的学习成果迁移到日常的生活中去。通过多种活动来使学生对家务劳动要求产生概括性的认识与正确的行动方式,由此,真正的道德品质才能得以形成和巩固。

【教学反思】

本课,笔者重点在心理健康教育的融入上下功夫,立足于学生的生活实际,通过课前调查、观看视频、同伴互助等手段,以感受家务活的乐趣为切入点,从巧干、能干、乐干三方面来鼓励学生主动"干点家务活",引导他们由课堂的感悟回归到生活实践之中,把愿意承担家务的意愿转换成实际行动。课程资源的二次开发使教学空间没有局限于课堂,课内活动向课外延伸,也使学生真正融入到生活中,体现了道德与法治课程的开放性和综合性的特点。课堂中的讨论虽然突显了学生的自主性和探究性,但不够深入。今后应注重培养学生交流信息的能力,增强教育的有效性。

第二节 课堂观察

用教育的"慧眼"把准育人方向
——对韩雪老师《中国有了共产党》的教学点评

时间：2021年12月17日

活动：北京师范大学庆祝《思想政治课教学》创刊40周年暨学党史讲思政一体化教学研讨活动（全国教研网直播）

评课人：黄文英

各位老师：

大家好！在这样一个高规格的研讨活动里，能与来自全国各地的专家共同点评由北京市西城区师范附属小学韩雪老师执教的《中国有了共产党》，我感到既高兴又荣幸。

有学者认为，要用三种视角研究教育，那么，今天，我也想尝试一下从三种视角来点评我观课后的所感。我的指导与评析的是：

首先，请允许我用"飞鸟之眼"从宏观层面来谈谈感受。

近年来，我们切身感受到了国家正在自上而下地加强思政建设的顶层设计，而今天的这场研讨活动正是我们践行理念的一种具体表现：在这里，思政教师们目标一致，螺旋上升地链接了各学段的教学目标和内容梯度，体现了不同学段的教学规律；在这里，有理论的高度，有实践的体验，思政教师深耕同一主题的教材，呈现了各学段思政课不同的教学形式，凝聚成思政建设的育人合力。

韩雪老师执教的《中国有了共产党》，这课的教学目标是了解马克思主义在中国的传播及五四运动的相关史实，知道中国共产党的创建是历史的必然选择。小学阶段思政课重在启蒙道德情感。从这堂课中，我们欣喜地看到了教师有效地启蒙了孩子们爱党的朴素情感，为今后坚定"永远跟党走"的信念奠定了情感基础。

其次，让我用"蜻蜓之眼"多角度观察课堂，"点水"般地点评一下这节课的几个亮点。

亮点一:使用教材重创新。理论联系实际是道德与法治课的教学原则。本节课立足于"中国共产党产生的必然性"这一认知,韩雪老师不只是简单地罗列教材知识,而是引入了首都、区域及身边的红色教育资源,开发和综合运用了来源于学生生活的案例和素材,创造性地把它们与教材进行重组和整合。

亮点二:教学情境巧设置。本节课,以时间为脉络,以精神为核心,韩老师精心设计了"艰难求索""开天辟地""强国有我"三个板块,环环相扣,有条不紊。以"一本杂志""一个寓言""一种精神""一艘红船"等依次引出了几个重要史实。教师关注了情境中的学生,设计了填写"时间轴事件卡"的学习活动,理清了中华民族艰难求索之路。整堂课教学思路清晰,通过回忆、观察、分析、交流、体验,层层引导,由浅到深,提升学生分析问题和解决问题的能力,深入浅出地将抽象的问题具体化、深刻的问题通俗化。

亮点三:知行合一显人文。是儿童教育的最高价值,我们要尊重儿童的立场,着眼他们的生命成长。所以,我们要引导学生跳出课本,从课内走向课外,走出校门,打开心门,做到知行合一、理实相生,这才能体现教育的人文质量。本节课,在学生有了认知层面的积累之后,韩老师有意识地将学生从历史拉回到现实生活中,让学生从生活出发,寻找身边的榜样,有50多年党龄、20多年军龄的党员爷爷,还有92岁的党员太姥姥……以此触动他们的内心情感。接着,韩老师又与时俱进地利用了建党百年庆典活动的视频,来点燃和升华学生的理想和信念,使他们联系自身实际,自觉地把个人的理想追求融入到国家和民族的事业中,并立下"请党放心,强国有我"的报国之志。这样的一个引导彰显了思政课程源于生活、高于生活、指导生活的理念,同时体现了教师的高起点、高立意的专业素养,这是我特别欣赏的地方。

现在,请允许我用"蚂蚁之眼"从细微处着眼,谈谈我的两点建议。

第一个建议:就是要处理好深度与温度的关系。生命是多元的、变化的,那么它就决定了我们的教育应该是多样化的。尤其是小学阶段,我们的教育对象是儿童,我们要让儿童立于课堂的中央。历史性的重要事件对于五年级的学生来说还是比较陌生和遥远的,也就是这类知识点对他们来说有一定深度的。那么,要让这些有深度的历史变得有温度,我们可以采用一些趣味化的方式引导他们学习,让我们的教学变得更贴近儿童。比如,课前可以让学生自主收集资料,课上进行小组分享交流,探讨历史发展的因果关系。然后,可以通过"新闻发布会""人物专访记""历史事件大看台",等等,甚至可以用"演一演""猜一猜""画一画"等这些儿童喜闻乐见的方式来还原重大的历史事件和历史人物。在"双减"背景的当下,还可以设计一些课堂练习,以小组PK的方式,以赛促学,做到当堂知识当堂消化。这样能加深学生在学习活动过程中的感受和体验,使有意义的内容变得有意思,师生就能在变化中收获教与学的愉悦。

第二个建议：就是要处理好预设与生成的关系。有人说预设是幅不动的画，生成却是流动的水。预设需要教师的基本功，而生成更需要教师的教学智慧。在"艰难求索"这个板块中，几位学生在课件的提示下，依次阐述了几个重大的历史事件，包括时间、背景、失败的原因，甚至是造成的影响，竟然全脱稿地说下来，流利而完整的回答难免让观课者感到惊讶。其实，我们可以让孩子直接读出课前收集的文字资料，也许分享的资料不一定全面，教师可以引导学生通过同伴互助的方式逐一补齐相关信息，从而彰显合作学习的快乐。由此可见，我们的教学在追求"对"的精彩的同时，也要看到课堂生成中"错"的价值，由此才能呈现一个更为灵动的课堂，才能让我们更为全面地看到孩子们真实的成长。

各位老师，最后我想说，作为思政人，不论从什么视角研究教育，我们最终就是要有一双"慧眼"，把准育人的方向，在仰望星空的同时脚踏实地地为党育人，为国育才，努力把学生培养成能担当民族复兴大任的时代新人。

我的点评到此结束，谢谢！

有效·有料·有变
——对冯晓惠老师《勿忘国耻》课堂观察感想

时间:2021年7月

活动:福建省中小学思想政治理论示范课比赛

指导及评析:黄文英

备注:该课2021年9月荣获福建省中小学思想政治理论示范课

本堂课,冯晓惠老师紧紧围绕"铭记历史、勿忘国耻"这个核心展开教学,以回忆开头,以回忆结尾,从生活出发走进历史,又从历史回到现实,最后落在立志传承上。课堂设计巧妙,环环相扣,有条不紊。现在,我就以"有效""有料""有变"这三个关键词对冯老师的这堂课进行点评。

1.课堂"有效"。对于五年级的学生来说,关于"国耻"的内容沉重且遥远,这其中涉及到国家层面的重大历史事件,既要让他们感受悲痛和愤恨,又要引导他们树立志向。本课,教师的目标意识非常强,教学中聚焦我们国家两个重大的历史事件:"九一八事变"和"南京大屠杀事件",并围绕着这两个内容展开的探究残历碑、了解抗日战争、了解南京大屠杀、勿忘国耻等为主的系列教学活动,活动内容具体明确,每一个环节活而有序,动而有效。歌曲《松花江上》的出现,使学生从苦怨的歌词和悲愤的旋律中了解到了九一八事变的史实,在满怀离乡之思、国难之痛的这首悲歌中,学生感受了被压迫的国耻。这些活动的设计有效加深了学生对中华民族历史上这段耻辱的记忆。最后,课堂以配乐诗朗诵《铭记历史,勿忘国耻》总结全课,升华了铭记历史、勿忘国耻、立志报国的情感,完美达成教学目标。

2.课堂"有料"。换一个角度讲,就是课程资源丰富。在这堂课中,教师充分利用文本资源,重组教材,活化教材。以活动为载体,引导学生感悟自己国家在抗战中所经历的苦难与屈辱,从而引导学生铭记历史,勿忘国耻,珍惜和平,增强民族身份认同感。本课充分利用多媒体资源,再现九一八事变和南京大屠杀等事件的相关场景。通过丰富多样的媒体资源,在沉重的遥远的历史与学生学习心理之间搭建了桥梁,建立历史和现实的联系,让学生从中感受到战争的残酷,铭记历史。冯老师还善于用好学生资源,抓住学生的回答进行追问。针对"为什么设立国家公祭日"教学难点进行交流之后,教师追问"我们在记住这段耻辱的同时还要铭记什么呢?""设计师为什么要在南京大屠杀遗址上以'和平之舟'作为纪念馆的整体造型呢?""是的,和平的生活是来之不易,那么,作为一名小学生,我们应该怎样做才能永保和平呢?"这样一步步地将学生从历史拉回到现实生活中,引导学生从生活出发,最后又回归生活、指导生活,进而激发学生立下报国志向。冯老师循序渐进,层层深入,利用丰富而复杂的情感资源,引导学生了解日本侵略者灭绝人性、惨绝人寰的行为;通过对"杀人竞赛"与罗伯特威尔逊日记中的记载内容进行研读探究,使学生认识到在战争过程中日本侵略者的残暴与兽性行为的可耻;通过聆听幸存者的描述,学生感受了到战争的残酷,更感受到战争带来的生灵涂炭之耻,痛恨的情感喷涌而出,从而发自内心渴望和平。全课用料十足,使得内容充实,论证有力。

3. 课堂"有变"。"变"即创新。生命是多元的、变化的,决定了教育是多样化的。本课教学中注重手段的创新,教学方法的多变。老师采用了谈话法导入、同桌分享、小组合作讨论、媒体教学法、直观感受法等多种方式,引导学生在发现中获得历史认知。学生在为我们同为中华儿女的凄惨经历感到悲伤的同时,增强他们民族身份的认同感,进而使南京大屠杀的创伤记忆上升为国家记忆。这一活动把学生从悲痛愤怒的情感体验中拉回现实,初步认识中国共产党的伟大,引导学生建立国家认知,并铭记历史,勿忘国耻,珍爱和平,树立报国志。其中,我最欣赏的是冯老师适时地引导大家现场默哀的做法,让我们的心穿越历史的天空与逝者同哀。我想,此时的孩子们内心一定是悲伤的、沉重的、愤怒的,这样的情感是多么的自然而真实。在这种感悟之下,铭记历史、勿忘国耻这一核心内容自然就深深地刻入每个人的心里。冯老师多种教学方法的综合运用,使这堂课异彩纷呈,学生的体验也必然是多姿多彩的。

从本课的教学中,我们不难看出,冯老师的教学基本功扎实,语言富有激情,思路清晰。不管是指导思想,还是教学设计,都体现了课程新理念,体现了道德与法治学科的特性,是一堂非常成功的道德与法治课。

让《读本》赋能立德树人

——指导吴娟老师《改革开放谋发展》札记

时间：2021年6月

活动：南平市中小学优质课评选

指导及评析：黄文英

备注：该课2021年9月荣获南平市中小学优质课一等奖

《习近平新时代中国特色社会主义思想学生读本》（下文简称《读本》）是学生学习习近平新时代中国特色社会主义思想的重要教材，是推动大中小学思政课一体化建设的重要载体。双减背景下，《读本》进校园彰显了教育战略的重大转变，是落实立德树人根本任务、为育人工作提质增效的有利抓手。那么，如何让《读本》更好地发挥培根铸魂、启智增慧的育人作用呢？这是思政教师当下要思考的一个重要命题。

回观吴娟老师执教的《改革开放谋发展》一课，我们不难发现，本课改变了知识本位的取向，改变"是什么、为什么、怎么办"的三段论呈现方式，带给学生的不仅仅是知识，还有知识背后所传达的思想内涵和生活哲理。

一、在调动感官中，加深情感体验

为了真正让《读本》进教材，进课堂，进学生头脑，在教学过程中，教师把读本巧变为有效的教学活动，设计了三个"探秘之旅"活动：祖孙三代比童年、认识改革开放的必要性、认识创新的重要性，循序渐进地引导学生进行情感体验。同时，教师改变了传统的教学方法，借助信息技术手段，展示了生动形象的历史照片、文字、视频，以此激发学生的学习和探究兴趣，调动学生用多种"感观"来接受信息，加深了他们的情感体验。通过各种媒介直观而生动的呈现，学生感受到改革开放的必然以及它给人民带来的红利，从而更加深刻地认识到创新的重要性。

二、在情景再现中，传递育人理念

本课，教师注重提炼挖掘《读本》中的思政育人元素，并对资源进行了鲜活的补充。为了让读本的知识"活起来"，在教学过程中，教师重视知识在情境中的运用与转移，通过情景再现引导学生进行历史体验，重现生活与历史内容之间的联系。在小组合作交流分享中，学生感受到了改革先锋人物的精神。通过"听故事，知习语"，学生了解到武夷山生态茶园的创建理念，通过观看"武夷山世界文化和自然双遗产""万里茶道起点""朱子理学摇篮"等视频，再次置身于家乡山清水秀的生态环境中，明白了这是改革开放给家乡带来的巨变，同时树立了"绿水青山就是金山银山"的理念；通过"读故事，悟精神"，学生在塞罕坝的故事中理解了"人与自然和谐共生"的理念，感悟到了习近平新时代中国特色社会主义思想和生态文明建设的核心意义。在一个个再现的情景中，师生的教与学灵动起来了，人物形象生动起来了，更重要的是，在情景再现中有效地传递了育人理念。

三、在培育素养中，优化育人效果

新课标为我们确定了小学思政学科的核心素养，明确指出，要为了将《读本》中的理论落地，让学生的核心素养落地，真正使《读本》入孩子的心。本课，教师注重处理好知、情、意、行的关系，有意识地引导学生从课本内容拓展延伸到现实生活，从知识为本到以人为本。通过"学习资源包"，学生以查阅、思考、整理、展示等探究学习的方式，领会到了改革创新的实践促进了经济领域的飞速发展，看到了改革创新带来的辉煌成就，从而认识到创新的重要性。在学习中，学生的学习能力得以提升，核心素养得到了培养。教师又趁势引导学生把这种认识和思想落到实际生活中，落到自己的行动上，通过"议方案，践行动"环节，学生以小组学习的方式讨论"我们如何像保护眼睛一样保护我们的环境？"，进一步促进学生理解生态文明建设和我们生活之间的关系，从而自觉做"生态文明"的小小践行者，促进学生的知行合一，凸显以人为本的教学理念。

本课，教师准确把握读本核心问题，整体架构层层深入、环环紧扣。通过师生互动，生生互动，营造平等宽松的学习氛围，使学生的认识、体验逐步深刻，情感得以升华，从而使学生切实感受到祖国不仅富起来，而且强起来，增强了对祖国的认同感、归属感和自豪感。彰显了《读本》与思政课同向同行，真正做到《读本》赋能立德树人，用习近平新时代中国特色社会主义思想铸魂育人，给学生成长成才以思想启迪，让正确的人生观、价值观、世界观在学生心里扎根。

在扬弃之间谈公开课与常态课的融合
——南平市名师赴政和县送培送教暨调研视导活动点评

时间:2022年9月19日

地点:政和县实验小学

活动:南平市名师赴政和县送培送教暨调研视导活动道德与法治专场

执教:一、《大家排好队》:谢善敏

　　　二、《神奇的"宝盒"》:彭有姬

评课人:黄文英

各位同行:

大家上午好! 首先,感谢南平教师进修学院为我们搭建了这样一个学习交流的平台。英国现代戏剧家萧伯纳曾说过:"倘若你有一个苹果,我也有一个苹果,我们彼此交换,那么你和我仍然各有一个苹果。但是,倘若你有一种思想,我也有一种思想,我们彼此交换,那么,我们每个人将有两种思想。"而今天的这场研讨活动就是一个思维碰撞、智慧分享的好时机。借着两堂课,我们可以长善救失,取长补短,并由此打开我们的教学思路。

按照南平市进修学院的安排,今天两节课的定位是常态课。这两节课让我们从中领略了各自的特色与优势。那么,就今天的两节课,我分享一下个人的观课心得。

教师们,公开课相较于常态课而言到底精彩在哪里呢? 是的,公开课的教学设计更为新颖,教学活动更为流畅,教学过程更为有序,教师的言语更为出彩,学生的输出更为自然……那么,回观今天的两节课,我们都从中看到了公开课特有的那份隆重,同时也看到了常态课在优秀教师先进理念的引领下所展示的那份精彩。

一、谈两节课共性中的精彩

1.两节课都关注到了以生为本,问计于生,面向全体,关注个体。同时,在这个理念的指引下,运用了多样的教学形式和符合学生年龄特点的课堂活动,由此激发学生的学习兴趣。

2. 这两节课都注重新课堂媒体与传统课堂媒体的有机整合,运用了信息技术手段为教学助力,有意识地创设一种高挑战的课堂氛围,都采用了小组合作学习的方式,唤起学生的探究意识,既培养了学生自主收集材料的能力,又让学生学会了怎样与同学之间交流合作,提升学生的综合素养。

3. 这两节课在教学中都巧妙地创设了生活化的情境,充分突显了道德与法治学科的三贴近:贴近学生、贴近生活、贴近实际。在《道德与法治》课程实施中,我们要关注并解决学生知行分离的问题,落实育人目标。两位教师都做到了根据孩子的年龄特点设计了一系列的活动,从学生现有的生活经验入手,通过视频资料、体验活动等,弥补学生知识和经验的不足,并引导他们落实行动实践和行为实践,促进知行合一。

二、谈两节课个性中的精妙

谢善敏老师执教的《大家排好队》最大的亮点是,教师充分开发和综合运用了来源于学生生活的案例和"接地气"的生活素材作为课程资源,创造性地把它们与教材进行重组和整合。导入的情境设置自然而有趣,教师组织学生以小组为单位进行一场赏宝活动。第一小组同学在好奇心的驱使下争着挤到前头去赏宝,造成后面的同学未能赏到宝物,教师趁势让其他小组的同学说出这其中的原因。在提出问题、发现问题中,学生明白是因为秩序混乱造成的。因此,第二小组同学在赏宝过程中就有意识地排好了队伍。第三小组同学借鉴了前面两个小组的经验,做得更有秩序了。精妙之处在于教师以问题为驱动,采用同伴互助的学习法,层层引导,层层递进,达到了润物无声的育人效果。之后,谢老师在分析学生原认知的基础上,结合生活元素,以体验实践为主开展教学,引导学生把教材插图与生活现象相联系,回忆学校排队要求,反思自我排队表现,判断日常排队行为中的对与错。结合来源于生活的情景剧,呈现特殊矛盾,通过辩证思考,学习处理守规则与懂礼让的关系。

第二节课,彭有姮老师执教的《神奇的"宝盒"》亮点有很多,是一节典型的公开课。人总是喜欢发掘神秘的宝藏,尤其是儿童。有趣的课堂会将学生的天赋、洞察力以及多元的视野聚焦在他们对生命的挑战上,进而创造出一种全新的可能。彭老师有意识地带领学生走进了神秘的境地,寻求知识的保障,用多种教学形式和手段来调动学生产生发现新大陆的兴奋感,使他们迫不及待地将自己的发现告诉其他小伙伴,分享自己喜爱的电视节目的乐趣。我们知道,理论联系实际是道德与法治课的教学原则。彭老师将生活中丰富的案例和素材引入课堂,深入浅出,使抽象问题具体化,复杂的问题简明化,深刻的问题通俗化。学生在活动中感受、体验、领

悟,在生活化的情境中正面了解电视对生活的价值,认识到不科学看电视对身心的伤害,从而明白要健康看电视,要学会保护眼睛。有效的教学活动真正教会了学生适应生活、独立生活、改善生活。全课的教学环节很紧凑,环环相扣,精心设计了教学环节,精妙展示了师生教与学的融洽,让我们从中领略了名师的风采,同时也欣赏了学生的精彩秀。

三、谈几点思考和建议

教研活动重在体现继承和批判的统一性,相信在座的老师们在学习和继承中,一定希望看到大家畅所欲言、百家争鸣地提出一些质疑或者说是思考,而我今天是带着调研视导的任务来的,需要我全面而真实地谈谈个人的观课感,那么,现在,我就提几点思考和不成熟的建议供大家参考,我认为:

（一）要处理好课题与话题的关系

本课的课题是《健康看电视》,安排表上显示的是《神奇的"宝盒"》,我们都知道这是一个话题。本课有三个话题,按照教学进度的课时安排,《健康看电视》可以安排2～3个课时。那么,第二节如果规范报课题的话,应该是《健康看电视》第一课时,而不是《神奇的"宝盒"》。经过沟通后得知,彭老师在备课时也发现了这个问题,于是机智地做了调整。那么,我们能否把三个话题内容在一节课里完成了呢?显然是不行的。那么,我们回观一下第一节课《大家排好队》,正是存在了把三个话题的内容一节课都上完的现象。因为时间不够,教师自然就教不透,学生自然就学不透了。因此,作为道德与法治学科的教师,我们应该处理好课题与话题的关系,遵循学生的认知水平和认知规律,按照进度安排好我们一节课的教学内容。

（二）要处理好文本与课件的关系

多媒体教学方式以它直接、形象、容量大为特色吸引着执教的老师,同时也吸引着好奇心重的孩子们。在公开课中,我们不难发现,多媒体特别容易被教师大量使用,今天的两节课就证实了这一点,都展示了较多的视频和音频。那么,有一个问题值得我们思考,我们所选择的教学手段在符合和适应学生的认知习惯和水平的同时是否把握好了这个度?信息技术手段的使用是否真正科学、合理、有效地助力了我们的教学?而常态课中,教师往往因为备课时间受限,没能做好充分的准备,有时难得出现的一两个视频就能深深地吸引孩子们的眼球。那么,我们该如何将一支粉笔与多媒体有机、有效整合?以上几个问题都是我们要思考和不断摸索的。只有处理好文本与课件之间的关系,才能呈现一堂师生互动、生生互动、生本互动的有效课堂。

（三）要处理好生成与预设的关系

这一点是我想重点谈的问题。老师们，生命是多元的、变化的，那么它就决定了我们的教育应该是多样化的，而不是刻板化、模式化。好的课堂总是会在变化中收获教与学的愉悦。作为教师，我们要经常自问：我们的课堂是否有生命的成长？我们是否关注到课堂中那些难能可贵的生成性的东西？是否关注到教学情境中的人？

公开课更多关注的往往是老师的"教"与"秀"，而常态课更多关注的往往是学生的"学"。上过公开课的老师都会有这种感受，上课时，担心学生会脱离了自己预设的轨道，特别怕抛出的问题没有学生会回答，或者是学生都答错了，总希望一堂课下来能顺顺利利地把学生带进自己预设好的教学进程中。所以，当我们的课堂上出现了一些我们预设之外的状况或者问题时，我们内心会担忧甚至着急。上常态课时，如果出现预料之外的状况时，老师们会很自然、很耐心地去引导，想办法为学生答疑解惑。可是上公开课时，如果学生的回答没有在你的预设中的话，你的这份耐心往往容易被那一个个意外多出的一分钟或两分钟消磨掉。其实，老师们，我们的教学在追求"对"的精彩的同时，也要看到课堂生成中"错"的价值。聪明的你在这时候更需要运用教育的机智顺时而动，迅速发现、捕捉这些对课堂教学有帮助的瞬间。可以像常态课那样，抓住一个矛盾冲突点，慢慢引导，好好发挥。这种基于解决真实问题的教学，既活跃了课堂气氛，又让课堂学习与学生实际有机结合起来，同时还能向大家呈现出一个更为灵动的课堂，能让我们更为全面地看到孩子们真实的成长。可以像常态课那样，把更多的时间、空间、自由留给学生，借助课堂丰富他们的生命色彩。

研究公开课是为了让我们把常态课上得更好，关注常态课是为了让我们更为真实、扎实、平实地展示我们的公开课，我们要努力把公开课的经验迁移到常态课的实践中，促进公开课与常态课的融合，让公开课真正做到常态化。

最后，我想说"知他山之高，思己水之浅。期我之成功，向高处更进步"。研讨活动的意义在于能让我们在学习中借鉴，在反思中前行。学无止境，教也无止境。老师们，不论是常态课还是公开课，在双减政策的引领下，在新课程背景下，只要我们能真正站在学生的立场，从他们的实际出发，关注他们的生命生长需求，同时不断探索教学新模式，大胆创新，勇于实践，那么，我们就一定能让常态课上出公开课的精彩，公开课上出常态课的真实，就一定能让自己在课堂上焕发出如今天这两位老师一样的异彩！

我的点评到此结束，谢谢大家！有说的不当的地方敬请指正！

生活处处是道场
——指导观察谢杜娟老师《餐桌上的浪费》随想

时间：2021年9月
活动：参加2021年建瓯市优质课比赛
指导与评析：黄文英
备注：该课例荣获2021年建瓯市优质课一等奖

"生活即教育"强调的是生活本身的教育意义。陶行知先生认为："生活与生活一摩擦便立刻起教育的作用。摩擦者与被摩擦者都起了变化，便都受了教育。"是的，在指导谢杜娟老师执教《餐桌上的浪费》一课时，我深刻感受到，生活处处是道场，我们的日常生活处处都是修行的地方。谢老师立足学生的生活实际，抓住关键问题，以活动为载体，以餐桌上的浪费现象为主线，设计了三大教学板块：

板块一："找找餐桌上的浪费现象。"这个环节中，生活是育人场，食物是教师，校园的食堂和各类餐厅是教室。上课伊始，谢老师与时俱进地把关于杜绝餐饮浪费的话语导入新课。接着，课件上呈现了校园的食堂里浪费食物的画面，再延伸到校外各类餐厅，引导学生发现和总结身边浪费食物的现象，让他们认识到浪费的普遍性，唤起节约意识。为了使学生获得亲身的体验和情感，教师趁势播放视频"听听食物的哭诉"，通过拟人化的方式，借食物"哭诉"，唤起学生审视令人痛心的浪费行为，引发他们的思考……食物无声和有声的诉说都在教育学生不能浪费。

板块二："议议食物背后的辛劳。"在这个环节中，生活是育人场，食物就是教师，矿泉水生产车间、稻田、大米及农产品加工车间就是教室。我们知道，内在动机是影响学习效率最大的因素。以人为本，以学生的发展为本，让学生自主发现问题、探究问题、解决问题，如此才能使学生主动探究新知，并在学习中逐渐清晰自己想要什么，为之付出努力和行动。首先，通过"算一算"栏目，引导学生从积少成多、日积月累的角度，以非常直观的数据深刻认识食物浪费带来的巨大损失。接着，通过视频分析一瓶矿泉水生产、制造等环节，让学生明白一瓶小小的矿泉水是成百上千辛勤劳动的结晶。"说一说"环节呈现了农业种植、农产品加工和制作的画面，旨在引导学生进一步深化对食物浪费的认识，由物及人，渗透人文关怀，让学生透过浪费现象认识到食物浪费就是对劳动者劳动成果的不尊重。

板块三："做节约小达人。"本环节,生活同样是育人场,食物是教师,被污染的小河、垃圾场是教室。生活处处是教育,教育就该融于生活之中,最终内化到孩子的心中。谢老师结合科学研究的知识链接,并呈现被食物污染的小河和臭气熏天的垃圾场,用数据和图片让学生认识到食物浪费不仅消耗了大量资源,还对环境造成了严重的污染,激发他们保护环境、节约资源的意识。接着发起"光盘行动",倡导学生从自身做起、从小事做起,用实际行动节约食物、反对浪费,养成节约粮食的好习惯,自觉做节约小达人。

生活无处不道场,事事处处皆育人。在陶行知看来,与生活产生了关系,以生活为中心,便产生了有价值有意义的教育。教育在生活中进行,生活就是教育的内容。整堂课设计精巧而完整,融入了新课程理念,并关注到了以生为本,问计于生,运用了多样的教学形式和符合学生年龄特点的课堂活动,注重新课堂媒体与传统课堂媒体的有机整合,注重把教育和生活融为一体,在生活化的情境中,教师因势利导,逐层推进,不断引导学生去分析现实问题,在做中学,在学中做,从而让良好的习惯久久行之,实现在生活中育人。

行走中的红色课堂
——指导贾新萍老师少先队活动课《小脚丫红色印记》有感

时间:2020年8月

中队:建瓯市实验小学五(1)中队

活动:南平市少先队辅导员四色教育队课比赛

指导与评析:黄文英

备注:该课例荣获南平市少先队活动课"十佳优质队课"奖

习近平总书记强调:"让信仰之火熊熊不息,让红色基因融入血脉,让红色精神激发力量。"少先队活动课程旨在强化对新时代少年儿童的政治引领,传承红色基因,赓续红色血脉,培养共产主义接班人,实现少先队的政治教育目标和政治社会化功能。贾新萍老师与五(1)中队的队员们因地制宜,结合闽北革命根据地的历史背景,依托建瓯红色革命遗址,利用周末去追寻红色印记,开展了一场以《小脚丫红色印记》为题的研学之旅活动,向我们展现了一节生动有趣的行走中的红色课堂。

在活动一"红色故事篇"中,第一小队神枪小队的代表讲述了一个发生在建瓯迪口的真实故事——《奇袭迪口乡公所》。队员们随着故事踏着红色的足迹去追忆那难忘的峥嵘岁月。在活动二"红色知识篇"中,第二小队亮剑小队邀请队员们一起参加他们设计的红色知识竞赛。队员们被竞赛题中一位位革命者的英雄事迹和精神所感染。活动三"红色颂歌篇",第三小队飞虎小队的队员为我们带来了情境诗朗诵《七律·长征》,让长征精神成为我们勇往直前的力量源泉。接着是小合唱《游击队之歌》。队员们唱出了骨气,唱出了不屈,唱出了革命者的英雄气概。在感知、观察、体验之后,许多队员发表感言,一致认为革命者很了不起,他们身上那种大无畏的英雄气概真让人佩服。

陶行知先生提出"社会即学校",强调的是生活教育理论的实施场域。他指出,智识与品行分不开,思想与行为分不开,课内与课外分不开,做人、做事与读书分不开,即教育与训育分不开。《少先队活动课程指导纲要》指出:少先队活动课程要突出实践育人特色,激励少年儿童在参与组织生活、感受组织文化、开展实践活动中学习自我管理、自我教育、自我服务。本次研学之旅活动以体验教育为基本途径,为少先队员开辟了第二课堂。队员们走出校园，走出课堂，走向社会，走向大自然，在丰富成长经历中去体验伟大的时代。活动四"红色实战篇"是最受队员们欢迎的。第四小队奇袭小队员们设计了实地演练，有飞越丛林、林间扫雷、穿越电网、绝壁求生等四项体验活动。活动中，革命先辈不怕牺牲、排除万难、争取胜利的必胜信心激励着队员们前行。"小战士们"冲破重重难关，经历种种磨砺，终于取得了最后的胜利。实地演练让队员们深刻体会到了革命先辈打下江山的不易。

"让大自然、大社会成为孩子们的鲜活教材。"在革命历史纪念馆里，队员们看到的一张张珍贵的图片、一份份鲜为人知的史料，在大自然中体验的实地演练，这些都使他们的灵魂受到了震撼，思想经受了洗礼。队员们通过实地参观、体验，近距离感知了红色文化的底蕴与价值，寓教于乐的体验活动使每位少先队员都成为了活动的主体，这种体验真切而有效，队员们乐学、善学，并达到润物无声的育人效果。活动之后，他们在写心得时有感而发，纷纷表示：要把对革命先辈的敬仰变成自己学知识、学本领的动力，不怕困难，乐观生活，刻苦学习，争做新时代的优秀少先队员。

我们的教育就需要适应儿童天性的发展，问需于童，问计于童。我们的少先队活动课程就应当在"行走"中"动起来""活起来"，更加生动活泼，让少先队员们在学到知识和本领的同时获得乐趣，获得教育。如此，才能使少先队员们更喜爱上少先队活动课，更热爱我们的少先队组织，而我们才能借助少先队活动课程有效地引导少先队员们继承革命传统，传承红色基因，从小听党话、跟党走，争做担当民族复兴大任的时代新人。

情感是最大的能量场

——指导叶淑洪老师先锋队课《致敬廖俊波》体会

时间：2022年6月

中队：建瓯市实验小学四(1)中队

活动：福建省少工委、福建省少儿电视台联合举办福建省少先队先锋队课"致敬英雄"系列

评析：黄文英

备注：该课例荣获福建省"优秀中队活动课"，现场直播收视达39.8万人次。

在落实立德树人根本任务的过程中，教育必须走进孩子的情感世界，走进他们的心灵。因为情感是人身上的动力系统，是最大的能量场，它能促使我们与身外的世界发生共振。只有唤醒、点燃孩子们的情感，才能将"情能量"转化成他们的品质和能力，才能在这个能量场的作用下把我们的队员培养成爱党爱国爱人民、愿意担当民族复兴大任的时代新人。

叶淑洪老师和四(1)中队的少先队员们向我们展示一节有血有肉、真实真切的先锋队课《致敬廖俊波》。队员们在先锋人物感人至深的事迹中探寻到了故事背后的红色密码和生命价值。

一、情感的唤醒

通纳森·特纳和简·斯戴兹认为："情感是由身体系统激活所唤醒的。情感一旦被激活，将受到认知加工和文化的制约。"廖俊波同志是我们闽北的先锋楷模，他因公殉职后。习近平总书记作出重要指示，号召广大党员、干部向他学习。中共中央追授廖俊波同志为"全国优秀共产党员"，中共中央宣传部追授他"时代楷模"的荣誉称号，入选2017年度"感动中国"十大人物。在本堂先锋队课中，"人物专访记"和"榜样初识记"两个活动成了队员情感的唤醒点。通过了解廖俊波的生平简介和主要事迹，队员们知道先锋人物，初步感悟先锋精神，在内心深处勾勒出了廖俊波叔叔大致的先锋形象：一个一心只装着人民的人、一个一心只想着工作的人、一位竞

兢业业、勤勤恳恳的共产党员。

二、情感的点燃

朱小蔓教授指出："要通过活动促进与德性生长相关的情感品种、品质和能力的出现、发展,促进儿童良好道德品质的生长。"活动"环游学星记"通过连线廖俊波叔叔生前工作过的政和县、南平市等地,全方位了解廖俊波叔叔,知道廖俊波叔叔的家风家事以及他的成长小故事。队员们觉得先锋人物并不遥远,他就在我们身边,而且可学、能学。廖俊波生前感人至深的事迹点燃了队员们的情感,并生成了新的情感认识。他们从中感受到廖俊波的精神品格和人格魅力,认识到怎样的人才是亮闪闪的明星。青竹小队用快板《廖俊波》展现廖俊波尽心尽责、干干净净做事、清清白白做官的工作故事;竹芽小队用诗朗诵《点亮一盏灯 温暖一座城》展现了在廖俊波叔叔的努力下,千年古城政和一年一变,实现了他对政和人民"每年都要给老百姓一个惊喜"的承诺;竹笋小队的队员们用建瓯非物质文化遗产唱曲子的形式,表演了《小小的人物大大爱》,展示了廖俊波同志用生命竖起党员标杆,却把对家人的爱深藏在心里的故事。队员们的情感就在一个个真实的故事和一段段感人的事例中被点燃,从而在心中树立了学习的榜样,树立了正确的人生观、价值观。

三、情感的转化

我们的教育要从知识育人到文化育人、精神育人。在社会主义核心价值观培育过程中,情感认同是关键,时刻践行是目的。我们要把身边的榜样作为生动的思政教材,把伟大的精神融入思政教育的过程,让精神真正转化为一种力量推动少先队员更高更快更好地发展。廖俊波是本土的先锋人物,亲切可感,能自然地拉近和少先队员的距离。"竹娃追星记"活动中,队员们分享了实地参观"廖俊波叔叔事迹展馆"的视频,并谈了自己的感受和今后的想法。队员们亲自搜集整理相关的文献资料,同时通过采访走访深刻感受到只要心中有信念,实实在在地做,看似平凡的事也能做出不平凡的贡献。透过这些平凡事迹,队员们发现先锋人物的伟大,感受到了先锋精神。马克思指出:"情感是一个精神饱满、为自己目标而奋斗的人的本质力量。"通过逐步深入,层层推进,廖俊波的事迹深深地打动了队员们的心,他们由衷地发出真真切切的感叹:人民的樵夫,巍巍熊山记得您;人民的樵夫,潺潺溪水记得您……廖俊波叔叔,我们感谢您,我们想念您!队员们把廖俊波叔叔的光辉形象融化在心灵里、铭刻在脑子中,并自觉地转化成一种精神力量,落实到今后的生活和学习中。队员们结合自己的真情实感,纷纷表示要以先锋精神为指引,从小学先锋,长大要做先锋,要像廖俊波叔叔那样用实际行动为祖国的建设贡献自己的力量。

　　总之,情感场潜藏着无穷的能量。在培育少先队员社会主义核心价值观的过程中,我们要为少先队员打好精神底色。在这个情感能量场里,通过精心设计的活动,引导少先队员在一个个先锋人物的平凡事迹中共鸣、共情、共振,增进情感认同,从而"给他们心灵埋下真善美的种子"。并通过这些先锋人物在他们的头脑中赋能思想,在他们成长的过程中赋能精神,促使他们精神成长,最终成长为一名社会主义建设者和合格接班人。

第四部分
叙事随笔篇

岁月留痕，教育有光

——教育叙事撰写之我见

为人师者，"优秀"有很多种，在于永正老师看来："一名优秀的老师得是个'文人'，以'文'化'己'。"我想，这个"文"一是指读书，即大量地阅读课外书。"读万卷书"才能给予我们更广阔的视野，才能带领我们的学生"行万里路"；二是指写作，有话则长，无话则短，但笔耕不辍。读与写能充实我们的人生，成就我们的事业，让我们的人生留痕。

政治家用他们的宏韬伟略影响社会发展、左右社会变革，用丰功伟业，留痕于世；科学家用他们的发明创造，留痕于世；文学家用他们的不朽著作，留痕于世。作为一名普通的教师，虽然我们从事的不是轰轰烈烈、惊天动地的伟业，但在平凡的教育教学工作中，我们同样可以通过留痕成就不朽。

一、留痕岁月，让我们快速成长

泰戈尔说："天空没留下翅膀的痕迹，但我已飞过。"这句话不禁让我想起了一个富有人生哲理的故事《踏雪留痕》，来，我们共赏一下：

踏雪留痕

孟德尔出生在奥地利一个贫寒农家，父母都是园艺工人。

他从小就对植物感兴趣，喜欢观察植物的生长。

可有一天，他的父亲发现，孟德尔似乎失去了兴趣，不再早起观察植物，也不再捡拾落叶研究。

父亲追问原因，孟德尔沮丧地说："同学说，我的那些'小发现'不可能在生物领域留下印记，那我的努力还有什么意义呢？"

父亲听后没有说话，只是带孟德尔来到路边。因为刚下过雪，路面被白雪覆盖。父亲说："光脚去走一圈。"孟德尔虽有些不解，但还是照做了，在雪地上留下了一串脚印。不过没多久，来往行人和车辆留下的痕迹就把孟德尔的脚印覆盖了，再也看不清。

回屋后，父亲问："什么感觉？"

孟德尔回答："感觉脚掌心都凉透了。"

父亲接着问："脚印被掩盖后,这种感觉还有吗?"

"当然,感觉还在。因为不管脚印能不能看得到,我都走过啊!"说到这里,孟德尔明白了父亲的用心,他意识到不管能否在生物领域留下印记,自己在研究过程中的所见、所学、所思就是最大的收获。

后来,孟德尔通过豌豆实验,发现了遗传学三大基本规律中的两个,被誉为"现代遗传学之父"。

雁过留声,踏雪有痕。踏雪留下的一串串脚印会被来往的行人和车辆所覆盖,但是,踏雪所带来的那种体验与收获,甚至所引发的思考,都会在心灵留下痕迹的。而你知道吗? 就是这样的一个个痕迹才能让我们平凡而又琐碎的教育生涯变得灵动而有生机。

（一）留痕是教师的一种应然

留痕,从某种意义上说,不是为了"流芳百世",而是教育工作者的一种应然,是教育工作者最理想的生活和工作方式。

为什么许多单位在招聘员工的时候非常看重工作经历、工作经验? 主要是因为除了显性知识外,还有一种默会知识,这种知识是只可意会不可言传的。默会知识是要积累的,积累才能提炼出具有创新性、普适性的经验。积累得越多,体悟就越深。对于一名教师而言,实践很重要,阅读很重要,反思很重要,同样,留痕也很重要。

（二）留痕会使你卓尔不群

任何人的年龄都有两种,教师也不例外,一是年轮,二是成长。前者是一种自然,后者是一种自觉。前者是不可控的,后者是可控的。如果只有年轮没有成长,我们就会成为一棵不能提升高度的"小老树"。在教师专业成长的道路上,学会留痕就是一种自觉,它能使你不断学习,不断反思,加强研究,促进成长。有了留痕意识,你就会成为一名教育的有心人,会将自己平时的教育教学、班级管理、家校沟通等做些记录,并加以反思梳理。长此以往,这些小留痕会沉淀、累积,从而对一个人产生巨大影响,让你变得与众不同。留痕能让我们累积许多默会知识,有利于我们应对未来可能遇到的类似问题;留痕能让我们快速成长,成长为一名卓尔不群的优秀教师。

二、掌握要领,让教育叙事生动而精彩

岁月中的这些小留痕会在你的"红线穿珠"下变成一串串珍珠,变成一个个故事,甚至变成一篇篇案例、论文或大作。我们一线教师每天要处理复杂的教育教学

事务,这为我们提供了宝贵的资源。我们可以借助这些资源,采用一种简单、有效而有趣的方法,随笔写下我们的教育故事,即教育叙事。关于教育叙事,我们首先来弄懂这几个问题,掌握要领,让它更生动精彩。

(一)什么是教育叙事

教育叙事,即讲有关教育的故事。它是教育主体叙述教育教学中的真实情境的过程,其实质是通过讲述教育故事,体悟教育真谛的一种研究方法。

教育叙事不为讲故事而讲故事,而是通过教育叙事展开对现象的思索,对问题的研究,它是一个将客观的过程、真实的体验、主观的阐释有机融为一体的一种教育经验的发现和揭示过程。

通俗地说,教育叙事陈述的是教师亲身经历的、在日常生活、课堂教学、育人过程、教改实践活动中曾经发生或正在发生的事件,也包括教师本人撰写的个人传记、个人经验总结等各类文本。这些"故事"样式的实践记录是具体的、情景性的,活灵活现地描绘出教师的经验世界,是教师心灵成长的轨迹,是教师在教育教学活动中的真情实感。

(二)教育叙事有什么特点

教育叙事研究的基本特征是研究者以叙事、讲故事的方式表达对教育的理解和解释。它不直接定义教育是什么,也不直接规定教育应该怎么做,而只是给读者讲一个或多个教育故事,让读者从故事中体验教育是什么或应该怎么做。教育叙事有如下特点:

1.真实性。叙述事例必须是已经发生的、真实的教育事件,是真实可信的教育故事,不是教师的主观想象,不是设计的事件。因此,教师平时要捕捉关于这些教育故事的"源文件",只有"原汁原味"的教育事件才有特定的意义。

2.人物性。在教学叙事中,叙述者既是说故事的人,也是自己故事里或是别人故事中的角色,叙述者将自己放在故事中,用自己的视觉去观察和体验,对事件中的某个角色(学生等)做出较为科学合理的行为和心理的"假想",从而使故事的人物角色更饱满。

3.情节性。教育叙事以人物及其所感所想为主线,谈论的是特别的人、特别的冲突、问题或使生活变得复杂的任何东西,所以叙事不是记流水账,而是记述有情节、有意义的相对完整的故事,通常有与所叙述的教育事件相应的具体人物、事件发展的情节、结果等,故事情节应该跌宕起伏、扣人心弦,令读者有身临其境之感。

展示:优秀叙事故事《我不是一个差生》

4.感悟性。叙述者在讲一个教育故事的基础上感悟和反思,然后来研究教育问题。教育叙事研究获得某种教育理论或教育信念的方式是归纳,而不是演绎,教育理论是从过去的具体教育事件及其情节中归纳出来的,也就是叙述者通过描述和分析发掘教育故事背后的问题。叙事目的不是自我陶醉,而是与众人分享,在提醒自己的同时给他人带去启迪。

(三)教育叙事有哪些内容组成

教育叙事有以下主要内容组成:

1.问题产生的背景。背景或情况分析,将所遇到的问题的背景、情况,如,学生的个人情况,家庭情况等,进行细致分析。背景是交代故事发生的时间、地点、人物、起因,但不必面面俱到,关键在于说明故事发生有何特别原因和条件。

2.问题情境及细节描叙。每个教育叙事都必须有一个鲜明问题或矛盾。不能杜撰,但可以对实际情节进行选择,目的突显焦点。要有细节的描写,描写生动,引人入胜。描写一般采取叙议结合,即描叙+分析。

3.问题解决结果或效果的描述。将解决问题达到的效果描述出来。从故事中得到什么启发,通过解决这个问题有哪些感悟等,将这些进行记录,为今后工作提供帮助。

附教育叙事内容结构图:

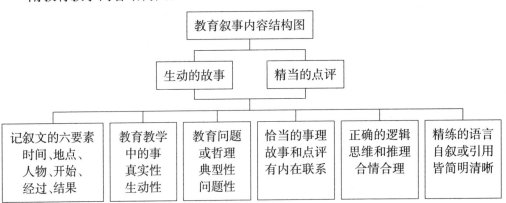

叙事故事案例:

自信是成功的源泉

黄文英

每个学生都是一个独特的个体,具有独特的个体行为和个性特点。而形成每种个性特点的因素又是复杂的,既有各种环境影响方面的因素,又有家庭和学校教育的因素。了解其形成的真正主导原因,就有利于教师采用行之有效的教育措施。

本学期开学一个月后,学校四年级(4)班的班主任陈老师因动手术住院了,在人手紧缺的情况下,校长把我派到了这个班级接任陈老师的教学工作,并担任起了临时班主任。一接手就发现了这个班级的李小丹同学所具备的个体行为和个性特点使她在班上成为大家避而远之的"亮点"，她引起了我特别的关注。

记得我上的第一节课，在与学生相互认识的过程中，当点到"李小丹"的名字时，随着"到！"的一声，从第二组的座位上站起来了一个蓬头垢面的女孩儿，她那张"花猫"似的脸蛋以及周围同学投去的鄙夷的眼神，使我不禁多打量了她一番。这时只听一位男生不失时机地介绍道："她是个坏学生！大家都讨厌她！"话音刚落，李小丹同学便低下了头。在她低头的那一瞬间，我分明看见她的眼神中流露出了几分的不满，几分的无奈。很快地，她又抬起了头，显出一副满不在乎的样子。这时，我说话了："不，在我的眼里，没有一个孩子是坏学生！"说完，向李小丹投去了友好和鼓励的眼光。李小丹先是一怔，接着那张"花猫"脸上写满惊喜和希望。

之后，我对李小丹同学进行了多方面的了解，得知她的父母因忙着做生意，无暇顾及她，使她没有养成良好的学习态度和个人卫生习惯。她总拖欠作业，而且她的作业簿、书包以及外表都给人一种不卫生的感觉。在班级，同学们遇见她，都会绕道而走，甚至拿着她的作业簿会很夸张地捏着鼻子。家庭、学校对她的教育方式不当，同学们对她的歧视，使她产生了自卑和厌学的心理。于是，针对这一点，我对她父母进行了一次家访，并很诚恳地找李小丹同学谈心，让她感受到我对她的关心和爱护，以树立她的自信心，并对她提出了几点要求。经过一段时间的观察，我发现她在各方面都取得了一些进步，并改掉了拖欠作业的毛病。可尽管这样，大部分同学还是用"老眼光"看她。因此，我又开始寻找对策。

过了一段时间，我们全校开展了"我爱家乡风光美"的远足活动。这次秋游，我们四年级进行的是野炊，这可是同学们最乐于参加的活动。在动员会上，我说了一段这样的开场白："同学们，我知道这次活动是大家早就盼望着的。是啊，我也盼望着能有机会与同学们走出校园，走向大自然，去饱览秋天那迷人的景色，到野外去露一手。可是，同学们，你们知道这次活动的宗旨吗？那就是我希望通过这次活动，不仅能增强同学们的耐挫能力、组织能力、观察能力，还要培养同学们的协作精神，增强全班同学的凝聚力。这次野炊采取的是自由组合的形式，如果同学们自由组合后有落下一个同学，那么，我们的这次活动就失去了意义。"说到这，同学们似乎都明白了我的意图。我接着说："好，自由组合现在开始！"我的话音刚落，班级就出现了一个意想不到的场面——全班同学（除了李小丹外）异口同声地喊着一句话："李小丹，我们要你！李小丹，我们要你……"继而又变成了"李小丹，我们爱你！李小丹，我们爱你……"大家边喊着，边围向李小丹。看着这热烈的场面，听着这真诚的呼唤，李小丹同学情不自禁地流下热泪。我们班级的"调皮鬼"，以往没少欺负李小丹的黄一峰同学见李小丹哭了，友好地抹去了她脸上的泪珠，并赶忙跑到我的跟前，调皮地对我说："黄老师，您可别生气，李小丹同学流下的是感动的眼泪，是激动的眼泪。"这时的我也被眼前的一幕所感动,眼睛湿润了。我哪能生气呢? 我当即宣布:"我加入李小丹一组!"

通过这次活动,李小丹同学变化更大了:她更爱整洁了,热情高涨了,兴趣广泛了,学习也进步了。各方面的进步,使她也变得更自信了。课堂上,她积极发言;劳动时,她冲锋在前;活动中,她热情活跃。就这样,她逐渐成为受同学们欢迎的一颗小星,而我初步品尝到了这个临时班主任的甜头……

(四)教育叙事的方法

教育叙事就是描述故事过程,将解决问题要达到的目标、采用的方法、措施、达到的效果描述出来。可用以下方法:

1.分析法。将所遇到的问题的背景、情况进行细致分析。与观察对象开放式的访谈,可通过与参与者的对话,了解他(她)的内心世界,深入揭示许多关于他个人思想的知识和社会背景方面的信息。

2.顿悟法。教师在教育教学过程中,可能为某个问题一直困惑不解,就在处理一个教育事件的过程突然找到了解决的办法,有一种"茅塞顿开""灵光一闪"的感觉。常常用到这些句子:我明白了……我知道了……我想到了……我反思……让我懂得了……我想到了……这件事情时刻提醒我……此后的日子里……

3.反思法。从故事中得到启发。通过解决这个问题,有哪些感悟,将这些进行记录,为今后工作提供帮助,从反思中不断去探询教育教学的奥秘与真谛,揭示教育的本质规律和教育意义。

4.跟踪记叙法。这是指对教育事件或教育中的某些长效项目进行跟踪,并在实践中不断优化,最终实现学生和教师自身进步。最具代表性的跟踪记叙是对某一个或几个有特点的学生或整个班级进行长时间的记叙,这呈现的应该是故事系列。

5.做到"四有":有观察、有感受、有回应、有记录。教育叙事,总是从描述一件事情开始。描述,就是记录的开始,也是现场观察的文字重现。比如,某个学生今天又没有交作业,上课时谁突然发出怪叫……这是"有观察""有记录"。老师每天遇到的人和事很多,之所以选择记录这件事而不是那件事,肯定是因为这件事让我们有了较深的感触。这是"有感受"。因为是教育叙事不是小女子的生活感受,老师们在遇到某事并产生感受后,肯定会产生一些回应,比如,这个现象让我接受不了,我当场就生气了……这是"有回应"。

(五)优秀的教育叙事的标准

华东师大丁刚教授说:"如果叙事可以达到这样的境界:不仅在讲述某个人物的教育生活故事的过程中提示了一系列复杂的教育和行为启示,而且'照亮了'某个人物在此教育事件中的'心灵颤动',可以给读者一种精神震撼,那么,这就是非常好的叙事了"。优秀的教育叙事具体有哪些标准呢？如下：

1.真实事件。必须基于真实的教育管理或课堂教学实践，对真实的教育管理或课堂教学实践可以做某种技术性调整或修补，但不能虚构。

2.蕴含问题。一份完整的教育叙事必须有一个照亮整个文章的"问题"。这个"问题"常常是一个教学理论中已经在谈起、讨论的问题，这个"问题"是所叙述的教学事件中产生、蕴含着的，而不是将某个理论问题作为一个"帽子"，然后选择几个教学案例作为例证。

3.具体生动。(1)要有一定的情节性和可读性。叙述要有一个从开始到结束的完整情节，突出戏剧性冲突，有人物的语言、内心活动，要揭示故事中人物的内心世界，不是记流水账。叙述要具体、生动，讲究文笔的清新优美。不应该是对活动的笼统描述，也不是抽象化、概括化说明，应具体。注意：叙事不同于教学之前的"教学设计方案"(或"教案")，也不同于教学之后的"教学实录"(或"课堂实录")，因为这两项都没有人物的内心活动。(2)重点方面要重点描写。不同类型的关键事件(成功型事件、挫折型事件、启发型事件、感人型事件)，要对重点方面进行重点描写。

4.启迪作用。"三分故事七分点评"(体现的是点评的重要性，虽然这部分是略写但很重要)，每个教育叙事所叙述的教育教学事件必须具有一定的典型性、蕴含一定的管理或教学理念、思想，具有一定的启迪作用。

总之，优秀的教育叙事做到：以叙述为主(用第一人称)，夹叙夹议，先叙后议。问题处理得当，原委思考清楚，文字朴素真诚。故事具体生动，结构简单，包含哲理。

优秀叙事故事展示：《我想成为坐在路边鼓掌的人》

三、教育叙事，让我们行走于更开阔的教育世界

捧一掬留痕，赏一片春光。教育叙事是留痕岁月中的一朵茉莉花，朴实而亲切，时时散发出淡淡的清香，给人的心带去一方柔软。同时，它能描绘多彩的教育世界，行走于更开阔的教育世界。

1.叙育人故事。教育叙事其实是一种叙事化的教育反思，一个好听的故事+精彩的心理描述。教师可以叙述自己在教育或管理学生过程中的故事，描写自己处理事件时的心理状态，将个人的教育理念、教育思想、教育主张融入在这个具体的教育事件中，展现一个动人的、富有意义的育人故事。让读者在教育叙事文章中看到老师对孩子的理解、尊重和引领，看到老师为满足孩子的安全感、满足感和成就感而做出的努力，看到孩子在老师帮助下的快乐成长，使无痕的大爱变为有形，彰

显教育的意义。

2.录教学机智。教育叙事没有长篇论文的结论、准确和富赡,却显示了自身的灵魂、跳脱和智慧。教师可以在"反思"一个具体教育事件时显露出自己的教育机智和个人教育思想,可以用形象的文字表达理性的思辨,从而引发读者的追问和思考,让读者有共鸣有启迪,能让读者看见自己发现真相。

3.记教学得失。教育叙事不是中规中矩的论文,也不是课题研究堆砌的成果,它可以是有感而发、率性倾吐的实话。教师可以通过教学事例分析自己在教学中的得与失,探触更细致的课堂教学生活,寻求教育教学的规律。

案例:数字故事《翻转课堂的拓荒者》,该案例于2016年被中央电教馆收录于《全国教育信息化优秀案例》中。

4.写教育偶得。教育叙事是一种自由灵魂的表述,它最需要纯洁的表达,摈弃无意义的铺张。教师可以描写自己教育教学中的偶得,用诗意的语言表达自己丰富的念想,描述更辽阔的远方:或如清风明月、潺潺溪水、鸟语花香,让读者得到享受;或如电闪雷鸣、惊涛拍岸、山崩地裂,让读者感到震撼,探寻教育的真谛。

四、教育叙事,给心灵注入持久的力量

教育叙事不同于一切的外在培训,叙事植根于教师内在的觉醒,叙事有一切培训无法企及的力量——就是人对自己的重新认识。有人把一个生命分为三个阶段,认为教育叙事是"诗"与"思"交织出的一个完整的"史"。

1.生命的浪漫阶段。满怀憧憬,带着对职业的向往和新奇投身事业。这是生命的浪漫阶段,如诗一般。

2.生命的精确阶段。当生命被抛入职业之中后经历了各种各样的迷失,被抑制中找不到自我。生命必须经历一个不断思考的过程,这是生命的精确阶段。

3.生命的综合阶段。生命通过反思,梳理,不断明确方向,拒绝各种诱惑,从而不断地蓬勃向前。最终仍然朝向诗的方向,在诗与思的交织中,进入真正的自由之境,并唱出一首伟大的歌,这是生命的综合阶段。

从前面读的几篇教育叙事中,我们不难发现,作为一名教育工作者,理想的专业发展路径是:拥有足够丰富的浪漫时期——能够进入足够清晰和深邃的精确时期——进入足够丰富和开放的综合时期,形成足够卓越的专业洞察力和解决问题的能力。

我认为,要想让我们实现专业的快速发展,那就学会留痕,学会写教育叙事,我们可以从中形成一次交流,从中得到一些启示,从中有了回首往事的物化依托。北师大吴国珍博士倡导的叙事探究,就是让每一位参与者,在一个相对安全的共同体

内,分享故事,既是讲述者,也是聆听者,讲的人讲好了,自己释放提升了;听的人呢,也获得了前所未有的力量——很持久,因为来自心灵深处,来自真、善、美。

教育叙事案例(福建省一等奖):

用爱点亮心灯

作者:杨桂英　　指导:黄文英

注:该叙事案例获福建省教育厅一等奖,并由福建省教育电视台根据真实案例拍摄制作成MV。

一踏入我们学校的大门,你就能看见一座"金苹果"雕塑。它是由一双大手托举着一个巨大的苹果组成的,象征着孩子们在新华园这片育人的沃土上,沐浴着老师们播洒的阳光和雨露,健康,快乐,茁壮地成长。正是基于这样的育人理念,我的内心始终坚信:教师给予孩子的爱与责任,是孩子一生受益的礼物。它,无可替代!没有爱就没有教育,没有责任就办不好教育。

记得那年,校长在开学的大会上宣布,由我担任三(5)班的班主任。当时我心里"咯噔"一下:三(5)班不就是原二(5)班吗? 早就听原任课老师说,这班有个叫小林的孩子,他调皮、好动、爱打架,甚至被家长们联名写信告到校长那儿,强烈要求其退学。唉,班上有这么一位"问题"生,我怎能不发愁呢?

开学报到的那天下午,许久未见的孩子们正热火朝天地聊着暑假的趣事,却没有一个人愿意搭理小林。他就像一只孤单失群的小鸟。我想:小林由于过去的不良行为,而受到一些老师的批评、同学的冷落、家长的责骂,加上家长联名"告状",在他那颗稚嫩的心灵留下了累累的伤痕。望着他那孤单的身影,一股怜悯之情在我心底油然而生。如果在新的学年,我给他的还是训斥,同学给他的还是讽刺,这无异于给小林带上"问题"的标签! 不! 我决不让这样的事再发生。我要用真诚的爱温暖他那颗受伤的心,给他特殊的"护理",帮他重树信心!

于是,我面带微笑走近他,摸着他的头说:"小林,杨老师不管以前的你是怎样的,只希望你能从现在做好。愿意接受老师的帮助吗?"他点了点头。在后面的大扫除时间,我仔细观察其举动,希望能寻找到他身上的闪光点。果不其然,他正在认真地擦门呢! 大扫除结束后,我当即在全班同学面前表扬他,并送给他热烈的掌声。在开学的第一天就能得到同学和老师的认可,他懵了,半晌才反应过来,脸上露出了灿烂的微笑。我相信此刻的我已经迈出了成功的一小步!

"亲其师,信其道。"要想让孩子真正听你的,你就得赢得他的心。第二天排座位时,我想,该给长期单独坐的小林找个伴了! 于是我悄悄地对他说:"小林,你想和谁坐呀?"他瞪大眼睛,一副受宠若惊的样子,像是在说:"哇,我有这么大的权利啊!"他马上回过神来,兴奋地告诉我他喜欢的同学。我很快做通了那位孩子的思想工作,小林最终如愿以偿地找到了喜欢的同桌。上课时,我惊奇地发现,他可不像我听说的那么好动,一节课基本上都能坐好! 我心里暗暗庆幸。下课了,小林居然走到我的身旁,对我说:"杨老师,其实,我以前并不是有意打人,很多时候是同学们不搭理我,我就和他们开开玩笑。"我听后略有所悟,冲着他点了点头。

一周后,班级进行班干部竞选。咦,我何不抓住这个机会推他一把,让大家投他一票,给他一次改过自新的机会呢? 一来可以使大家接纳他,二来让他重树信心,不再孤独。对,就这么做。出乎意料,他的票数居班级第五位! 好的,就安排他担任劳动委员。当听到我的宣布时,这小家伙眨巴着大眼睛惊讶地盯着我,渐渐地,他的双眸湿润了……

我正一点一点品尝着成功的喜悦,没想到,没过几天,竟有好几位家长给我打来电话"投诉"小林,都是反对他当劳动委员,反对的理由居然是:担心他以后会以"权"压人,担心自己的孩子会受到伤害……至此,我终于明白了:一些家长的态度极大程度上影响着小林的健康成长! 我必须说服他们,请他们原谅并包容小林。正巧,两周后学校召开了家长会,我恳请家长们能将心比心,能换位思考,恳请他们能用发展的眼光去看待还在成长中的小林。在我耐心地劝说下,家长们终于一致表示愿意接纳小林了。会后,我又不忘与小林的妈妈单独交谈,并郑重地告诉她不能用简单粗暴的办法教育孩子,应该言传身教,多沟通、多鼓励。小林的妈妈也意识到自己的教育方式不当。她真诚地拉着我的手,流着泪,欣喜地诉说着小林的变化,感激之情溢于言表。

"春种一粒粟,秋收万颗子。"在爱的感化下,小林改掉了许多不良行为。虽然时常出现摇摆、反复,但每当这时,我就扶他一把,为他助力,鼓励他继续向上。

只要播种爱的种子,就一定会收获爱的果实。若干年后,小林考上了上海理工大学美术系,他的父母第一时间赶到我家告诉我这个好消息。此时此刻,对于倾情付出的我来说,还有什么比这更让我欣喜的呢? 我觉得当一名人民教师真好!

在我眼中,每个孩子都是蚌壳里面的一粒沙子,在他们成长的路上都会遭遇挫折与失败。在今后的教学生涯中,我还会继续播撒爱的阳光和雨露,去滋养每个孩子稚嫩的心灵,用温暖和关爱之手把他们雕琢成一颗颗璀璨的珍珠,让他们健康快乐地成长!

用爱去点亮心灯,心灵就不再留有阴影!

当我们以无痕的境界去做教育时,恰恰给孩子们的成长留下永久的印记,给他们勇气和力量来挑战自己,也给他们的成长留下了美好的期待。杨老师用自己的方式记录了对学生的爱,才会让这份爱恒久,她的爱给了学生一生无法磨灭的印记,留痕的美好填补了人生路上所有的苦涩和艰难。我不知道这是不是最好的教育,但是留痕的教育的确能给从教者的人生注美丽的能量,注入持久的力量,让我们在自己的岗位上做最棒的自己。当这个节目播出后,杨桂英老师成为了实验小学老师羡慕的对象,成为了孩子们心目中的大明星。

　　各位老师,我们心路的历程在岁月的风化中不留痕迹,所以需要用一种文字、一种形象把这一切记录在纸上、屏幕上。要想让自己成长得更快,唯有更坚定地前行;要想让自己积累得更多,唯有更勤快地留痕。那么,就让我们用教育叙事来激发我们的职业激情,把走过的痕迹保留下来,寄给我们的过往,寄给我们的未来。让我们把教育作为自己故事的主旨,展开生命的篇幅来书写它!

为了缤纷的红领巾事业

篇一：擘画美好蓝图，带着情怀再出发

尊敬的各位领导、嘉宾、亲爱的少先队辅导员们：

大家好！很高兴，受邀参加在这里举办的建瓯市少先队工作联席会议，能成为一名建瓯市少先队队建指导员，我深感荣幸。

前两天，打开微信，就被我们建瓯创建了全省首家县级少先队队校这个新闻刷屏了，从上至下，少先队的各微信工作群都在竞相传阅着。可以说，这不仅是建瓯党建带队建工作的一件大事，也是建瓯教育界的一大喜事，更是在座各位辅导员和建瓯所有少先队员们的福音。

作为落地在建瓯的福建省少先队工作室的领衔人，我更是欣喜万分。透过建瓯队校的创建，我似乎看到了，我们这个红领巾阵地正在蓬勃壮大，建瓯一批又一批的少先队员在这里茁壮成长；我似乎看到了，在党建的引领下，少先队员们带着对中国共产党的这份崇敬，正幸福地遨游在红色知识的海洋里；我似乎看到了，在咱们队校，队史博物馆、红领巾小记者团、少年军校、红领巾艺术团等一个个充满活力的社团正在蓬勃兴起；我似乎还看到，在我们队校设置的丰富多彩的品牌课程下，少先队员们正快乐地徜徉在美丽的艺术殿堂和神秘的科学世界里；我似乎还看到，在党旗的映照下，咱们少先队员们胸前的红领巾更加鲜艳了，红领巾爱心活动、公益募捐活动等正如火如荼地开展着；甚至我还看到了，在建瓯主题党日活动示范基地里，咱们队校培训的小讲解员们借着七一党的生日正在那里大展风采呢……

美好的蓝图展现在眼前，奋进的号角已经吹响，建瓯队校这个少先队活动阵地，是福建省首创，也应该是我们建瓯的一个品牌，一个骄傲。但我们深知，队校的创建不是一朝一夕、一蹴而就的，在党政的主抓下，还需要社会联动，校地携手，团教协同。需要我们用心去打造队校显性的文化，加强红领巾社团的建设，注重品牌课程的设置和实施，从而不断地提升少先队员的责任感、使命感和光荣感。总之，队校的创建工作需要上下同心、你我同心，需要社会各界的热心人携手同行。如

此,才能把建瓯这个"首创",这个"品牌"做深、做大、做强。

路,刚刚起步;未来,任重道远。各位嘉宾,各位辅导员,花的事业是甜美的,果的事业是尊贵的,而红领巾的事业是令人心动、催人奋进的。那么,就让我们以建瓯队校的创建为契机,擘画美好蓝图,守初心,担使命,带着少先队的这份情怀再出发! 我的发言结束,谢谢大家!

篇二:"五度"促品位提升
——福建省少先队名师黄文英工作室"五度"建设工作汇报

【基本情况】

本工作室由12位来自建瓯市城乡5所小学的成员组成,成员所在的学校有省级示范小学,有留守儿童聚集的城区小学,还有农民工子女就读的乡镇中心小学。

【我们的认识】

少先队工作既要脚踏实地,又要仰望星空。脚踏实地——要从实际出发,因地制宜开展工作;仰望星空——要立足于大的文化背景下,要融入福建省少先队改革的体系中,予以实践探索。如此,才能提升少先队工作的品位。

【我们的实践】

以"五度"建设为抓手,夯实基础,扎实推进少先队改革,促进了少先队工作长效发展。

一、拓宽度——立足"常",推动活动体系制度化

以建瓯市实验小学为例,建瓯实验小学的主题队课已开设了十多年,并做到常态化、制度化,有效拓宽了育人空间。每周队课做到有主题、有计划、有落实、有检查、有评比。队课主题鲜明,形式多样,内容丰富,同时把"动感中队"的创建活动融入其中。

二、求韧度——关注"变", 突显分层教育特色化

"变"是少先队工作永恒的主题。我们要分时段、分年级地开展少先队活动,力求在个性上求突破,打造特色的活动文化。

1. 分层教育。这是工作室各成员校的活动花絮。一年级举办开笔礼,在建队日邀请家长到现场见证自己入队的重要时刻;二年级举办队仪式比赛;三年级举办先锋中队成立仪式;四年级举办10周岁集体生日仪式;五年级举办播种梦想仪式;

六年级举办毕业典礼仪式。除此之外,三至六年级各中队每周一在国旗下举行值周中队风采展示,这成为了学校一道靓丽的风景。

2. 分层激励。建瓯实验小学的"金苹果"育人品牌享有盛名。大队部分别用青苹果、红苹果、金苹果三层次的奖励,来激励队员人人争上游,队队创一流。

三、增硬度——注重"实",促进阵地建设规范化

少先队阵地是孩子们成长路上的比武台、能力展示台、魅力辐射台。我们要充分发挥少先队阵地的育人功效,多角度地给少先队员启迪和影响。例如,办活红领巾电视台,办活红领巾广播站,建好少先队队室,带好学校鼓号队,办好中队园地和宣传栏。

四、强力度——崇尚"新",确保品牌活动多样化

融合创新是保持少先队工作先进性的重要手段,所以,我们注重推陈出新,努力保持少先队文化的生命力,使一些品牌活动"过尽千帆仍屹立"。

1. 少先队阵地建设:办活红领巾电视台,办活红领巾广播站,建好少先队队室,带好学校鼓号队,办好中队园地和宣传栏。

2. 基地体验营。开发资源,利用少先队基地开展集学军、心理拓展、感恩教育为一体的"争做福建好少年"体验活动。

3. 磨难一日营——争做"福建男子汉"磨难教育。磨炼队员的意志品行。队员带着馒头、水,经历7小时的行军,参加10多个课目训练。

4. "变形计"活动。以自愿为原则,学校派出个别学生和龙村擎天岩小学学生"互换"生活、学习环境,开展了为期一周的训练。

5. 爱心银行。各中队选出自己的"行长""营业员",在辅导员宣传动员后,由各"行长"去筹集爱心款,再把爱心款捐给灾区和特困生。

6. 雏鹰假日小队活动。按计划、有步骤地开展"小小志愿者"活动,引导孩子们在快乐中学习,在实践中成长。这项活动从90年代中期坚持到现在,普及面广,参与度高,具有较大的影响力。

7. 小社团活动。组织校艺术团、小记者团等社团的成员进社区,驻军营,下农村,入企业,亲自然,让孩子们在实践中历练,在历练中成长。有许多活动影响力大,省地市各媒体竞相报道。

五、显温度——力争"全",追求队伍体系人文化

队伍建设方面,我们要注重:刚柔相济,管理有度。以"专业辅导员+志愿辅导

员"为结构,努力建设高素质少先队辅导员和工作者队伍(召开研讨会,举办辅导员工作论坛)。聘请社会各界专业人士担任少先队志愿辅导员。培养少先队优秀队干,采用民主推荐、层层选拔的方式产生队干,大队干由"正式+候补"的人员组成,中队组织实行"队干部轮换制"。创新榜样教育,定期开展评先活动,引导队员见贤思齐、追求美好。

【今后努力的方向】

我们将以党的二十大精神为指引,继续以"五度"建设为抓手,深化改革,矢志进取,用智慧和汗水谱写少先队工作的新篇章。

篇三:心如花木,向阳而生

尊敬的各位领导、亲爱的辅导员们:

大家早上好! 有幸作为代表在这里与大家分享心得。我发言的主题是《红领巾事业中的美丽景致》。

习近平总书记号召全国广大教师要争当"四有"好老师,这成了为师者追求的目标。那么,今天,请允许我也用"四有"来概括一下我读《关于全面加强新时代少先队工作的实施意见》(以下简称《意见》)的体会。

一、有温度

我们党始终把培养好少年儿童作为一项关系红色江山永不变色的战略性、基础性工作,这份《意见》强调党、团、队育人链条的相衔接、相贯通,它的出台充分体现了党中央对少年儿童和少先队事业的深切关爱和殷切期望,让广大辅导员感到欣喜和温暖,真可谓是一份有厚度、有温度的大礼。

二、有方向

《意见》聚焦了少先队的主责主业,成为辅导员做好新时代少先队工作的行动指南,为辅导员开展少先队工作指明了方向。比如,《意见》强调辅导员要坚持为党育人、为国育才的理念,强调要知行合一,坚持改革创新,引导队员在实践中学习,在学习中实践。通过实践活动,促进队员强本领,长才干。这些都为辅导员指明了工作方向。

三、有特色

基于我们福建实际出台的政策更具实效性,中共福建省委在中共中央出台的《意见》的基础上,融入了福建元素,彰显了福建特色。推出的政策完善了少先队辅导员职称评聘标准和办法,即凡符合职称评聘条件的少先队辅导员可以单列评审。一些高校的教育硕士专业增加"少年儿童组织与思想意识教育"的研究方向,甚至鼓励有条件的高校招收这个方向的博士生。类似这样的创新点还有很多。说到这儿,我就联想到上个月福建省教育厅、团省委、省少工委联合转发了教育部办公厅等三部门下发的一个通知,其中提到一点:辅导员在少先队工作方面取得的荣誉和成果,比如公开课或讲座等,要同等对待,也就是全科通用。这些政策的出台都充分彰显了少先队的独特价值。

四、有盼头

习近平总书记说,一个人遇到好老师是人生的幸运,一个民族源源不断涌现出一批又一批好老师则是民族的希望。这份《意见》的出台令人振奋,它不仅成为少先队工作的有力支撑,更成为红领巾事业中一道美丽的景致。而世上最美不过的景致,便是心如花木,向阳而生。《意见》让广大辅导员更有冲劲,更多盼头。我们可以想见,不久的将来,在缤纷的红领巾事业中,一定会有更多的辅导员因为好政策的推动而焕发出更加夺目的光彩,少先队员们也必将沐浴着党的这份关怀更加茁壮成长。

各位同仁,让我们翘首以待,愿所有美好皆如我们所愿!我的发言到此结束,谢谢大家!

篇四:学习党的二十大精神,奋进新征程

尊敬的各位领导、各位辅导员:

大家好!很荣幸,作为县市级辅导员代表在这里发言。党的二十大开启了一个新篇章,党的二十大报告思想深邃、内涵丰富,充分展示了我们国家领导人高超的政治智慧。习近平总书记在党的二十大报告中对教育有重要论述,作为新时代的少先队辅导员,我认为,学习和贯彻党的二十大精神应该在三个方面下功夫:

一、举旗帜，在全面学习上下功夫

党的二十大精神是引领我们阔步前行的一面旗帜，是我们做好教育工作的行动指南。因此，我们要学深悟透党的二十大精神，把自己的政治、思想、行动真正统一到党中央的大政方针、决策部署上来，同党中央保持高度一致。只有全面、系统、深入地学习，我们才能完整、准确、全面领会党的二十大精神，才能对"是什么""做什么""怎么做"了然于心，为贯彻落实打下坚实基础，才能让我们在学习中有所感悟，有所收获，获得成长。

二、育新人，在全面把握上下功夫

我认为，我们要把握好育人的"三个点"：

1. 关键点：我们要全面把握科教兴国战略和强化现代化建设人才的关键点。对于少先队辅导员来说，要落实立德树人的根本任务，坚持为党育人、为国育才，关键就是要抓好队员的素质教育，着力造就创新型的人才，培养德智体美劳全面发展的社会主义建设者和接班人。

2. 切入点：我们要全面把握推进文化自信自强、铸就社会主义文化新辉煌的切入点。就是我们要从小增强少先队员的文化自信，注重激发少先队员的文化创新创造活力，从而发展我们民族的、科学的、大众的社会主义文化，为建设社会主义文化强国奠定基础。

3. 着力点：我们要全面把握践行社会主义核心价值观、弘扬中华优秀传统文化的着力点。引导少先队员践行社会主义核心价值观，要致力于弘扬中华优秀传统文化，深化爱国主义、集体主义、社会主义教育，提高广大少先队员的法治意识、道德水准和文明素养，着力培养担当民族复兴大任的时代新人。

三、展风采，在全面落实上下功夫

空谈误国，实干兴邦，一分部署九分落实。因此，我们在仰望星空的同时，要脚踏实地地落实党的二十大精神，坚持守正创新，注重理论探索和实践创新相结合，展示新时代少先队辅导员的新风采。我认为可以重点突显三个"新"：

1. 路子新：我们要让少先队工作在传承的基础上有所创新，做到人无我有，人有我优，人优我特，要充分利用独有资源和专长优势，有声、有色、有形地开展少先队活动，力争走出一条特色而多元的育人之路。

2. 形式新：我们要不断创新少先队工作的内容和形式，注重运用孩子们喜欢的活动方式,才能使队员们感到常做常新,才能把有意义的事做得有意思。如才艺展示、演讲汇报、游戏互动、情景创设、角色体验、娱乐游戏、社会实践、学习探究、亲子参与,等等。只有喜欢才能接受,才能让少先队员入脑入心。

3. 手段新:今天的少年儿童天天都在跟各种流行文化元素打交道,而与时俱进正是少先队工作重要的特点。因此,辅导员要关注热点话题,要充分运用新技术、新媒介,即运用时尚元素,以这些少年儿童喜闻乐见的形式,让少先队工作开展得生动活泼,让少先队员在和谐快乐中受锻炼、长才干。成为孩子们天天盼之、心心念之的精神乐园。

新征程的号角已经吹响,让我们乘着党的二十大的春风,在自己的岗位上做出成绩,展现亮点,大展新时代辅导员的风采,共同推动少先队工作更快更好发展,让红领巾事业放射出更加夺目的光彩。

篇五:相伴红领巾,守望花开时
——2021年建瓯市队建指导员述职报告

各位领导、嘉宾、亲爱的辅导员们:

大家下午好! 不瞒大家,比起其他的工作汇报,我今天的述职少了一分底气。自从我由原来分管德育工作转到分管教学工作起,我发现,自己曾全身心投入的少先队工作已和我渐行渐远。但随着福建省少先队名师工作室领衔人的担子落在肩上,到现在被聘为建瓯市队建指导员,我与少先队又有了千丝万缕的联系,多了一份难以割舍的责任,多了一份静待花开的守望。今天,我述职的主题是:"相伴红领巾,守望花开时。"

一年来,我以立德树人为已任,在队建工作上虽然没有全身心投入,却也不乏汗水。接下来,我从以下几方面进行述职:

一、坚持学习,温故知新强素养

半年来,作为福建省少工委委员,我参加了福建省少工委七届三次全体会议南平视频会议,参加了福建省少先队辅导员骨干班的学习,努力增强自身的思想素养,提高政治理论水平,力争做一个思想素质好、业务素质高的队建指导员。

二、注重示范,引领教师共成长

1. 示范辐射:去年8月,我受建瓯市教育局的邀请,分别为东游镇和吉阳镇队校的成立揭牌,并开设了以《回归本位 彰显特色》和《整合育人资源,打造精神乐园》为主题的两场讲座。

2. 专业引领:继指导实验小学两位老师的云队课分别获建瓯市一、二等奖之后,值得骄傲的是,在刚举办的南平市少先队辅导员四色教育队课比赛中,我指导两位老师设计的两节队课在南平市近一百节的参赛队课中脱颖而出,双双被评为南平市十佳队课。

3. 编写教材:近几年,我受福建省少工委邀请,担任副主编,带领组员编撰了《福建省少先队活动课》教材,去年9月,继一年级全一册出版之后,二年级全一册也正式出版。今年11月,我受邀再度赴省少工委商议后期的编撰工作。

三、关爱学生,春雨润物细无声

我注重挖掘少先队员的潜能和优势,引导他们在少先队组织中健康成长,全面发展。近半年,我指导胡亚楠等同学参加福建省教育厅举办的演讲和朗诵比赛分别获省级二等奖;指导林诗悦等同学讲故事和电子制作比赛获南平市一等奖和第三名;指导实验小学红领巾小讲解员们在共青团福建省委等领导到实验小学调研时大展风采,深受好评。

半年来,我的个人荣誉榜再添重彩:我有幸被南平市人民政府授予"南平市名师"称号。被福建省教育厅关工委评为"新时代好少年"主题教育活动先进个人。

四、回望来路,脚踏实地再出发

今天的述职给了我一次抬头看路的机会。在回望中,当所有散落的花蕾被串成一个花环时,突然发现,不经意中收获了一份惊喜。也许这个花环不够精致,却清新朴实,它融入了责任与担当,融入了情感与智慧。同时,在回望中,我也发现了一些不足,我的队建指导工作针对性还不够强,投入的精力还不够多。在今后的工作中,我将躬身自省,以探索的态度和踏实的前行在实践中不断总结,不断完善。相信,在努力下,在守望中,在飘扬的党旗下,朵朵花蕾定会迎风怒放。

寻师问道,走向教育之新境

——福建省名校长曹建忠工作室
"新时代学校转型与教育使命"研修活动随笔

十二月,寒冬就位,晨霜践履。古城建瓯迎来了教育界的一大盛事,由建瓯市教育局主办、福建省名校长曹建忠工作室承办、建瓯市教师进修学校和建瓯市实验小学协办的"新时代学校转型与教育使命"研修学习活动引来了名家齐聚建瓯进校、名师荟萃建瓯实验小学。

校长治学篇

5日上午,寒冬里的进修学校却有几分春意闹,全市中小学百余名校长顶着寒风、带着赤诚的心赶赴建瓯市教师进修学校参加研修活动。张家清局长作的题为《履职尽责,不忘初心》的报告,拉开了活动序幕。张家清局长的报告与时俱进地以《中共中央国务院关于深化教育教学改革,全面提高义务教育质量的意见》为指导,阐述了对中小学校长领导力的几点思考。报告富有宽度和广度,谈及到纲领性文件,谈及到学校的办学管理和制度建设,更谈及到校长的学识修养、理想情怀和自觉行动等。张局长在报告中条分缕析,入情入理,校长们听得聚精会神,入耳入心。同时,报告中提到的几个深层次的问题也引发了与会校长深深的思考。之后,曹建忠校长的点评道出了与会校长的心声:这场报告具有前瞻性和全面性,充分体现了作报告者讲政治、懂教育、有智慧、敢担当的职业素养。

紧接着是国家级专家、获评中国"当代教育名家"称号的任勇教授作了题为《好学校之境——校长成长和学校发展的新走向》的发言。任勇教授就校长成长和学校发展分别提出一些"新走向",希望沿着"新走向"步入新的境界,最终让教育事业和学校师生共生共赢。任勇教授的讲座选题契合当前形势,逻辑关系缜密。他特别强调校长要注重"学养、涵养、修养"三养的培养,强调要与经典为伴,从书籍中汲取力量。引导校长们从象牙宝塔上走下来,从知识的膜拜中走出来,返璞于自己的专业成长和素养提升。任勇教授结合自身的经历侃侃而谈,他分享了自己的学习成长历程、藏书万卷、论文千篇、著作百本……那一串数据深深震撼了与会的校长们,让他们感受到了山高水长的大师之风,感受到了面前站着的人是一个生命的发光体,是教育的活教材。任教授可谓站得高,看得远,想得深,抓得准,使校长们向教育之新境迈出了重要的一步。

5日下午,为校长们带来讲座的同样是一位学贯中西的重量级专家——福建教育学院原副院长黄家骅教授。黄教授的讲座以《校长的领导力和中层的执行力》为题,从接地气的"田家"笔名娓娓道起,谈到了该如何做教育,做"平、实、真"的教育。讲座旁征博引,深入浅出,从教育思想的理念篇,谈到了严谨规划的治学篇;从分层激励的制度篇,谈到了防腐倡廉的警示篇;从品质发展的文化篇,谈到了技术变革的创新篇;从课程改革的教学篇,谈到了职场发展的规划篇。这其中有校长办学的先进理念,有教育与管理的实践经验,还有整合了东西方理论精华的治学主张,视野广阔,视角独特。讲台之上,黄教授有时如同一位智慧长者,发出一声亲切的询问;有时如同一位亲密的故知,如诉家常娓娓道来;有时如同一位可敬的师长,给予发自肺腑的谆谆教导……无论怎样,这终究是一场与大师高阶思维的对话。

6日上午,一场题为《观校评校——学校诊断研究》的专题报告向与会校长打开了一扇智慧的窗。作报告者是教育部国培专家、教育部中小学名师领航工程福建教育学院基地项目负责人、首席专家林藩教授。林藩教授以新锐之眼,发现学校方方面面之问题;用哲学之思辨,条分缕析问题之症结;枚举实证科学之法,引领我们悟办学治校之道。新时代校长应有观评校之道力,立足学校十个"观"点,即学校文化点、突破点、活动点、规划点、办学点、教育点、资源点等;掌握观校之方法,善于诊断学校之问题,从学校教师队伍建设、学校特色、学校活动等七个方面进行诊断,由此见微知著,从中寻道,明道,悟道,勇于担当新时代之教育使命,践行办学治校创新之道。林藩教授以精准的表达、哲学的思维、力量的激情引导校长们以儒家的思想看职场,以道家的视角看人生,以佛家的哲学看修为,从而达到一种境界,从职业幸福走向人生幸福。

名师教学篇

6日,名师课堂专场在建瓯市实验小学举行,来自建瓯市中小学一百多名第四届名师和学科带头人参加了活动,活动由黄文英副校长和龙丽辉主任主持。

上午,教育局党组副书记、副局长冯吉青同志,人事股李仁富主任,建瓯市教师进修学校研训处副主任叶庆同志参加了开班仪式。冯副局长向大家介绍了在市委、市政府的高度重视下,我市教育事业蓬勃发展的历程,强调市教育局对名师、学科带头人专业素养的重视,对人才的关心和爱护,希望名师、学科带头人明确自己肩负的历史重任,把握机遇,在应对挑战中自我磨炼、自我发展、自我提升,不断充实内涵,早日从优秀迈向卓越。

名师课堂第一节由福州市教育学院附属第一小学副校长,正高级教师、福建省特级教师、教育部首批领航名师林珊带来北师大版六年级上册《伯牙鼓琴》。林老师从初读,读出节奏与韵味;细读,感受"知音"喜与悲;诵读,徜徉于知音文化三个环节引导学生理解课文,感受"知音"间的美好情感,感悟"知音"的深刻内涵,给我们带来诗意美、情境美、形式美,让与会教师听得如痴如醉。

接着,由福州市教育学院附属第四小学副校长,高级教师、福建省特级教师、省小学数学学科带头人郭宝珠老师执教人教版五年级下册《旋转》。郭老师由生活实例旋转的风车、电风扇、车杆、钟等入手引出研究问题:这些物体在做什么运动? 而后聚焦学生的困惑:车轩与钟摆是做旋转运动吗? 基于这个问题产生本课学习的需要,进而通过让学生练习、想象、验证,发现什么是旋转。整节课郭老师注重学法的指导、表述的规范、能力的培养,突显数学课的逻辑美、简洁美。

第三节课由南平师范学校附属小学校长兼书记、福建省杰出人民教师、福建省特级教师,首期教育部"国培计划"领航名师工程培养人选,教育部中小学名师领航工程杨邦清工作室领衔名师杨邦清校长,带来了《改变学习方式实现深度学习》的专题讲座,从促进学生核心素养的学习方式变革趋势说起,面对基础教育进入到全面提高育人质量的新阶段,作为名优教师要不忘初心,有情怀、善学习、会表达和能读书,提升教师道德品质与专业素养,才能引领课堂教学的变革,实现深度学习。杨校长认为名优教师要善学习、会表达、能读书。

下午第一节名师课堂由正高级教师,福建省特级教师,省小学数学学科带头人,福建省、南平市"十二五、十三五"小学数学学科带头人、名师培养对象导师,省教育厅名师"送培下乡"讲师团成员江世春老师执教北师大版五年级《异分母分数相加减》,江老师从观察—辨析—猜想—验证—说理等环节,引导学生理解异分母分数相加减的算理,从而让学生发现算法,总结运用。江老师善于倾听学生的表述,耐心等待学生的发现,关注学生的情感体验,渗透数学思想,积累活动经验。

接着,是教育部国培专家、教育部中小学名师领航工程福建教育学院基地项目负责人、首席专家林藩教授的讲座《问道——走向专业与教师谈心》。林教授从教育(教学)主张的特征、实践研究、主张之类型、主张之要件、关注点等方面,讲座既深入浅出,从理论性的引领,到实践性的指导,观点和思维富有哲理性。林教授不断鞭策名师和学科带头人们,积极提炼主张,勇于实践主张,从普通走向优秀,从优秀走向卓越。

最后,全国模范教师,教育部师范类专业认证专家,福建省首批正高级教师、特级教师,福建省杰出人民教师,福建省"百千万人才工程"人选,省首届名校长曹建忠工作室领衔人曹建忠校长对本次研修活动做了精彩的总结。曹校长对深度学习的"三个维度""五个有""三大利剑"等进行阐述。他认为,名师之所以"名",是因为他们名在高处、名在深处、名在处处、名在担当、名在引领。名师的诞生不是用时间和密度来丈量的，而是要经过苦行僧式的修炼，从洼地到高地，从高地到高原，从高原到高峰，永远在路上。曹校长强调，本次活动是"不忘初心，牢记使命"主题教育的拓展和深化。未来已来，我们要为未来而来。希望各位名师、学科带头人不忘教育初心，牢记育人使命，把每次学习都当作一次穿越灵魂的旅行，学耕不辍，书耕不辍，笔耕不辍，努力让自己成为一株思想发光的常春藤、一个精神明亮的教育人、一个行动发力的践行者。

研修活动虽已结束，但专家和名师们留给我们的这场精神大餐如冬日里的暖阳，将温暖整个寒冬。专家和名师们是一棵棵高耸入云、遮天蔽日的大树，我们从他们那里汲取了养分，充满了力量。"高山仰止，景行行止，虽不能至，心向往之"，仰望高山，我们唯有雄鹰般的振翅翱翔，才能一览巅峰的美景。让我们守初心，担使命，带着这份力量再出发！

回归与超越

——福建省名校长曹建忠工作室研修活动随笔

为推进名校长工作室建设，进一步提升校长课程领导力、人格力、教育力、创新力，全面提升校长及教师队伍的人文素养和教育创新能力，实现学校可持续发展，10月29日在建瓯市教师进修学校举办"回归与超越——面向未来 立德树人"福建省名校长曹建忠工作室研修活动。

这一天，教师进修学校真是群贤毕至，这里有全省闻名遐迩的专家，有来自人才济济的福建省名校长曹建忠工作室的成员，还有来自建瓯市中小学各校的校长、书记和副校长，大家共会杏坛，将在这里共商教育大计，共话教育发展。

首先，活动进入第一项议程，是建瓯市教育局局长为我们的研修活动拉开序幕。领导对我们提出了殷切希望，鼓励我们珍惜机会，认真学习，借此提高自身的业务水平。

回归之于我们，是一份情深的坚守，是一份将教育重任担在肩上的决心！超越之于我们，是一种砍断世俗枷锁的利斧，是一种"行到水穷处，坐看云起时"的超脱。接下来，研修人员回归本心，怀揣着"立德树人"的使命，满心虔诚地进入今天的研修活动。

由福建广播电视大学教授、海西教育网首席专家、研究生导师，专家徐敏教授为我们开设讲座的主题是《学校管理的回归与超越》。超越是我们前进的动力，而回归则带给我们平和的眼光和高瞻远瞩的心态。徐敏教授让我们知道了，要实现学校管理回归与超越，依靠的是校长、制度与文化这三个关键因素。我们还明白了，文化如果已经融入人们的血液中，它就是无坚不摧的力量……

当我们经由无数次的寻寻觅觅、觅觅寻寻，发现了自己治学的"法宝"和"定海神针"时，我们就从无序中走向有序，从无意识中走向理性自觉，从经验式的摸索走向建构式的研究。携手专家，方能更好地通达教育之道；笃志善行，方能实现更为完美的超越与回归。接下来，省特级教师、福建省首批中小学正高级教师、三明教育学院副院长、福建省第五届杰出人民教师、福建省人民政府第十三届特约督学、教育部首期中小学"卓越校长"领航工程名校长、福建省首批中小学名校长、三明学院客座教授、中小学校长国家级培训专家林启福为我们开设主题《笃志善行

——在团队中丈量教育的梦想》的讲座。心中有魂，才能脚下有根！从讲座中，我们能感受到林启福院长不愧是扎根在中国大地办教育的杰出人民教师。"聚是一团火，散是满天星。"团队的生命体现在汇聚和发散的力量。当我们聚在一起时，犹如熊熊烈火，在浴火重生中百炼成钢，生成无穷的力量。而当我们分开时，就像繁星满天熠熠生辉，就像缕缕阳光洒向每个角落。让我们借助专家的智慧之火，去点亮属于自己的一片天！

　　接着，是教育部国培专家、教育部中小学名师领航工程福建教育学院基地项目负责人、首席专家，福建省中小学名师名校长专委会副主任林藩教授为我们开设讲座。林教授是我们南平教师进修学院特聘的"十三五"南平名师培养项目的总策划师，他所培养出来的省级名校长、名师、学科带头人遍布八闽，他为我们带来的讲座主题是《立德树人——我读我悟》。时光在林教授精彩的讲解中游弋，划出了一道道优美的弧线，每一寸时光都绵延不断地流淌着智慧。超越与回归，并不在一朝一夕之间，只有不断超越，才能创造丰富的世界。在教育的大地上，我们都是劳动者、耕耘者、奋斗者。立德树人，永远在路上。

　　专家之玉，纳百家之长，集清水之气，极教育之观。专家的讲座不仅有方向的引领，还有实践操作上的指导。他们用理性之舵为我们指明了前进的方向，用热情之帆为我们筑牢了教育初心梦。相信他们的讲座会带给我们新的思考，相信今天的这场研修活动一定能在建瓯乃至南平市现代基础教育改革发展中彰显立标指向的价值和意义。始于初心，成于坚守，各位同行，让我们用心用情去抒写对教育的那份情怀，带着使命，带着思考，再出发！

　　办学思想是校长在实践中体验和领悟的结果，是校长的智慧和创造才能的展示，它植根于教育思想，是教育管理者践行的方向。最后，工作室的各位成员——来自各个学校的校长们以《办学思想的凝练与论证》阐述了他们的办学思想。

　　职业的尊严首先源于自己的成长和丰富。感谢在这样一个美好的日子里，一群志同道合的教育人共赴这场金秋盛会。林藩教授拨云见日的点评必将指导我们后续的实践，相信大家将以满腔的热忱和踏实的前行在实践中不断验证，不断完善。行之力，则知愈进；知之深，则行愈达。让我们在一起，事上磨练，心上用功。我们有理由相信，在凝练和实践办学思想的过程中，我们一定能看到教育领域中更美丽的风景，一定会遇到一个更优秀的自己！

民主之魂，教育之光

——读《陶行知教育名篇》有感

陶行知——一个闪光的名字，他是中国近现代史上一名杰出的教育家，同时，还是一位民主思想家、一位大众诗人、一位社会学家和社会活动家。他的一生虽然短暂，却在有限的时间内为人类、为社会、为中华民族的繁荣富强作出了巨大的贡献，给后人留下了丰厚而宝贵的精神财富。

近日，我怀着崇敬的心情再次拜读了《陶行知教育名篇》。该书对陶行知生平的介绍主要是以其教育实践的开展和教育思想的形成与发展过程为脉络的，介绍了陶行知在教育、外交、文学、社会学等方面的巨大成就。特别是在教育方面，他一生直接和间接办过许多学校及各种教育机构，推行过六次大的教育运动，创立了符合中国国情的生活教育理论。他的教育实践，都是在设法改造中国传统教育的弊端，为我们现在开展教育改革提供了光辉典范；他的教育理论——生活教育理论，是中国迄今为止唯一具有完整理论体系并能够自圆其说的教育学说，为我们构建具有中国特色的当代教育理论奠定了思想基础。

陶行知先生创立的"生活教育"学说对我国的教育产生了深远的影响。虽然他研究的是当时的教育问题，但对我们今天二十一世纪的教育，仍有很强的指导意义。斯人已逝，当再次捧读这位大教育家的教育名篇，仿佛看到这位朴实的老人，在为中国的普及教育奔走呼号，仿佛听到他那一句句无华的语重心长的话语。学习着行知思想，每一寸时光都绵延不断地流淌着智慧。今天重温其中的教育精髓时，那种如获珍宝的感觉再次涌上心头。学习中收获的点点滴滴犹如一颗颗美丽的珍珠让我爱不释手。那么，就让我用先生的三句名言把心得串成一条珍贵无比的项链永久珍藏……

一、爱心铸就师魂

学高为师，身正为范。

——陶行知

陶行知先生一贯主张"教师应当以身作则"，"教人者，必须教已"，"要人敬的必先自敬"，要做到自律，要"一举一动，一言一行，都修养到不愧为人师的地步"。因而他从教的一生,就是"以身作则""自化化人"的一生,他不愧为"万世师表"的楷模。

孔子说:"其身正,不令而行;其身不正,虽令不行。"总之,教育是人格与人格之间的对话,我坚信:教师的人格魅力将影响众多孩子的人格,一个好老师可以教出一批好孩子、一批教育家,可以影响国家和民族的未来。所谓人格,简而言之就是个性加品质,所谓小学生人格教育,就是学校根据一定的社会要求和学生人格形成的规律,利用非直接教育的方式,即通过生活、学习、活动中经常化的良好行为习惯的培养,使学生潜移默化地形成良好人格品质的过程。人格教育能使人成为真正的人。因此,塑造小学生健全人格是人格教育的核心目标。实行人格教育首先必须从塑造学生真、善、美的人格角度出发,并结合当前发展学生的核心素养进行,确立以人为本的发展趋向。教育就是教书育人:教人读书识字——目的是明德明礼;育人全面发展——目的是成才成功。也就是说,教育是为了培养人格成熟、遵守规范、才智健全,并且于国于家有用的人。法国大文豪雨果说:"世界最广阔的是海洋,比海洋更广阔的是天空,比天空更广阔的是人的灵魂"。教师要做好学生灵魂的工程师,首先要有高尚的道德情操,才能以德治教,以德育人。教师要用自己的人格魅力来熏染学生的行为,为人师表,以身作则,要求学生做到的自己首先要做好。

而能让教师的人格散发出魅力的是什么呢? 无疑是爱。"爱心"在师生关系中所起到的关键作用,爱是教育的润滑剂,爱是沟通教师与学生情感的纽带。大家都知道陶行知先生"四颗糖"的故事,它给我们的启示就是:对学生要充满信任、爱心和希望。法国作家拉封丹写过一则这样的寓言:"北风和南风比试,看谁能把一个人身上的大衣吹掉。北风首先施展威力,行人为了抵御北风的侵袭,把大衣裹得紧紧的;南风则徐徐吹动,风和日暖,行人觉得暖洋洋的,开始解开纽扣接着脱掉大衣。"这则寓言给了我很大的启示:"北风""南风"无异于老师积极的工作方法,而"行人"也就是"学生"了。在工作中,我们是用高八度的调子,盛气凌人去压服学生呢? 还是用诚挚的情感去热爱、尊重、信任每一个学生呢? 当然,我们都愿意选择后者,愿意做"南风",在工作中要运用情感和爱教育学生,感染学生。当然对学生有爱,并不等于一味地迁就和放纵他们。所以这个"爱"必须和"严"相结合,唯此,学生才能接受和理解你的爱,也会在这种爱中学会如何爱自己,爱别人。

二、视野决定格局

思想决定行动,行动养成习惯,习惯形成品质,品质决定命运。

——陶行知

"思想有多远,路就能走多远",国家有视野可以强大,兼蓄天下各国优势;企业有视野可以成长,博采众长补足短板;一个人有视野,格局就大了,格局大了,胸襟就宽了;一名教师有了广阔的视野、博大的胸襟、智慧的思想,就能潜移默化地影响和促进学生,在教师的教和学生的学中,实现师生共同进步,相得益彰,这就是有我们中国特色的教学原则之一——教学相长。

作为一名思政教师,有了广阔的视野,我们就能以开阔的眼界去观察世界、分析世界、研究世界。我们就能高瞻远瞩,观大局、察大势、驭全局,对人间样态作出深刻洞察,对事物变化做出精准分析与辩证把握。在道德与法治课的教学中,我们就能运用科学的方法,善于从知识视野、国际视野、历史视野的宽广角度透视问题、把握逻辑、探索规律,通过生动、深入、具体的纵横比较,把"道"与"法"讲深刻和透彻,讲清楚和明白,就能让教育内容深入学生的心田。

三、创新成就未来

敢入未开化的边疆,敢探未发现的新理。

——陶行知

创造教育是陶行知教育思想与实践的根本特色。陶行知先生提倡"六大解放",即解放儿童的头脑、双手、眼睛、嘴、空间和时间。他强调实践是创造的源泉,认为只有通过实践才能培养出创造的精神和能力。

当今世界,科技突飞猛进,信息与日俱增,社会各个领域的科学知识不断向纵深发展。学习是人类生存和发展的重要手段,而终身学习是自身发展和适应教师这一职业的必由之路。

就这一点,我谈谈个人的一点看法。当前,在新一轮基础教育改革的浪潮下,我们正在进行大胆尝试,推行"翻转课堂"教学模式。一路走来,有一些教师对"先学后教"这种教学模式的评价是褒贬不一,拥护和反对的声音各成一派。有教师拍手叫好,当然反对声也有一片。我认为,引发这种状况很正常,当今,我们的教育上空回荡着两种声音:一种是春雷阵阵,大势倡导新课改;另一种是战鼓声声,严厉执行唯分数论。在茫然中,有的教师选择了自认为见效快的旧教法,所以,任你彩旗飘飘,我就是岿然不动;有的教师迫于压力,采取了"穿新鞋,走老路"的做法,同样把桌椅排成自主互助式,可是有形式却没有内容,在教法上是"涛声依旧"。

在领导和大多数人眼里,作为建瓯龙头校的实验小学就应该站在新课改的风口浪尖上,人人都应该是新课改的积极响应者和实践者,大家对我们寄予厚望。那么,这样看来,面对新课改,我们是逃避不了。因此,我们应该改造我们的学习,转变角色，迎难而上。而一个学习型、思考型的优秀教师就应该善于探究课改，并且逐步形成自己的教学风格，在探究中，在摸索中，我们一定能不断成长。正如著名教育学家傅道春教授说的："新课程将改变学生的学习生活，新课程也将改变教师的教学生活。新课程中的学生可能会改变他们的一生，新课程中的教师也将焕发出新的生命。"或许，在课改的摸爬滚打中，会"爬"出几个自成一派的新型教师，"滚"出几个新课改的名师来。教改之路任重而道远，教改年已经把我们推到了一个"弯道处"，但是，唯物辩证法告诉我们：机遇与挑战并存，超越常在弯道处！让我们一手抓好教学质量，一手抓牢教学改革，秉承我们新华人"敢为人先，追求卓越"的精神，解放思想，开拓创新，在教改之路的弯道处跑出一个精彩的弧，用课改作彩带，舞出一片灿烂的天空。

当然，理想是美好的，现实是骨感的。如何落实"翻转课堂"这种新型的教学模式，如何组织学生的小组合作、小组讨论、小组帮扶，这些都需要教师对学生的行为习惯和学习习惯的养成进行培养。首要任务是要引导学生养成良好的学习习惯。这是对我们教师如何"针对性教学"提出挑战，也是对我们老师如何"授之以渔"，而不是"授之以鱼"提出方法上的挑战，这个培养过程是一个循序渐进的过程。学生没有学会驾船，怎能扬帆起航？一位德显位尊的老人有个儿子，读了许多驾船的书，就对人说："入海之法，悉以知之。"结果与商人们一起出海寻宝，遇到了漩涡回流，整船人没水而死。如果这位年轻人学到了书本知识，又到浅水近海加以历练，将知识转化成技能，又将技能转化为习惯，还会是这样的结果吗？所以，作为教师，我们不但要告诉学生怎样去学，还要引领学生一步一步、一个方面一个方面慢慢摸索，反复锤炼，养成良好的学习习惯。习惯养成之时，就是学生扬帆学海之时。

"十年树木，百年树人。"我们肩负着培养一代新人的历史重任，时代需要我们更新观念，时代需要有大爱、有思想的教师，呼唤创新型的人才，我们要创新我们的思维、改造我们的学习，要从教育的角度更加深入地了解陶行知的教育追求、教育实践及教育学说，因为先生高迈的民族精神、开放的国际视野、高尚的师德、创造的意识和开拓的勇气是一笔宝贵的财富，它将变成智慧和力量，变成光和热，照亮我们的教育之路。

捧书一卷，春风拂面

——读《文学写作词句个性化运用》有感

承蒙诸建华先生的抬爱，使我有幸与吴传剑部长写的《文学写作词句个性化运用》一书结缘，捧书在手，感动于心。

说实话，当诸总提出让我在研讨会上谈谈读书心得时，我压力很大。因为我自知才疏学浅，唯恐辜负了诸总寄予的厚望；后来又得知，这次将要到会的有我尊敬的领导，有我敬重的前辈，有闽北文学界的泰斗，要在这样云集着重量级人物的研讨会上发言，我自然压力陡增。而诸总开导我：学术性的研讨要的就是坦诚、真实，不应该有那些杂念。最终，我认可了诸总的这个观点。所以，我立马给自己的角色进行定位——读书爱好者。那么，今天，我就以一位读书爱好者的身份来分享我的读书心得。感想很多，我不知该如何呈现一个清晰的条理，我想，就用几个关键词来阐述我的心得吧。

第一个关键词："感动。"我感动于开学第一天诸总送书于我的那份真诚，每每翻开这本书时，来自友人那份暖暖的友情伴着书香浸润我的心田。

我感动于写书人吴传剑先生撰写这本书的那份执着以及所付出的艰辛。透过这本厚实的书，我仿佛看到了写书人在多少个天寒地冻的冬日和多少个赤日炎炎的夏日伏案写作的画面；我还仿佛看到了写书人时而冥思苦想，时而奋笔疾书的场景，甚至还看到了贾岛"推敲"月下门的那种神游在写书人身上再现；我还仿佛看到了当我们正在享受着其乐融融的天伦之乐，享受着流连于山水之间的悠闲和惬意，享受着棋友、牌友、茶友云聚一堂切磋技艺的乐趣时，写书人却独自待在自己的小天地里执着地坚守着心中的那份信念；我还仿佛看到了写书人十年来那堆积得厚厚的、像小山似的、浸着汗水和墨迹的书稿……这一个个基于实际的联想无不拨动着我易感的心弦，写书人的这种心境、这种情怀、这种精神令我敬仰！

我还感动于来自各方的力量为研讨会所营造的这种良好的氛围。来到建瓯近二十二个年头了，我感觉这里真是一个人杰地灵、历史悠久、文化底蕴深厚的好地方，这里不乏能人俊士、文人墨客，正是有了领导的重视和关怀，有了诸建华先生这样的贤达人士的有力支撑，他们的才华才得以施展，建瓯的文学天空才如此广阔。

第二个关键词："学习力。"有人说："总有一次哭泣让你瞬间长大"，而我想说："总有一次学习对你影响深远"。屈指一算，我拥有这本书已有二十多天了，暂且不谈这本书从词句上给我带来的收获，我只想说，它激发了我学习的动力，而且这种影响注定是深远的。

因为期初学校工作繁忙，加上这本书的信息量很大，在这么短的时间内，我无法读完、读透它，加上，作者大多采用的是古白话的文风，所以甚至有些地方我还没读懂它。我清楚地记得，当我第一次静下心来翻阅这本书时，书里跳出了许多生僻字和陌生的词句硬生生地撞入了我的眼睛，一种突如其来的惊慌使原本放松的我身子顿时僵硬了，与其说是字词撞入了我的眼睛，不如说是几只跳跃的小鹿撞进了我的心里——我真心被"憾"到了！我在心里惊叹自己的无知：天啊，怎么会有如此之多的字词我没见过，如此之多的语句让我费力地读懂它。但是，我很快地找到一个理由来安慰自己：哦，没关系的，这是一本工具书，就像《现代汉语词典》里有着许多生僻字和陌生词一样。就这样，带着自己给这本书的定性，我又继续读下去。但读着读着，新的困惑又来了：这本书虽然具备了工具书"信息量大、时代感强、概括性强"的特点，在我看来，却没有工具书所具备的"通俗易懂、形容水平恰当"的特点，书里许多字词句的采用也不像工具书那般拘谨、规范，而是渲染了更多的文学色彩，在许多由作者创作的例句中，自然流露出来的浪漫情怀彰显了作者的才子本色和诗人气质，我突然觉得自己给这本书的定性不准确了，或许应该从欣赏一个文学作品的角度来阅读它。

果不其然，撇开如何给这本书定性的困惑，我再读它时，书里那一个个"精炼之词""唯美之句"，还有一句句"神来之语"无不闪烁着智慧的光芒，无不令我叹为观止。"冰冻三尺，非一日之寒"，由此可见，作者的语文基本功和文学底蕴已让我无法望其项背，对我而言，那是一个无法企及的高度，只能终生仰望！

知道吗？我这个读书过程的感受被诸总定论为"波浪型"感受，这种感受是从震撼到惭愧，从困惑到欣赏，再从虔诚到最后的敬仰。正是这种起起落落的感受使我大彻大悟，我终于明白了，增强学习力，时不我待！如果说，写书的过程就是一个学习的过程，那么，我认为，作者内心深处的信念正是他不断学习、不断前进的动力，同时，他还具备了常人所没有的那种学习的毅力，更具备了令人折服的学习能力，而学习的动力、毅力、能力这三力的交集正是学习力。有人说，人才其实是一个动态的概念，它不是一成不变的，不是永恒的。只有学习力不断加强和提高，才能保证人才的新鲜，这样的人才才是信息时代的人才，才是真正意义上的人才。所以，我们不得不说：吴传剑先生正是这样一个真正意义上的人才。在这里，我要与大家分享让我特别认可的一句话，那就是：这个时代一直在淘汰有学历的人，但一定不会淘汰有学习力的人。

第三个关键词："精神大餐。"我感念并享受于这本书所特有的风味。作者在"后记"中把此书的创作比作"以品尝美食的激情，学着烹饪一锅美辞"，我很赞赏这种比喻。如果把阅读一本好书看作是享受一次愉快的精神大餐的话，那么，这本书的作者就是以传承和创新为主旨，向我们奉献了他集十年心血创作的一场精神上的饕餮大餐。这份精神大餐品种多样，营养丰富，道道是美味可口的上等佳肴，"词用"和"句造"是两道补充基本能量的主食，修辞手法的运用恰恰是大餐的佐料，而那一个个精彩的例句无疑成了饭后甜点。在浮躁的快餐社会，这样的一顿盛宴显得风味独到，令人回味无穷。

以上，是我以一个读书爱好者的身份阐述自己对读《文学写作词句个性化运用》这本书的心得，虽没读透，但听说还有改版的机会，那么，在此，我还是要本着求真、求实的态度，发扬教师特有的较真、吹毛求疵的"美德"，把自己认为一点值得商榷的地方提出来与大家探讨。

一、第239页中的"土句·雅句"，我个人的看法，相对"雅"而言，如果采用与它词义相反的"俗"字，是否会更贴切、妥当一些，"土"字是否显得太口语化。比如我们常用的"俗"字有："俗话""俗语""俗字"。

二、我们都能感受到写书人的水平的确很高，所以制作大餐的素材自然高档。这本书的文风偏向古白话，我们在欣赏书中用词精炼、言简意深的同时，难免会担忧此书普及推广的问题，因为相对大多数人来说，读起来不那么容易理解，就好比高层次的营养不易于一些人消化和吸收一样。当然，我本人特别喜欢古白话的文风。

因为这本书很厚，我还没读透，所以不敢妄加多评。以上这几点是我认为值得商榷的地方，不一定说得对，权当僭谈。其实，我认为，"吹毛求疵"不是一件容易做的事儿，因为要有足够的底蕴才能有足够底气，所以在挑刺的时候，我有点儿战战兢兢的，说到底了就是底蕴不够。

说句实话，难得会有一本书能成为人人都可以分享的大餐，成为人人都可以受用的盛宴，因为百人百味，众口难调。都说"无酒不成宴"，都说"酒食天仙"，在我看来，今天的这场研讨会就犹如一场酒会，每一个点评就如同风味不同的美酒，或清淡，或浓烈，或香醇，或辛辣，"美酒"的相伴为原本就很丰盛的精神大餐平添了浓香馥郁。

大家都知道，学术研究有两个追求，即求新，求深。我渴望能体现我读书心得的深度，但鄙人不才，唯有用时间的长度来弥补深度上的不足。对以上表述的观点，请大家本着"取之精华，去之糟粕"的态度选择性地听取。如果这其中还真有精华的话，那一定是仰仗了这本书所散发出来的光辉和独特魅力，因为腹有此书气自华！

捧书一卷，春风拂面……

老调新弹，历久弥新

——《老调子·老故事》读后感

　　读着吴志高先生的《老调子·老故事》，感受是多样的：有时，如同品一杯香茗，馨香绕怀；有时，如同饮一掬清泉，甘之若饴；有时，又如同品一杯佳酿，醇香醉人……之所以会有多样的感受，原因有三：第一，因为这本书涉及的范围很广，书里有社会万象，有人间百态，有爱恨情仇，有酸甜苦辣，等等；第二，这本书文体多样，有针砭时弊的杂文，有情节动人的小说，有简单平实的生活故事，有闲逸散淡的游记，有轻松自由的心得随笔，还有供我们教育工作者借鉴的经验总结，等等；第三，作者的笔锋各异，有无情的揭露，有尖锐的批判，有辛辣的讽刺，有机智的幽默，有细致的分析，有激情的抒发，有亲切的鼓励，还有热烈的赞颂，等等。词采飞扬，形式多样，作者自由、大胆地表现了现代人的情感和情绪体验，让我们在品味和欣赏中获得心灵的升华。

　　作者的内心蕴含着细腻的情感，对人、对生活的观察细致入微，对人物微妙心理的刻画入木三分。印象深刻的是第二辑《乡野纪事》中的一篇文章《童年上学路上的记忆》，几句平淡的话语，足以让人一遍遍地反复回味。比如，写走山路、抓田鼠、捕鱼等，没有离奇的故事，没有引人入胜的情节，却充满了童趣，勾起了我们对童年生活的追忆。书中还有一些记乡野的文章，如《归宗赋》《城村访古》等，都是一些非常好的旅游宣传散文，让我们如临其境，这归功于作者的笔法细腻、精准。

　　作者把生活当作艺术来享受，把生活中的衣食住行当作一种闲情逸事来把玩和欣赏。书中的《关于吃喝》《漫谈美酒》《吃苦菜》，茶道、蘑菇、青竹、垂纶之乐……同样是生活，作者就能调出一种逸致，一种诗意。如喝茶，作者说"浓茶淡水，细斟慢酌，从高境界看，品茶就是品生活、品心情、品人生。世间利禄、来来往往、红尘滚滚、炎凉荣辱与香涩浓浓的品茶有点相似。我们读这类恬淡闲逸的文章，犹如"掬水月在手，弄花香满衣"，神韵无穷。

　　如果说"人生是一次旅行"，那么也可说"人生是一场阅读"，我们就是在读书、读人、读事、读社会中感悟人生的点点滴滴。在读《老调子·老故事》这本书时，我们感受到了作者有着丰富的阅历，这个阅历包含了他较渊博的知识、丰厚的文化功底以及丰富的人生阅历，由此，他才能将生活与文化有机结合，才能把生活写得活灵活现,把文化述得铿锵有力。作者对古典文学的引用信手拈来,比比皆是。一篇杂文可以引用七八个恰到好处的事例,如《论语》《诗经》、前人诗句等,而《为有源头活水来》《士之谔谔与君之昭昭》等文题则是直接化用古诗古文,可见作者文学功底之深厚。

作者在文字中寻到了属于他的精神家园,他的思想在他的精神家园中游走。我们读着《老调子·老故事》,体味着作者诚挚的情感和亲切质朴的语言,在娓娓的叙述中,我们不知不觉也走进了作者的精神家园,顺着作者看似散淡的思路,感受着他淡泊平和的生活,聆听着他对人生的顿悟。慢慢地,我们心里油然而生一份宁静、平和、超脱;慢慢地,我们生活和工作的烦恼也随之淡然,直至消失……

细细品读着《老调子·老故事》,不禁感叹:"老调子"弹出了新意,"老故事"历久弥新!

后 记

书稿落笔之时,窗外正响起新年礼花绽放的声音,像是为我完成拙作而庆贺。推窗倚栏,虽是子时的夜晚,虽是寒冬腊月,却觉得春光四面扑来,内心被一种跋涉千里之后终于到达目的地的轻松和喜悦充盈着,满目喜庆,满目皆春……

多年前就动了著书的念头,但总有许多理由让我捡起又放下。看着自己从教以来积累的这些教育文章、教学案例、实践随笔……,心里常涌动着拾起不易、弃之不舍的纠结,现在想来还得感谢自己的这份坚持。当然,能完成书稿还得感谢林藩教授和邱孝感老总的点拨和鼓励,它成了我"不弃之"的信念;感谢曹建忠和范吉明两位校长一次次的鞭策,它成了我一次次"拾起"的动力。

整理书稿伊始,我的思路是混乱的,不知该从何下手,该如何设计全书的结构。后来,在前辈们的启发下,我决定从教师的天职"传道授业解惑"入手,立足于日常的教育教学工作,着眼于知、行、悟的育人价值,实事求是地记录自己的所思所为所感所悟。于是,就有了四大部分内容:教学主张篇、砚田勤耕篇、躬身实践篇、叙事随笔篇。正如我在书中强调的"留痕"的重要性,我认为,本书就是我教育教学工作中的留痕资料,它侧重于思政课程的教学提炼,具有为党育人、为国育才的鲜明的资政立场,记载了本人教书和育人方面的理论与实践、经验与总结、心得与随笔,并附有优秀的教学案例和评析。本书承载着教育工作者对教学的思考和对真善美的追求,旨在服务于广大教育工作者,服务于小学思政教师和少先队辅导员。

对于这本书,我不求完美,但求突破。无论是"山重水复疑无路,柳暗花明又一村"的逆袭突破,抑或是"苔花如米小,也学牡丹开"的挑战极限的突破,这些都是我所追求的自我成长的突破。当然,在这个过程中,需要我们冲破一个破局点,才能迎来那高光时刻。撰写和整理书稿不是一蹴而就的,需要一个不断积累、不断思考、不断提升的内化过程,也需要一个反复筛选、反复推敲、反复斟酌的提炼过程,这是一个量变到质变的过程。只有一直坚守下去,突破自我,才会形成一种强大的穿透力,才能实现从量变到质变的全新跨越。这个过程虽然很辛苦,甚至是痛苦的,而这种痛苦会因自己收获了、成长了、出成果了而变成一种欣慰和快乐,这种感受尤如破茧而出的蝴蝶残忍而又美丽着、痛苦而又绚烂着。

　　人的成长本就是一次次的突破,而每一次突破都值得铭记。我们坚信,我们的坚韧与恒心足以翻越水远山高,那些日复一日、挑战极限的淬炼,终会让我们看到无限的可能和不一样的惊喜,终会融合成战胜自我、超越自我的精彩篇章。

黄文英

2023 年 1 月 1 日

N